普通高等院校国际经济与贸易专业精品系列教材

国际结算

主　编　冯　萍　杨　嫣　徐颖超
副主编　黄　娟　吴　丹

北京理工大学出版社
BEIJING INSTITUTE OF TECHNOLOGY PRESS

内 容 简 介

本书兼顾了国际结算理论和国际结算实务两方面的内容，力求切合学科发展和教学的实际需要，在保证内容准确的基础上，尽量做到简明、新颖，突出实用性和适用性。本书通过对国际结算的基本理论、原理及基础知识点的讲解，使学生能全面系统地了解和认识国际结算，熟练掌握不同国际结算工具、方式和融资手段，并灵活运用，清醒地辨别和分析，乃至防范和解决国际结算过程中实际遇到的风险和问题。

全书共十章，包括国际结算概述、国际结算票据、汇付、托收、信用证、银行保函、其他国际结算方式、国际结算单据、非贸易结算、互联网金融与国际结算。本书既可作为应用型高等院校经济贸易与金融学相关专业的教材，也适合相关行业从业人员阅读参考。

版权专有　侵权必究

图书在版编目（CIP）数据

国际结算 / 冯萍，杨嫣，徐颖超主编. --北京：
北京理工大学出版社，2021.11（2021.12 重印）
ISBN 978-7-5763-0691-0

Ⅰ．①国… Ⅱ．①冯… ②杨… ③徐… Ⅲ．①国际结算-高等学校-教材 Ⅳ．①F830.73

中国版本图书馆 CIP 数据核字（2021）第 231501 号

出版发行 / 北京理工大学出版社有限责任公司	
社　　址 / 北京市海淀区中关村南大街 5 号	
邮　　编 / 100081	
电　　话 /（010）68914775（总编室）	
（010）82562903（教材售后服务热线）	
（010）68944723（其他图书服务热线）	
网　　址 / http：//www.bitpress.com.cn	
经　　销 / 全国各地新华书店	
印　　刷 / 三河市天利华印刷装订有限公司	
开　　本 / 787 毫米×1092 毫米　1/16	责任编辑 / 申玉琴
印　　张 / 16	文案编辑 / 申玉琴
字　　数 / 367 千字	责任校对 / 刘亚男
版　　次 / 2021 年 11 月第 1 版　2021 年 12 月第 2 次印刷	责任印制 / 李志强
定　　价 / 48.00 元	

图书出现印装质量问题，请拨打售后服务热线，本社负责调换

前言

随着经济全球化的不断深入，国际结算业务越来越凸显出集贸易结算、信用提供和融资创新为一体的综合经济活动的特点。国家外汇管理局认为，在未来，中国将会是全球最大的资本输出国，国际结算在此基础上将得到更进一步的发展。人民币在国际结算中越来越被广泛使用，并正式加入了国际货币基金组织的特别提款权货币篮子，成为各国中央银行的储备货币及进出口贸易的结算货币。这全面体现了我国在经济发展、金融改革以及全球贸易运转中的重大作用，因此，提高国际贸易专业人才的国际结算业务水平已成为当前市场经济发展迫在眉睫的任务。

国际结算是国际经济和贸易专业的实务课程，是国际贸易学、国际金融学、商业银行业务与经营等课程的延伸。它不仅可以打通经济贸易的各个分支学科，也是进入金融领域的重要通道，是传统金融与新兴金融的必争之地。

本教材全面、系统地介绍了国际结算的基础理论和基本知识，包括国际结算概述、国际结算票据、汇付、托收、信用证、银行保函、其他国际结算方式、国际结算单据、非贸易结算、互联网金融与国际结算。每一章节均引入了案例，教师可以在授课的过程中加以运用，结合具体案例给学生分析实际业务中产生国际结算风险的原因，以及如何对这些风险进行识别和防范。本教材结构合理，注重理论联系实际，既可作为应用型高等院校经济贸易与金融学相关专业的教材，也适合作为相关行业从业人员自学参考用书。

本教材的参编人员均来自教学一线，有着丰富的教学经验。内容及体例均经过全体参编人员的集体讨论，力求切合学科发展和教学的实际需要。本教材具有以下三个特点。

第一，内容体系完整，富有严谨的内在逻辑。本教材编写团队参阅了国内外具有代表性的或流行的相关教材，在研读了国内外相关专著和文献的基础上，结合一线教学体会和研究积累，形成了结构体系。

第二，追踪国际结算相关行业研究前沿与发展动态。本教材的内容安排在保证教学要求的前提下，充分考虑了国际结算研究的前沿和国际结算的最新发展动态，并将其纳入。

第三，实用性、可操作性强。本教材在每章的后面都附有本章小结、关键名词解释、思考题、案例分析。通过案例对学习中涉及的一些热点问题进行解读，对知识和技能的运用提供引导和帮助。

本教材共十章，章节设计以国际结算理论和实践为主线。参加本书编写的工作人员安排为：冯萍负责统稿和编写第一章、第五章及第六章；杨嫣负责编写第三章和第七章；徐颖超负责编写第二章和第四章；黄娟负责编写第八章和第十章；吴丹负责编写第九章。各编写人员文责自负。

  编者在本教材的编写过程中，参考了国内外的相关著作，引用了其中的一些观点，在此一并致谢。由于编者水平有限，书中可能存在不足之处，还请广大读者批评指正。这些宝贵的意见将对我们今后的修订工作起到很大的作用。

编 者

2020 年 12 月

目 录

第一章　国际结算概述 ·· (1)
　　第一节　国际结算的基本概念 ·· (1)
　　第二节　国际结算的发展演变和主要国际惯例 ··· (5)
　　第三节　国际结算中的银行 ·· (9)
第二章　国际结算票据 ·· (15)
　　第一节　票据概述 ·· (15)
　　第二节　汇票 ·· (21)
　　第三节　本票 ·· (32)
　　第四节　支票 ·· (38)
第三章　汇付 ··· (45)
　　第一节　汇付概述 ·· (45)
　　第二节　汇付的种类及业务流程 ··· (48)
　　第三节　汇付的偿付和退汇 ··· (55)
　　第四节　汇付在国际贸易结算中的应用 ·· (59)
第四章　托收 ··· (70)
　　第一节　托收概述 ·· (70)
　　第二节　托收的种类及业务流程 ··· (75)
　　第三节　托收结算的国际惯例 ·· (79)
　　第四节　托收在国际贸易结算中的应用 ·· (86)
第五章　信用证 ·· (92)
　　第一节　信用证概述 ··· (92)
　　第二节　信用证的类型 ·· (98)
　　第三节　信用证结算实务 ·· (109)
第六章　银行保函 ·· (132)
　　第一节　银行保函概述 ··· (132)

· 1 ·

第二节　银行保函的种类 …………………………………………（137）
　　第三节　银行保函的业务流程及注意事项 ……………………（145）
　　第四节　银行保函适用的国际惯例 ………………………………（148）

第七章　其他国际结算方式 …………………………………………（155）
　　第一节　备用信用证 ………………………………………………（155）
　　第二节　国际保理 …………………………………………………（158）
　　第三节　福费廷 ……………………………………………………（162）
　　第四节　结算方式的选择与综合运用 ……………………………（166）

第八章　国际结算单据 ………………………………………………（171）
　　第一节　国际结算单据概述 ………………………………………（171）
　　第二节　发票 ………………………………………………………（178）
　　第三节　运输单据 …………………………………………………（186）
　　第四节　保险单据 …………………………………………………（195）
　　第五节　其他单据 …………………………………………………（198）

第九章　非贸易结算 …………………………………………………（206）
　　第一节　非贸易结算的基本内容 …………………………………（206）
　　第二节　信用卡 ……………………………………………………（208）
　　第三节　其他非贸易结算 …………………………………………（213）

第十章　互联网金融与国际结算 ……………………………………（222）
　　第一节　互联网金融概述 …………………………………………（222）
　　第二节　互联网金融下国际结算的主要模式 ……………………（225）

参考文献 ………………………………………………………………（244）

第一章

国际结算概述

学习目标

了解国际结算的基本含义、特点、种类和主要内容，了解国际结算的产生、演变和发展趋势，重点了解国际结算的主要内容和国际结算中的银行角色，为进一步研究、学习国际结算奠定良好的基础。

第一节 国际结算的基本概念

一、国际结算的含义与特点

国际结算（International Settlement）是指不同国家当事人之间为了清偿由于各种经济、文化、科技事业交往所产生的债权债务关系而发生的国际间的货币收付行为。具体而言，两个不同国家的当事人，不论是个人、企业或政府，因为商品买卖、服务供应、资金调拨或者国际借贷而需要通过银行办理的两国间外汇收付业务，即称为国际结算。清偿国际间债权债务关系以及跨国资金转移是国际结算的根本目的，在清偿中需要使用一定的金融工具（如汇票、本票、支票等），采取一定的方式（如汇付、托收、信用证等），利用一定的渠道（如通信网络、互联网等），通过一定的中介机构（如银行或其他金融机构等）来实现国与国之间的货币收付，从而最终完成国际间债权债务的清偿。

国际结算因涉及国际间各主体，所以要比国内结算复杂得多，具体表现在三个方面。

其一，活动范围大。国内结算的当事人都在一国之内，货币活动不出国界；而国际结算是跨国进行的，这为各方在语言及文字沟通、资信了解、运输与保险的操作等许多方面增加了难度。

其二，使用和涉及一种以上的货币。国内结算一般只使用本币一种货币；而国际结算通常要涉及两种或两种以上的货币，并且货币活动范围超出国界，这就产生并增加了外汇管制、汇率甚至利率的风险。

其三，环境更复杂。国内结算是在统一的政治、经济、文化环境下进行的，所依据的是本国法律；而国际结算是在不同的政治、经济、文化环境下进行的，没有统一的法律管辖，如果出现争议和纠纷，则需根据当事各方事先约定的标准来解决。

这些特点随着国际结算的不断发展，融入了很多现代经济的新元素，传统结算方式的地位不断受到挑战，国家间债权债务的清偿方式越来越多地跟贸易融资相结合，赋予了国际结算新的时代特征。

二、国际结算的分类

在实务中，为了便于操作，国际结算可以按国家间产生债权债务关系的原因不同，分为国际贸易结算和国际非贸易结算。

（一）国际贸易结算

国际贸易结算是指国际间因贸易而产生的货币收付和债权债务的结算，包括有形贸易结算和服务贸易结算中的贸易从属费用结算。国际贸易结算的目的是清偿国际贸易债权债务关系，它是国际结算的基础，在国际结算中处于主导地位。

在国际贸易结算中，商业银行办理国与国之间因商品进出口交易所发生的货币收付行为，或与商品贸易相关的一系列资产转移、返销和回购等结算业务。随着国际贸易的发展，国际商品贸易的数量、品种和金额等迅速扩大，通过票据和单据等工具的传递和转移来进行国际间债权债务的结算成为必然。

（二）国际非贸易结算

国际非贸易结算是指因不同国家的当事人之间由于国际贸易以外的其他经济行为以及政治、文化交流等活动发生货币转移而产生的资金结算，例如因资金调拨或转移、国际援助、国际借贷、利润汇出/入、侨民汇款、捐赠、旅游、通信、建筑等活动发生货币转移而产生的结算，包括无形贸易结算、金融交易类结算、国际资金单方面转移结算等。

在国际非贸易结算中，商业银行办理国与国之间因资本流动、提供劳务或某种服务所引起的货币收/付行为，是国家外汇收入的主要来源。近年来，由于国际投资不断扩大，国际游资的流动性不断加大，资金的交易量迅速增加，其金额大大超出了贸易金额，所以非贸易结算在国际结算中的地位不断提高。然而，非贸易结算不涉及货物交接问题，只办理有关资金的转移，手续相对简单。因此，从学科的视角来看，国际贸易结算将是本教材的重点，这是由贸易结算在整个国际结算中所处的特殊地位决定的。国际贸易结算比国际非贸易结算在操作上更为复杂，在内容上几乎包括了国际结算所有的方式和手段。

三、国际结算的主要内容

国际结算主要包括国际结算的工具、国际结算的方式、国际结算的单据和国际结算的支付清算系统四方面内容。

（一）国际结算的工具

国际结算的工具包括各种支付凭证和信用工具。支付凭证有支付授权书、托收委托书等。信用工具是指用于证明债权人权利及债务人义务的书面契约凭证。国际结算中所使用的信用工具主要是票据。在货币和商品的让渡过程中，资金权（所有权）与金银（货物）的占有权相分离，由此产生了票据。票据的产生和普及开启了非现金结算的历史。票据是以支付货币为目的的证券,是指由出票人签发的,具有一定格式,约定债务人按期无条件支付一定金额,并经过背书可转让的书面支付凭证。常见的票据主要有汇票、本票和支票,在非现金结算中承担着支付工具和信用工具的角色,其使用是为了确定货币收付的数量、明确债权人的权利,将贸易的商业信用关系票据化,进一步保障债权人的权利到期或者提前兑现。

(二)国际结算的方式

国际结算的方式是指实现国际货币收付的手段和渠道,是国际结算的中心内容。汇款、托收和信用证是三大传统基本国际结算方式,银行保函、国际保理等几种派生物则属于新的结算方式。不同的结算方式具有不同的信用基础和特点,对款项的安全和资金周转的影响也是不同的。汇款和托收属于商业信用,信用证、银行保函和国际保理属于银行信用。其中,信用证是使用最广泛的结算方式,占全球国际结算的50%以上,我国国际贸易结算的70%采用信用证的方式。

在国际贸易实务中,采用何种结算方式,应根据商品情况、市场情况、双方当事人的资信情况而定。结算方式可以单独使用,也可以结合使用,如信用证与汇款结合、信用证与托收结合、汇款与银行保函结合、托收与国际保理结合等。

(三)国际结算的单据

国际结算的单据是结汇单据,它是国际贸易和国际结算中直接反映或说明货物有关情况的商业凭证。在国际贸易中,大部分交易是以先交单再付款的结算形式进行的。单据代表着货物,买方凭单付款而非凭货付款,而卖方在货物出运以后拿到了代表货物所有权的提单就可以向当地银行申请付款,可见,单据的交接就代表了货物的交接。所以,不论采用何种方式进行国际贸易结算,都会涉及单据交接的问题。由此,单据在国际结算中占据着重要的地位。

《联合国国际货物销售合同公约》第30条规定:"卖方必须按照合同和本公约的规定,交付货物,移交一切与货物有关的单据并转移货物所有权。"由此可知,提交单据是卖方的基本义务之一,单据是卖方履行合约的书面证明,主要包括运输单据、保险单、商业发票等,附属单据有海关发票、装箱单、商检证明、产地证书等。

(四)国际结算的支付清算系统

伴随着贸易方式和运输方式的多样化,银行信用逐步加入国际结算业务,而银行也最终成为国际结算的业务中枢。近年来,计算机网络和通信技术迅猛发展,以银行为中心的现代电子转账划拨支付体系,成为国际间资金得以安全有效结算的基础。

1. SWIFT系统

SWIFT是Society for Worldwide Interbank Financial Telecommunications(环球同业银行金融电讯协会)的缩写。该协会成立于1973年,总部设在比利时首都布鲁塞尔,是一个国际银行间收付信息电文标准制定及其传递与转换的会员制专业合作组织。SWIFT系统目前已成为全球最重要的国际收付电讯传送与交换处理体系,也是最重要的国际收付清算体系基础设施(信息通道)。严格说来,SWIFT系统并不为客户存储资金、管理账户,它仅通过设在各地区的数据转换中心,为其成员提供资金划拨、汇款结算以及信用证传递等网络服务。SWIFT的创始会员为欧洲和北美洲15个国家的239家大银行,之后,其成员银行数逐年迅速增加。从1987年开始,非银行的金融机构,包括经纪人、投资公司、证券公司和证券交易所等也开始使用 SWIFT 系统。

SWIFT 系统中传递的每一则电讯都由系统自动做出发妥或未发妥证实，对于未发妥的电文，系统会出具原因分析报告。该系统还能够自动存储信息，自动编押或核押，自动进行电文分类，并可以进行电文密码处理等。此外，SWIFT 系统线路速度为普通电传的 48~192 倍，费用却比普通电传低。鉴于此，SWIFT 系统自投入运行以来，以其高效、可靠、费用低廉和完善的服务，在促进世界贸易发展、加速全球范围内的货币流通和国际金融结算、促进国际金融业务的现代化和规范化方面发挥了积极作用。

2. CHIPS

CHIPS（Clearing House Interbank Payment System，纽约清算所银行同业支付系统）是一个带有 EDI（Electronic Data Interchange，电子数据交换）功能的实时、大额电子支付系统。此系统从 1970 年开始运行，代替了原有的纸质支付清算方式，为企业间和银行间的美元支付提供了清算和结算服务。CHIPS 不仅是纽约市的清算系统，也是所有国际美元收付的计算机网络中心，由纽约的美国银行以及设在纽约的外国银行组成。

可能是欧元体系的建立影响了美元在国际贸易中的地位，CHIPS 成员数由成立初期的 100 多家逐步减少。CHIPS 的参与者可以是商业银行、纽约州银行法规定的投资公司以及在纽约设有分支机构的国外银行，并拥有一个 6 位数的 UID（Universal Identification Number）和美国银行协会颁发的 ABA 号码（American Bank Association Number），号码齐全的电文被称为 qualified payment，可享受优惠的使用费率。发送电文时，如果没有借记方或贷记方的 UID 号码，可以使用其在 CHIPS 成员银行的账号或其 SWIFT 银行识别代码。

3. CHAPS

CHAPS（Clearing House Automated Payment System）是指伦敦银行同业自动收付系统，成立于 1984 年年初，由 12 家清算银行组成。它通过高度计算机化的信息传递部分取代了依靠票据交换的方式，不仅成为英国伦敦同城的清算交换中心，也是世界所有英镑的清算中心。CHAPS 采用双重清算体制，一般商业银行先通过在 CHAPS 成员的清算银行账户进行清算，然后在每天营业结束时，再由英格兰银行和成员清算银行之间进行清算。所以，较 CHIPS 而言，CHAPS 在清算的数量和通信设备上都逊色一些。CHAPS 为大额英镑清算提供了快速和安全的服务。此外，它还可以通过与欧洲其他的实时总额清算系统连接来完成欧元清算。

4. TARGET 系统

TARGET 系统（Trans-European Automated Real-time Gross Settlement Express Transfer System）是泛欧自动实时全额清算系统的简称，启用于 1999 年。该系统是欧洲中央银行拥有并运营的、进行大额款项收付的实时全额清算系统，是一种贷记转账支付系统。TARGET 系统的建立，是为了保证欧元的顺利启动及有效贯彻实施欧洲中央银行体系的单一货币政策，在任何情况下都能保证在当天内对跨越欧洲的各国进行大额资金收付的清算。

欧洲中央银行曾规定，欧元区内所有货币市场的交易必须通过 TARGET 系统进行。尽管该系统在贯彻欧元区货币政策、促进欧元区货币市场的整合、降低支付系统风险方面发挥了很大的作用，但由于它是通过连接各国当时已有的实时总额清算系统而成，所以存在一些技术设计上的不协调。欧洲中央银行于 2002 年 10 月起开始着手建立第二代 TARGET 系统，即 TARGET 2，该系统于 2007 年年底启用。由意大利银行、法兰西银行和德国联邦银行推动建立的 TARGET 2 下的单笔共享平台 SSP（Single Shared Platform，单一共享操作平台）提供了多种支付和清算模块，大大方便了各国央行实施国内款项清算和跨国款项清算。为了满足系统和成员间通信的标准化，TARGET 2 利用了 SWIFT 标准和网络系统。

第二节 国际结算的发展演变和主要国际惯例

一、国际结算的发展演变

国际结算的产生是以国际间商品贸易的产生与发展为前提的，并随着国际贸易和其他国际交往的扩大而不断发展完善。同时，国际结算的发展反过来又促进了国际贸易的进一步扩大和深化。所以国际结算与国际贸易始终存在着相互依存、相互促进、不可分割的统一关系。在漫长的历史时期中，国际结算的具体形式随着整个社会政治、经济以及科学技术的发展而发展，形成了多种世界各国都能接受的结算工具和结算方式。

在前资本主义社会，当货币作为一般等价物的形式出现后，最初的国际结算形式是现金结算。中国从汉代开始，对中亚及中东的陆上贸易和对日本及南洋各国的海上贸易，以及在古代和中世纪初期欧洲地中海沿岸各国的对外贸易，都长期采用现金结算。但是这种现金结算具有很大的局限性，不但现金携带和运送极不安全，而且资金占用时间长，搬运、清点很不方便，还要承担潜在的利息损失，妨碍了远洋贸易的发展。

从 15 世纪末起，封建社会逐渐向资本主义社会过渡，在重商主义思想的影响下，各国都很重视发展出口贸易。由于在交易中携带现金既不方便，又不安全，于是国际结算从现金结算方式逐步转变为非现金的票据结算方式。通过采用转账划拨资金或者相互抵销的办法进行结算，既减少了结算的费用，又节省了时间。近代银行的产生和发展，使国际结算从商人间的直接结算逐渐转变为通过银行中介的间接结算，银行成为沟通国际结算的桥梁。以银行为中心的国际结算体系，一方面解决了直接结算方式下因使用不同货币、处于不同贸易和外汇管理制度而给买卖双方带来的不便，降低了结算成本，提高了支付的安全性和结算的效率；另一方面，通过将国际结算与国际信贷相结合，缓解了商人们日益迫切的融资需求。在资本主义社会化大生产的推动下，国与国之间的经济交往不断加强，商人们不再自己运送货物，而是委托船东运送货物，船东们为了减少风险便向保险商投保，于是，商业、航运、保险分化为三个独立的行业，并出现了发票、提单、保单等重要单据。国际贸易中单据的"证券化"使得商品买卖可以通过单据买卖来实现，卖方提交单据代表提交了货物，买方付款赎取单据代表取得了货物。这种变化使得远隔重洋的国际贸易商人可以不必见面，而通过邮件、电报等通信手段即可完成交易。在贸易实践中，国际间商品买卖的结算从凭货付款转变为凭单付款，是国际结算的一大进步。

到了 19 世纪 70 年代，票据和单据在国际结算中已经完全结合起来，跟单汇票广泛地运用于国际间商品买卖的结算，并且形成了通过银行办理跟单托收和跟单信用证的结算方式。这使得贸易商不仅能依靠银行信用安全地收回货款，同时还能以单据为抵押品向银行取得资金融通，使在途资金占用的时间日益缩短。至此，国际结算进入一个比较完善的阶段。

第一次世界大战后，金本位制度逐步走向崩溃，特别是 1929—1933 年的经济危机给资本主义世界带来了沉重的打击，大批工厂、企业破产，拒付毁约的情况普遍发生，外汇管制以及各种排他性的结算方式在大多数国家广为流行，造成出口收汇落空的风险比过去大大增加，从而迫使出口商不得不减少使用以商业信用为基础的跟单托收方式，更多地依靠以银行信用为基础的跟单信用证方式。

随着现代通信手段和电子计算机技术的飞速发展，传统的手工结算方式逐渐被电子化、网络化的结算系统所取代，最新的科技成果逐步被运用到国际结算中。到20世纪70年代中期，国际结算已经广泛采用了综合电子技术，EDI实现了无纸贸易，降低了成本和费用，提高了效率，为国际贸易和国际结算带来了巨大的经济效益和社会效益。SWIFT系统、CHIPS、CHAPS等高效、安全的资金转移网络的建立，加快了资金的周转和利用速度，促进了国际贸易和国际结算量的增加。

从国际结算的发展演变规律可以看出，19世纪以后，国际结算进入了现代阶段，其特点是以票据为基础、单据为条件、支付为核心、银行为中枢，结算与融资相结合且相关制度日益规范。21世纪以来，经济全球化和网络化进入了一个全新的发展时期，国际贸易在总量、内容、方式等方面也有了很大的发展和变化，快速、安全、高效地实现国家间的款项收付成为当前国际贸易进一步发展的必要条件，因此，国际结算呈现出一些新的发展趋势。

第一，国际结算方式多元化。长期以来，信用证（L/C）这种以银行信用为付款保证的结算方式，一直处于主导地位，20世纪60—70年代，全球进出口贸易额的85%以上是采用信用证方式来结算的。但进入90年代以后，信用证结算方式的使用率却迅速下降。反观非信用证结算方式，如付款交单（D/P）、承兑交单（D/A）以及赊销（O/A）等以商业信用为付款保证的结算方式却大行其道，很快成为国际贸易中的主流支付方式，大多数业务采用商业信用的支付方式，辅之以完善的风险管理来进行。据有关资料统计，欧美国家的企业为了增强竞争能力，几乎放弃了信用证结算方式，信用证的使用比例已降至10%~20%，亚太地区信用证的使用比例也在逐年下降。

信用证结算比例下降的原因主要有六个方面：①采用信用证方式结算的费用和成本较高；②信用证对卖方较为有利，而对买方来说则是弊大于利；③随着世界经济的发展，一个全球性的买方市场已形成；④信用证结算方式的操作相对复杂；⑤随着电子商务的快速发展，买卖双方可以很容易地通过电子网络及时了解对方的资信情况及经营能力，并进行交易和结算，不再像以前那样依赖银行信用；⑥有些国家或地区外汇管制比较严，对外申请开证存在一定难度，因而进口商要求使用非信用证结算方式。

目前，全球贸易总额中有60%以上是以非信用证方式进行结算的。在非信用证方式下，除了传统的汇款、托收以外，近年来国际保理、福费廷及银行保函在国际贸易结算中所占的比重也越来越大。特别是在金融危机以后，随着与赊销有关的结算和融资方式业务量迅猛增长，与服务贸易相关的结算业务亦有着很大的发展空间。

第二，国际结算技术电子化。20世纪中叶以后，随着科学技术发展，国际银行业普遍采用先进的计算机技术，建立了各类联机网络和高效信息系统，使得手工操作时代形成的世界范围内银行间的资金往来、汇兑和资金结算业务，通过跨地区、跨国家的计算机网络更加紧密地联系起来，大大节约了货币和票据的使用，并且使相距万里的借贷、收付双方的业务往来，瞬息之间即可完成，缩短了国际结算的时间，提高了货币的周转速度和流通速度。

一个成功的例子是SWIFT系统的使用。这个每周7天、每天24小时连续运转的电脑系统具有自动储存信息、自动加押、核押、以密码处理电文、自动将文件分类等多种功能。依赖这个通信网络，各国银行之间能快速传递信息，高效处理国际银行间的资金清算。

第三，国际结算业务的标准化程度正逐步提高。从业务实践来看，由于国际结算涉及多边关系，所以在国际贸易结算和贸易融资交易量增加的同时，该领域发生的纠纷、矛盾乃至各种信用工具项下的欺诈、滥用权利等现象也相应增加，由此而产生的各种诉讼案、仲裁案也越来越多。为协调各国政治、法律和文化差异带来的矛盾和冲突，在长期的国际交往实践中逐步形成了相关国际规则和国际惯例，如《国际贸易术语解释通则》《跟单信用证统一惯例》《托收统一规则》等。这些不断发展完善的习惯做法和普遍规则，在各种国际贸易和国际结算活动中被广泛采用，极大地提高了国际结算业务的标准化程度。

第四，国际结算中的贸易融资越来越被重视。贸易融资是指围绕国际贸易结算的各个环节发生的资金及信用融通的经济活动。这项业务不仅使银行可以获得利息收益，而且可以改善银行的资产质量，所以现代国际结算越来越突出和贸易融资紧密结合的特点。同时，由于单笔国际贸易的金额越来越大，国际贸易商迫切需要银行在提供结算服务的同时，扩大融资服务的规模和范围。客户在与银行进行国际结算往来时，常常把能否获得稳定的贸易融资当作与银行合作的基础。为此，出口押汇、进口押汇、打包放款、票据贴现、买方信贷等手段不断出现，为进出口企业的资金融通提供了便利。不论是出口商还是进口商，只要符合规定的条件，即可从往来的结算银行处获得短期及长期的资金融通，这既能提高贸易的成交率，又能增加商品在市场上的竞争力，而银行也会从中受益，此时，银行与客户的利益是一致的。

二、国际结算中的主要国际惯例

法律和惯例是维系当今世界整个市场经济体制正常运转的重要因素。由于国际结算涉及不同国家的法律，而目前各国法律对此的规定并不完全一致，因此，在处理国际结算和贸易融资领域发生的纠纷、矛盾乃至各种信用工具项下的欺诈、滥用权利等问题的时候，很少适用某一当事人或某一银行所在国的法律。为了保证国际结算的顺利进行，一些商业团体、国际组织在国际贸易与结算的实践中，制定和修订了各种有关的公约和规则。这些公约和规则经过长期的贸易实践日趋完善，最终得到了国际范围内的普遍认可和广泛采纳，成为国际结算业务开展的前提，并极大地保障和推动了国际结算的发展。

国际结算中涉及的国际惯例与规则主要包括以下几种。

（一）《托收统一规则》

《托收统一规则》（*Uniform Rules for Collection*, ICC Publication NO. 522）于1996年1月1日正式实施，是关于约束托收各当事人权利与义务的国际惯例，简称URC 522。它明确规定："除非另有规定，或与一个国家、一个地区或当地的法律法规相抵触，否则本规则对托收的所有当事人均具有约束力。"

（二）《跟单信用证统一惯例》

《跟单信用证统一惯例》（*Uniform Customs and Practice for Documentary Credits*）是关于约束信用证各当事人权利与义务的国际惯例。2007年7月1日开始实施的UCP 600正式代替1994年1月1日正式实施的1993年修订本（国际商会第500号出版物，即UCP 500）。

UCP 600的修订工作是从2003年5月开始的；目的是适应银行业、运输业、保险业的不断发展，修改 UCP 500 中导致滥用和误解的措辞。在修改过程中，起草小组注意到，大约 70% 的单据第一次交单时有不符点，这对信用证的作用和市场份额的增长产生了不利影响。UCP 600 内容更贴近实务，条文更加具体明确，纠正了对 UCP 500 的滥用，相符交单的标准趋向宽松，文字更加简洁，对促进信用证业务的健康发展起到积极的作用。

（三）《国际备用信用证惯例》

《国际备用信用证惯例》(*International Standby Practice*，简称 ISP98) 是国际商会制定的国际结算方面的惯例。1998 年 12 月国际商会公布了《国际备用信用证惯例》，于 1999 年 1 月 1 日起生效，并被定为国际商会第 590 号出版物，在全世界推广使用，填补备用信用证在国际规范方面的空白。

（四）《见索即付保函统一规则》

《见索即付保函统一规则》(*The Uniform Rules for Demand Guarantees*，ICC Publication No. 458. 1992 Edition) 是国际商会第 458 号出版物，简称 URDG 458，是国际商会制定的有关保函的国际惯例。随着银行保函在国际上的使用范围不断扩大，其内容也逐渐复杂化，为了便于研究和使用，国际商会于 1978 年制定了《合约保函统一规则》（URCG 325），1982 年又制定了《开立合约保证书模范格式》，供实际业务参考和使用。此后随着国际经济贸易的发展和变化，1991 年国际商会又对《合约保函统一规则》进行了修订，并于 1992 年 4 月出版发行《见索即付保函统一规则》，即 URDG 458。

进入 21 世纪以来，URDG 458 规则的清晰性、特定事实的确定性和精准性、内容的全面性等方面的不足日益显现，见索即付保函实际业务的新发展对一套更清晰简洁、更系统科学的保函业务规则提出了诉求。2009 年，国际商会银行技术与惯例委员会借鉴保函及相关业务实践发展经验，通过全球范围内四次大规模的意见征集，对原有的 URDG 458 进行了修订，并于 2010 年以国际商会第 758 号出版物的形式，推出了最后修订稿 URDG 758。新版本的规则在原有规则的基础上，大量借鉴和采用了 UCP 600 的体例，引入了全新的术语体系，在调整保函当事各方权责关系方面的规定更加清晰、准确和全面，成为当前见索即付保函业务的权威指南。

（五）《联合运输单证统一规则》

《联合运输单证统一规则》(*Uniform Rules for a Combined Transportation Document*，1973) 是国际商会于 1973 年制定的，1975 年进行了修改。作为国际惯例，其不具有强制性，但经常被国际货物多式联运合同双方当事人协议采用。

（六）《跟单信用证统一惯例关于电子交单的附则（EUCP）》

《跟单信用证统一惯例关于电子交单的附则（EUCP）》(*Supplement to UCP 500 for Electronic Presentation*，国际商会 eUCP 1.0) 是国际商会为了适应电子商务在国际贸易领域的广泛应用而制定的，于 2002 年 4 月 1 日生效。国际商会在制定 UCP 600 后，相应颁布了 eUCP v1.1。eUCP v1.1 除了将关于 UCP 500 的表述调整为关于 UCP 600 的表述，以及在第 12 条更强调银行关于电子记录的表面真实性审核为其免责条件外，和 eUCP v1.0 几乎相同。

eUCP 共 12 条，涉及 eUCP 范围、eUCP 和 UCP 的关系、定义、格式、提交、审核、拒绝通知、正本和副本、出单日期、运输、交单后电子记录的损坏和 eUCP 电子交单的额外免责等方面。

此外，国际结算业务中，根据实际情况也会涉及其他一些国际公约与惯例，例如《国际保理业务惯例规则》《国际保理公约》《2004年约克·安特卫普规则》《海牙规则》《汉堡规则》《国际海事委员会电子提单规则》等。

第三节　国际结算中的银行

从整个国际结算的起源与发展过程中，我们可以清楚地看到，银行信用在国际结算领域出现的时间晚于商业信用，但是它的出现使结算方式有了质的飞跃，这主要是因为银行信用有着如下优点。

第一，银行信用是以货币形态提供的。银行贷放出去的已不是在产业资本循环过程中的商品资本，而是从产业资本循环过程中分离出来的暂时闲置的货币资本，它克服了商业信用在数量规模上的局限性。

第二，银行信用规模大、风险小、成本低。银行将社会闲散资本集中起来，能聚集庞大的资本规模，而且银行具有信用创造功能，它可以通过发行信用货币和创造派生存款来扩大资金来源和信用规模，这样银行就有充裕的资金满足企业的长、短期资金需求。

第三，银行信用从信用等级上来看高于商业信用，银行发生违约的可能性比较小，所以更受贸易双方的信赖。

目前，以银行为中介的国际结算体系已在全球范围内形成，银行作为重要的金融中介服务机构，扮演着越来越重要的角色。国际结算需要实现不同国家之间的资金转移，而这种转移是通过银行之间的转账进行的，必须通过银行间的清算来完成。因此，银行在办理国际结算业务时，往往需要外国银行的业务合作与支持，在全球范围内建立起资金划拨通畅的账户网络就成了国际结算业务顺利进行的关键和前提条件。而在海外拓展分支机构或联行，并与国外银行建立代理行关系，便是银行提供优质的金融服务，实现全球性银行网络构架，以支持全球结算业务发展的必由之路。

一、商业银行的分支机构

为了更好地参与国际业务，在国际竞争中不断发展壮大，每个商业银行都需要根据自身的具体情况和发展需要建立一套健全的组织系统，以使其国际业务顺利开展。经营国际汇兑、外汇存放等业务的商业银行一般会在海外设立分支机构。银行的分支机构有以下几种。

（一）代表处（Represent Office）

代表处是商业银行在海外设立的非营业性办事机构。它不能吸收存款、发放贷款或进行其他具体的业务活动，仅为总行提供当地的政治、经济、法律、银行业务等方面的信息，为在当地设立分行建立基础。因此，如果当地的市场业务量等条件达到预期，代表处一般经过一段时间运作后会上升为分行。代表处的资金和一切支出均由总行提供。

（二）办事处（Agency Office）

办事处是国内银行设在境外的能够办理资金转移和发放贷款，但不能在东道国吸收当地存款的金融机构。它是总行的一个组成部分，不具有法人资格，介于代表处和分行之间。可见，办事处不是经营全面业务的银行，它具体经营工商贷款、贸易融资、信用证开证、承兑、票据贴现等业务。许多外国商业银行的办事处还充当着本国政府财务代理人的角色。由于办事处不接受当地存款,所以不受法定准备金率的约束。

(三) 分行 (Branch Bank)、支行 (Sub-branch Bank)

海外分行是总行在国外开设的营业性的机构,是总行的有机组成部分。它不是独立的法人实体,其全部资金由总行提供,盈亏亦由总行承担,总行对其业务活动负完全的责任。在各行总行的财务报表中,均包括了其海外分行的各类资产负债、全部收益、费用以及利润或亏损。分行的业务范围以及经营活动不仅受总行所在国金融法律、法规的约束,还受东道国关于外资银行的法律、法规的限制。支行是分行下设的营业性机构。支行在业务经营上类似于分行,只是它直接属于分行管辖,规模比分行小,层次比分行低。总行与分行、支行之间,分行与支行之间以及其相互之间均称作联行关系。

(四) 子银行 (Subsidiary Bank)

子银行又称"附属银行",是国内银行在国外按东道国法律注册的独立银行,具有独立法人资格。它是完全独立的经营实体,其负债仅以注册资本为限负有限责任。其资本全部或大部分由国内母银行持有,其他资本可能为东道国或其他外国银行所有,因此,国内母银行对其经营具有控制权。子银行是在东道国当地注册的法人,其一切经营都得按当地法律和规定办理,并受东道国金融监管当局的监管。

(五) 联营银行 (Affiliated Bank)

联营银行在法律地位、性质和经营特点上与子银行类似,也是按照东道国法律注册的独立银行,但是国内母银行所占股权在50%以下,其余股权为东道国所有,或者由几家外国投资者共有,所以母银行并不能完全控制该银行。联营银行可以通过两国或者多个国家投资者共建的形式成立,也可以是外国投资者通过购买东道国银行部分股权的形式。联营银行的业务经营品种与范围要依据注册规定或参股银行的性质而定,通常经营租赁、代理融通和商业业务,存款业务的规模一般比较小。

(六) 银团银行 (Consortium Bank)

银团银行通常是由两个以上不同国籍的跨国银行共同投资注册建立的具有公司性质的合营银行,任何一个投资者所持有的股权都不得超过50%。投资银团银行的母银行通常是信用卓著的跨国大银行,其注册地点多为离岸金融中心。作为一个法律实体,银团银行有自己的名称和特殊功能,除了接受母银行委托的业务外,其所经营的业务还涉及巨额资金的交易,这类交易往往超过单个银行的交易能力,而且成本高、风险和难度大。银团银行的业务对象以跨国公司或各国政府为主,很少向普通消费者提供小额零售业务。银团银行经营范围一般包括辛迪加贷款、公司债券的承销、项目融资、跨国公司并购以及公司财务咨询等业务。

二、代理行

虽然银行可在海外建立自己的分支机构或联行,但是不可能、也没有必要在发生债权债务关系的所有国家和地区实现全覆盖。从低成本和灵活性的角度考虑,银行还可以选择和他国银行建立代理行关系。

中国银行作为我国最早开展国际业务、国际化程度最高的银行,虽然已在海外设立了数百家分支机构,但这些分支机构的数目与中国银行所肩负的国际结算任务仍然是不相适应的。于是,中国银行根据业务发展的需要,与外国银行广泛建立了代理关系。目前,中国银行已有549家海外机构,在世界上20多个国家和地区有近6 000家代理银行。

(一) 代理关系和代理行

代理关系是指两家不同国籍的银行通过相互委托办理业务而建立的往来关系。建立了代理关系的银行互为代理行(Correspondent Bank)。如果两家银行签订了代理协议,便成为对方银行在本国的代理行。代理行之间提供良好的金融服务,主要包括国际结算和融资、汇款的解付与偿付、托收的提示与收款、信用证的通知与保兑、外汇交易和资金融通,以及彼此交换政策信息和提供银行咨询服务等。

(二) 代理关系的建立

代理关系即代理行关系,一般由双方银行的总行直接建立。分行、支行不能独立对外建立代理关系。代理行关系的建立一般要经过三个步骤。

第一步,考察了解对方银行的资信。代理行关系是建立在一定资信基础上的,因此,在建立代理关系前,应对对方银行的基本情况有所了解,以便决定是否同其建立代理关系。一般而言,银行只同那些资信良好、经营作风正派的海外银行建立代理关系。银行通过全面详细地了解代理行的资信状况,决定双方是否有合作的必要性和可能性,以最大限度地减少和降低将来可能发生的各种纠纷和风险。

第二步,签订代理协议并互换控制文件。如果双方银行同意相互建立代理关系,则应签订代理协议。代理协议一般包括双方银行的名称、地址、代理范围、协议生效日期、代理期限、适用分行和支行等。为使代理业务真实、准确、快捷、保密,代理行之间还要相互发送控制文件(Control Documents)。代理行彼此之间必须提供的控制文件包括密押、印鉴、费率表。

密押(Test Key)是用于识别银行电讯文件的数字密码。银行之间事先约定在发送电报时,由发电行在电文中加注密码。每个银行都有绝对机密的密押表,为了高度保密,密押表只能掌握在少数几个相关人手中,并且每使用一段时间后就必须更换。传统的密押用于银行电报、电传中,银行将发出的电讯文件中的重要信息如金额、币种、日期等项目按密押表编成密押,代理行可以破译密押并据此核对电讯文件字面信息的正确性,以验证电讯文件的真实性。随着国际汇兑方式的电子化,新的密押方式相应出现,比较有代表性的是SWIFT电文的密押。它是计算机自动根据整个SWIFT报文的全部字母、数字和符号编制的,准确性高、保密性好且自动化程度较高。

印鉴(Specimen Signatures),也叫签字样本,是银行有权签字人的签字式样。银行之间的信函、凭证、票据等,经有权签字人签字后,寄至收件银行,由收件银行将签名与所留印鉴进行核对,如果相符,即可确认其真实性。代理行印鉴由总行互换,包括总行及所属建立了代理关系的分行的有权签字人的签字式样。

费率表(Schedule of Terms and Conditions)是银行在办理代理业务时收费的依据,一般由总行制定并对外发布,各分行、支行据此执行。对方银行委托我方银行办理业务,按照我方银行费率表收取费用;我方银行委托国外银行办理业务,则按对方银行费率表收费。当然,这些代理费用最终会转嫁给客户。费率表应定得适当、合理,过高会削弱我方竞争力,过低则影响经济效益。

第三步,双方银行确认控制文件。收到对方银行发来的控制文件后,如无异议,即可确认，此后便照此执行。

（三）代理行的种类

代理行可分为账户行和非账户行。

1. 账户行

账户行是指代理行之间单方或双方相互在对方银行开立了账户的银行。账户行关系是在建立代理行关系的基础上，为了解决双方在结算过程中的收付而建立的特殊关系。账户行间的支付，大多通过开立的账户进行结算。选择建立账户行，一般应是业务往来多、资金实力雄厚、支付能力强、经营作风好、信誉卓著、地理位置优越以及世界主要货币国家的银行。账户行必然是代理行，而代理行并不一定是账户行。

账户行可以单方开立账户和双方互开账户。单方开立账户是指一方银行在对方银行开立的对方国家货币或第三国货币账户，如中国银行在美国纽约的若干家银行（美国或外国）开设有美元现汇账户。双方互开账户是指代理行双方相互在对方国家银行开立对方国家的货币账户，如中国银行在美国纽约花旗银行开立美元账户，花旗银行在北京的中国银行开立人民币账户。

2. 非账户行

非账户行是指除账户行以外的其他代理银行，或者说是没有建立账户行关系的代理行。非账户行之间的货币收付需要通过第三家银行办理。这类银行的代理关系是通过签订代理协议而建立的，协议中将明确规定各自的代理范围和代理权限，如相互代办的委托业务的内容、汇兑和结算方式等，彼此将根据代理合约相互提供代理服务。签订代理协议的好处是即使双方无账户关系，当收到委托付款书时仍可即时办理，因为代理协议一般会提供一定范围内的信贷额度。大多数代理行采用这种形式。

（四）代理行网

代理行双方都可以利用对方在本国的分支机构为其服务，从而形成一个代理行网络。如果一个银行与国外大银行建立代理关系，就会使在该国的代理行网更加稠密，从而更利于结算业务的开展。银行可以直接将委托书寄给这些分行，这将大大提高业务效率。同时，通过代理行网络，银行可以与国际计算机支付系统相连接，如环球同业银行金融电讯协会（SWIFT）系统、纽约清算所银行同业支付系统（CHIPS）、伦敦银行同业自动收付系统（CHAPS）以及其他私营网络系统。加入这些系统将会加快我国银行国际化的步伐，从而更好地融入全球金融系统，进一步扩大自己的业务范围和业务量，产生良好的经济效益。

一般来说，银行建立代理行网络，往往是与一个国家的对外贸易发展状况相适应的，如果本国对外贸易发展迅速，贸易客户遍布全球，则银行必然会为了适应国际汇兑业务的需要而广泛设立国外分支机构和建立相应的代理关系。

（五）往来银行的选择

在代理关系中，账户行的关系更密切、更方便，因此要尽可能地在双方签订代理协议后，直接结成账户行关系。在选择代理行时应该考虑以下影响因素：①银行自身业务发展的状况、长远的发展目标及经营战略；②拟选择的代理行的业务范围、资本实力和金融状况；③该行在世界银行界的地位；④该行所在地及所在国的政治、经济状况，尤其是社会稳定状况。代理行在选择时要优先考虑本国贸易发展的需要，可考虑在主要的贸易伙伴国设立银行分支机构或海外联行,然后与伙伴国的大银行建立代理行关系,扩大自己的银行网络,以便于今后业务的开展。对于一些贸易往来较少的国家,一般就不用设立海外联行,以节约业务成本,最好的方法就是选择一家当地资信状况、业务范围、资本实力都比较合适的代理行,帮助双方解决业务往来中的具体问题。

本章小结

国际结算是指为了清偿国际间的债权债务关系而发生在不同国家之间的货币收付活动。

国际结算因涉及国际间各主体,所以要比国内结算复杂得多,具体表现在三个方面。其一,活动范围大。国内结算的当事人都在一国之内,货币活动不出国界;而国际结算是跨国进行的,这为各方在语言及文字沟通、资信了解、运输与保险的操作等许多方面增加了难度。其二,使用和涉及一种以上的货币。国内结算一般只使用本币一种货币;而国际结算通常要涉及两种或两种以上的货币,并且货币活动范围超出国界,这就产生并增加了外汇管制、汇率甚至利率的风险。其三,环境更复杂。国内结算是在统一的政治、经济、文化环境下进行的,所依据的是本国法律;而国际结算是在不同的政治、经济、文化环境下进行的,没有统一的法律管辖,如果出现争议和纠纷,则需根据当事各方事先约定的标准来解决。

国际结算主要包括四方面内容:国际结算的工具、国际结算的方式、国际结算的单据和国际结算的支付清算系统。

从国际结算的发展规律可以看出,19 世纪以后,国际结算进入了现代阶段,其特点是以票据为基础、单据为条件、支付为核心、银行为中枢,结算与融资相结合且日益规范。国际结算的发展趋势是方式多元化、技术电子化、业务标准化和贸易融资的国际结算越来越多。

在国际结算中的往来银行中,银行在办理国际结算业务时,往往需要外国银行的业务合作与支持。在国际结算中需要运用一些国际惯例,主要有《托收统一规则》《跟单信用证统一惯例》《国际备用信用证惯例》《见索即付保函统一规则》等。

目前,以银行为中介的国际结算体系已在全球范围内形成,银行作为重要的金融中介服务机构,扮演着越来越重要的角色。国际结算需要实现不同国家之间的资金转移,而这种转移是通过银行之间的转账进行的,必须通过银行间的清算来完成,因此,银行在办理国际结算业务时,往往需要外国银行的业务合作与支持,在全球范围内建立起资金划拨通畅的账户网络就成了国际结算业务顺利进行的关键和前提条件。而在海外拓展分支机构或联行,并与国外银行建立代理行关系,便是银行提供优质的金融服务,实现全球性银行网络构架,以支持全球结算业务发展的必由之路。

关键名词解释

国际结算　国际贸易结算　国际非贸易结算　支付清算系统　现金结算　国际惯例
分行　支行　子银行　联营银行　银团银行　代理行　账户行

思考题

1. 国际结算的含义是什么?
2. 国际结算具有哪些特点?

3. 国际结算的支付清算系统主要有哪些？
4. 银行的国外分支机构通常有哪几种形式？
5. 国际结算呈现出哪些新的发展趋势？

案例分析

案情：

我国某出口商出口货物，结算货币为美元，结算方式为托收。货物出运后，出口商将全套单据送给 A 银行，委托其办理托收，在托收指示中，出口商指定 B 银行为代收行。A 银行在接到托收指示后，发现其与 B 银行没有账户关系，但 A 银行的纽约分行与 B 银行同为 CHIPS 的参加行。于是 A 银行在给 B 银行的托收委托书中写明如下指示："When collected, please remit the sum to our New York Branch via CHIPS（ABA：   ）for credit of our account（UID：   ）with them."。那么，CHIPS 是怎么运作的？什么是 ABA 号码？什么是 UID 号码？

分析：

CHIPS 是一个贷记清算系统。它累计多笔业务的发生额，并且在日终进行金额结算。CHIPS 的会员行可以是商业银行、国际条例公司等。

参加 CHIPS 的银行均有一个美国银行公会号码，即 ABA 号码，作为参加 CHIPS 清算所的代号。每个 CHIPS 的会员行所属客户在该行开立的账户，由清算所发给通用认证号码，即 UID 号码，作为收款人或收款行的代号。

在本案中，B 银行收妥款项，通过 CHIPS 发出付款指示，注明账户行的 ABA 号码和收款行的 UID 号码，汇交 A 银行纽约分行贷记款项，A 银行得知货款已收妥，即可贷记出口商账户。

第二章

国际结算票据

> **学习目标**
>
> 掌握票据的概念、特性和作用,了解票据的法律体系;掌握汇票的定义、必要项目、票据行为及汇票当事人的权利与责任;掌握本票的定义、必要项目、票据行为及与汇票的异同;掌握支票的定义、必要项目及与汇票的异同。

第一节 票据概述

一、票据的定义

国际结算的工具可分为结算货币与结算票据。票据作为市场经济中货币信用发展到相当成熟阶段的产物,已经成为国际结算的主要工具。票据的概念有广义和狭义之分。广义的票据是指商业上的权利单据,泛指一切有价证券和各种书面凭证,包括汇票、本票、支票、股票、提单、债券(政府债券、金融债券、公司债券)等。狭义的票据是指依据票据法签发和流通的,以无条件支付一定金额为目的的有价证券,包括汇票、本票、支票三种。

国际结算中的票据是指狭义的票据,也称作资金单据或金融单据,即汇票、本票、支票,它们代替现金起流通和支付作用。股票、债券等被称为有价证券,发票、提单、保险单等则被称为单据或者商品单据。

二、票据的基本特征

票据之所以能够在国际结算中代替货币使用,起到流通作用并用于结清债权债务,是由于它具有以下特征。

(一)票据的设权性(Right to be Paid)

票据的设权性是指持票人的票据权利随票据的设立而产生,即票据一经设立并交付出去,票据的权利和义务便随之确立。离开了票据,就不能证明其票据权利。

票据发行的目的是代替现金来进行支付。票据开立的目的并不是证明已经存在的权利与义务关系，而是设定票据上的权利与义务关系。票据上的权利和义务在票据开立之前是不存在的，而在票据开立的同时产生。

（二）票据的无因性（Non-causative Nature）

票据上权利的发生，往往是由于付款人、出票人、收款人之间存在着某种债权债务关系，这些因素构成了票据当事人权利义务的基础，称为票据原因。票据的无因性并不是要否定这种关系，而是指票据一旦做成，票据上的权利即与其原因关系相分离，成为独立的票据。即持票人行使票据权利时，无须证明其取得票据的原因，只要票据记载合格、符合法定要式，就能享有票据权利。在票据到期时，付款人必须无条件支付。票据的无因性也是票据得以广泛流通的原因。

（三）票据的要式性（Requisite in Form）

票据的要式性是指票据的形式必须符合法律规定，票据上的必要记载项目必须齐全且符合规定。如果不符合法定形式，就不能产生票据的效力。各国票据法对票据所必须具备的形式条件和内容都有具体规定，各当事人必须严格遵守，不得随意更改；不合格的票据无法受到法律的保护，持票人的权利也无法得到保障。另外，除了票据的形式和记载方式外，票据的签发、转让、提示、承兑、付款、追索和保证等行为方式均应符合法定要式。票据的要式性可以尽可能地减少票据纠纷，从而保障票据顺利流通。

（四）票据的流通转让性（Negotiability & Transferability）

票据的流通转让性主要表现在以下三个方面。

1. 票据上的债权可以通过背书转让或交付转让的方式予以流通转让

这是票据权利的两种转让方式，根据票据的"抬头"，可采用相应的转让方式。

2. 票据转让不必通知债务人

这是票据转让和一般债权和书面凭证转让的不同之处。一般债权的债权人在转让其债权时，必须及时通知债务人，否则债务人仍只应向原债权人清偿债务。而票据的转让可以仅凭交付或背书后交付完成，无须通知债务人。票据债务人也不得以不知晓为理由拒绝承担向现债权人进行清偿。

3. 票据的受让人获得票据的全部法律权利，可以用自己的名义提起诉讼

善意并付对价的受让人的权利不受前手票据权利缺陷的影响。受让人必须是善意取得的票据，即受让人是在支付对价后（向让与人直接或间接地支付了一定的代价，这些代价可以是等值的货物、服务及货币）才取得表面完整、合格且未过期的票据。在这种条件下，受让人能得到十足的或完全的票据文义载明的权利，甚至是得到让与人没有的权利，其权利不受到前手的影响。只有这样保证了受让人的票据权利，票据才会得以流通。

（五）票据的文义性（Literal Interpretation）

票据的文义性是指票据权利义务的内容应当严格按照票据上记载的文字来解释或者确定，此外的任何理由和事项都不得作为根据。据此，即使当事人在票据上记载的文字有误，也不能以票据以外的其他证明进行变更或补充。比如，票据上记载的出票日与实际的出票日不一致，也只能以票据上记载的日期为准。票据的这一特征有利于保护善意持票人，维护票

据的流通性，确保交易安全。

案例 2-1

关于票据的文义性

案情：

A 企业与 B 企业签订了货物买卖合同，合同中约定，A 企业签发一张以 B 企业为收款人的银行承兑汇票作为预付款，金额为 20 万元，汇票不得转让，如果合同解除，汇票则作废。但是 A 企业未在汇票上记载"不得转让"字样。B 企业取得汇票后，将汇票背书转让给 C 企业，抵工程款。C 企业向承兑行提示付款时，承兑行称 A 企业与 B 企业之间的买卖合同已经解除，A 企业告知承兑行不得付款，并且汇票不得转让，所以不能向 C 企业付款。请问承兑行是否要付款？

分析：

（1）本案例中 A 企业与 B 企业之间的买卖合同关系是票据的基础关系，根据票据的无因性，出票人签发票据，只要形式上符合票据法规定的要件，即为有效出票行为，出票行为成立后不受基础关系的影响。因此，买卖合同解除，不影响汇票的效力。

（2）A 企业虽然与 B 企业约定汇票不得转让，但是并未在汇票上记载"不得转让"字样，根据票据的文义性，票据上的权利的内容、行使方式、权利人、义务人等内容均以票据上的文字确定。所以 B 企业转让汇票给 C 企业，C 企业取得票据权利，承兑行已经对汇票作出了承兑，C 企业提示付款时，承兑行应当付款。

案例 2-2

关于票据的要式性

案情：

A 公司向某银行申请一张银行承兑汇票，该银行在进行必要的审查后受理了这份申请，并依法在票据上签章。A 公司得到这张票据后没有在票据上签章便将该票据直接交付给 B 公司作为购货款。B 公司又将此票据背书转让给 C 公司以偿债。到了票据上记载的付款日期，C 公司持票向承兑行要求付款时，该银行以票据无效为由拒绝付款。请问：这张汇票是否有效？

分析：

根据我国票据法关于汇票出票行为的规定，出票人必须在票据上记载"汇票"字样、无条件支付的委托、确定的金额、付款人名称、收款人名称、出票日期、出票人签章。以上事项缺一者，票据无效。

三、票据的作用

票据的作用主要有以下几个方面。

（一）结算作用

票据最基本的功能是结算。在国际贸易中，大多数的结算以非现金结算方式进行，票据代替现金使用,可以省时、省力、降低成本、提高效率。以票据为手段进行支付,可以签发支票,也可以签发本票,还可以委托银行签发汇票。这种支付方式方便、准确、迅速、安全。

(二) 汇兑作用

汇兑功能是票据的原始功能。由于各国经济的发展,商品交换的范围和规模不断扩大,产生了频繁地在国家间转移金钱和兑换的需要。因为直接携带和运送现金不方便,所以产生了通过票据的转移、汇兑来实现资金转移的方式,即将 A 地的现金转化为票据,再在 B 地将票据转化为现金或票款。这种转移的好处是简单、方便、迅速和安全。在票据产生的最初几个世纪里,票据几乎成了转移资金的专门工具。现代经济中票据发展出了其他的功能,但汇兑仍然具有重要的作用。

(三) 流通作用

票据不仅可以进行一次性的支付,还可以经过背书转让后支付,受让人在背书后还可以再转让。而且背书人对票据的付款负有担保责任,因此背书次数越多,该票据的付款担保性就越强。背书转让使票据得以在市场上广泛流通,大大减少了现金的使用,降低了流通费用,扩大了流通手段。

(四) 信用工具

票据是建立在信用基础上的书面支付凭证。在现代经济中,存在着大量的信用交易,比如卖方出于竞争的需要向买方提供商业信用。使用票据作为信用工具,由买方向卖方开出远期支付票据,不仅简化了借贷手续和追偿手续,而且债权表现形式明确,清偿时间确定,保障性强,转让手续简便,还可以通过贴现提前转化为现金。票据的这种信用作用,解决了金钱支付上的时间间隔问题,使资金融通业务不断扩大,促进了贸易的发展。值得注意的是,支票都是即期的,因此仅仅是支付工具而不能充当信用工具。

(五) 抵销债务作用

国与国之间发生的货币收付可以用票据来抵偿,以冲销国际间的债权债务。比如,中国的 A 公司向美国的 B 公司购买了货物,而美国的 C 公司向中国的 A 公司购买了货物,同时,美国的 B 公司向美国的 D 公司购买了货物。如果这三笔货物购买金额都是 20 000 美元,则两国商人之间可以通过开立汇票及转让来抵销相互的债权债务。具体做法是:由中国 A 公司签发以美国 C 公司为付款人的汇票,命令 C 公司将所欠货款付给美国 B 公司,美国 B 公司得到中国 A 公司出具的汇票后经背书转让给美国 D 公司,抵销其所欠 D 公司的债务,然后美国 D 公司向 C 公司提示付款。这样,一张汇票结清了两国四个企业间的三笔交易,使得国际间的债务结清快速、安全,极大地便利了国际贸易的进行。

票据的以上基本功能,使票据成为现代市场经济的一项基本制度。商业信用、银行信用的票据化和结算手段的票据化,是市场经济高度发展的重要标志之一。

四、票据的法律体系

票据在各国经济中都占有非常重要的地位,为了加强票据权利,确保票据付款来促进票据流通,各国政府都极为重视,相继将票据流通规则制定为法律。票据法是规定票据种类、票据形式以及票据当事人权利义务关系的法律规范的总称。票据的发源地在欧洲,1673 年法国路易十四时期的《陆上商事条例》中就有关于票据的规定，是近代最早的成文票据法。1847年，根据普鲁士邦票据法法案，德国制定了普通票据条例，为同盟各邦所采用。英国也于1882年制定了票据法，对汇票和本票作了规定，并将支票作为汇票的一种。美国则在1897年公布了《统一流通证券法》，后被其他各州所采用。

（一）票据法体系

由于各国票据法的立法时间有先后，各国的经济水平发展阶段不同，商业习惯和法制思想上也存在着差异，因此形成了多个法系，目前世界上影响较大的票据法主要有法国法系、德国法系及英国法系。

1. 法国法系

法国法系又称拉丁法系，产生于17世纪，是最早形成的票据法，对欧洲大陆影响较大。1807年，法国颁布了《拿破仑商法典》，对《陆上商事条例》作了若干修改；1865年，法国又制定了支票法。

法国票据法的特点是注重票据的汇兑功能，较少考虑票据的支付和信用功能。该票据法强调票据当事人之间必须先有资金关系，并将其作为票据的必要条件加以规定，对票据的形式要求并不严格，即便票据记载中有缺项或不完整之处，也不影响票据的法律效力。票据的法律效力来自基础合约的有效性这一特点导致了票据和基础合约的紧密联系，这在一定程度上阻碍了票据的流通转让，限制了票据部分功能的发挥。因此，后来的法国票据法逐渐抛弃了原体系中落后的规定，慢慢转向了德国票据体系，不再作为独立的票据法体系存在。

2. 德国法系

德国法系又称日耳曼法系，是继法国法系后又一有重要影响的票据法体系。德国票据法系是在德国统一之后在各邦的票据法基础上多次修订而成的。1871年订立了《德国票据法》，但内容仅限于汇票和本票；在1980年又单独制定了支票法。

德国票据法的特点是注重票据的流通和信用功能。它注重票据的无因性，即票据关系与其发生的基础原因相分离；也强调要式性，如果没有法定记载项目，票据将丧失其效力。德国法系推动了欧洲各国票据法的发展，很多国家纷纷效仿，制定了本国的票据法。《德国票据法》最终成为欧洲大陆票据法的代表。

3. 英国法系

英国于1882年制定了票据法后，又于1957年公布了支票法，作为对1882年票据法的补充。英国票据法的特点与德国票据法的特点基本相同，都将票据关系与引起票据产生的基础原因分开，对正式持票人的权利尽力保护，注重票据的流通和信用功能。

（二）国际票据法

进入20世纪，随着经济的发展和各国经济的不断融合，票据的使用更加频繁，使用范围也不断扩大，日益成为国际间重要的信用和结算工具，票据法的统一问题被提上了日程。1930—1931年，国际联盟在日内瓦召开国际票据法统一会议，参加会议的有法国、德国、瑞士、意大利等31个国家；在此期间，于1930年6月7日签字生效了《统一汇票本票法公约》，1931年3月19日签字生效了《支票统一法公约》，这两个主要文件通常被称为《日内瓦统一票据法》，简称《日内瓦统一法》。英、美等国从一开始就拒绝参加日内瓦公约，它们认为，日内瓦公约主要是按照大陆法的传统规则制定的，与英美法的传统和实践有矛盾，如果参加日内瓦公约，将会影响英美法系各国之间已经实现统一的局面。由于这个缘故，现在世界上票据法已经形成日内瓦统一法系与英美法系并存的局面。

（三）日内瓦统一法系与英美法系的区别

日内瓦统一法系与英美法系的区别以日内瓦票据法与英国票据法为例。

1. 票据分类不同

日内瓦票据法将汇票和本票视作一类，支票则视作另一类，分别订立了两个公约；英国票据法则认为汇票是基本票据，因汇票当事人身份不同而派生出支票和本票，即将支票看作是汇票的一种类型。

2. 票据持有人权利不同

日内瓦票据法认为，只要票据上的背书是连贯的，持票人就是合法持票人，对票据就拥有合法的权利。而英国票据法则强调票据的流通和信贷，对票据的基本当事人和流通中派生出的当事人加以区别，两者权利不同。

3. 对伪造背书的处理不同

日内瓦票据法认为，伪造背书的风险由丧失票据的人承担，持票人只要取得的票据合乎要求，并未与作案者勾结同谋，且不知情，就无须承担责任。而英国票据法认为，背书加签名才能将票据权利转让，假背书无效，权利无法出让。

4. 对票据要件的要求不同

日内瓦票据法规定了票据的八项要件，分别是汇票名称、无条件支付一定金额的命令、受票人名称、付款时间、付款地点、受款人名称、出票日期和地点、出票人签名。在这八项中，缺任何一项则汇票无效。英国票据法则没有规定形式要件，认为只要票据形式符合定义，就是有效票据。

（四）我国票据法

我国关于票据的立法要远远落后于西方国家，根本原因是我国在改革开放以前，经济发展缓慢，在计划经济体制下，只使用现金或支票通过银行结算，不能也不需要利用票据进行资金融通。改革开放后，汇票和本票作为支付工具和信用工具的时候逐渐增多。在市场经济刚开始，市场机制发展还不完善的阶段，票据业务的管理主要依靠行政手段。随着经济的不断发展，票据业务迅速扩张，行政管理手段已经不能适应票据规范化的要求。1995年5月10日，中华人民共和国第八届全国人民代表大会常务委员会第十三次会议通过了《中华人民共和国票据法》，并于1996年1月1日开始实施；2004年8月28日，根据第十届全国人民代表大会常务委员会第十一次会议《关于修改〈中华人民共和国票据法〉的决定》修正。本法共有七章，包括总则、汇票、本票、支票、涉外票据的法律适用、法律责任、附则，共有110条，内容上看比较系统、全面。在适用范围上，既适用于国内票据，又适用于涉外票据——出票、背书、承兑、保证、付款等行为既发生在国内又发生在国外的票据；在形式上，采取汇票、本票和支票统一立法的方式。

五、票据的伪造与变造

（一）票据的伪造

票据伪造是指在没有授权的情况下蓄意假冒他人名义所为的票据行为。票据的伪造一般分为两种，票据本身（即出票）的伪造和票据上签名的伪造。需要注意的是，由于票据上的签名可以用盖章或画押代替，所以伪造票据的方式除了伪造签名、伪造他人印章或画押外，盗用他人真正的印章签名也属于伪造。伪造的票据在流通过程当中不易被发现，只有当票据到期后，经持票人作提示承兑或提示付款时才易被发现。因此，在票据流通过程中，一些人由于不能及时了解票据已经发生伪造而接受了该票据，成为伪造票据的直接或间接受害者。日内瓦票据法和英国票据法均认为伪造票据是一项重罪，但对伪造风险的承担人问题却持有完全不同的立场。出于促进票据流通的考虑，日内瓦票据法认为伪造票据所产生的风险由丢失票据的所有人承担。

（二）票据的变造

票据变造是指无合法权限，即无票据记载事项变更权的人，以实施票据行为为目的，对票据上除签章以外的记载事项进行变更，从而使票据权利义务关系内容发生改变的行为，如变更票据的金额、到期日、付款地等。在票据诈骗中，变更票据的金额，即使其从小额票据变为大额票据的情况最为常见。

票据的变造是变更票据文义的行为，它是针对合法有效的票据内容进行变造。票据的变造需要满足三个条件。第一，该行为人无变更权限。按照票据法的规定，只有出票人才有权对所签发的票据的有关记载事项进行变更，而其他人不具有变更票据上记载事项的权利。第二，变造的票据是依法签发的合法成立的有效票据，如果票据本身是无效的票据，也就不会产生票据变造的效力。第三，变造的事项是签章或签名以外的其他重要记载事项，即足以决定票据内容的事项。如果是假冒他人的签章，则构成票据的伪造行为。票据被变造后，该票据并不因此而失效，仍是有效的票据。票据变造必须以改变票据权利义务为内容，如果行为人进行变造的内容只是与票据权利义务无关的记载事项，或是变造后不影响票据权利义务内容的，不能视为票据变造。按照我国刑法的相关规定，从事票据的变造行为，即构成犯罪，依法追究其刑事责任。

第二节 汇 票

一、汇票定义

汇票是国际结算中使用最广泛的一种信用工具。汇票是一项无条件的支付命令。各国票据法对汇票均有明确表述。《英国票据法》（1882）中对汇票的定义是"A Bill of exchange is an unconditional order of writing, addressed by one person or another, signed by the person give it, requiring the person to whom it is addressed to pay on demand or at a fixed or determinable future time a sum certain in money to the order or specified person or to bearer.",即汇票是一人（出票人）向另一人（付款人）签发的，要求付款人即期或定期或在可以确定的将来时间，对特定人或其指定的人或持票人无条件支付一定金额的书面命令。

我国对汇票的定义是：汇票是出票人签发的，委托付款人在见票时或在指定日期无条件支付确定的金额给收款人或者持票人的票据。（《中华人民共和国票据法》第十九条）

二、汇票的内容

汇票的内容是指汇票上记载的项目。根据记载项目性质和重要性的不同，这些项目可以分为三类。

(一) 绝对必要记载事项

绝对必要记载事项是汇票必须记载的内容,必要项目记载的内容是否齐全,直接关系到汇票是否有效。我国票据法第二十二条规定了汇票的绝对必要记载事项,包括以下七项。

1. 表明"汇票"的字样

汇票上注明"汇票"字样的目的是表明汇票的性质和种类,将其与本票、支票区别开。例如:Bill of exchange、Exchange、Draft。《英国票据法》认为可以不写票据名称,但从实际业务来看,写出票据名称可以给有关当事人带来不少方便,实际业务中都已经加上"汇票"字样。

2. 无条件支付的委托

出票人在签发汇票时必须体现无条件支付性,以保证收款人要求付款人付款的权利。在汇票中必须用英语的祈使句作为命令式语句,例如:"Pay to A Co. or order the sum of ten thousand pounds please."(支付给 A 公司或其指定人金额 10 000 英镑)。

支付命令必须是无条件的,附带条件的支付命令违背了汇票的定义,将使汇票无效。比如,"如果 ABC 公司供应的货物符合合同要求,支付给该公司金额 10 000 美元。"("Pay to ABC Co. providing the goods they supply are complied with contract the sum of ten thousand US dollars.")这是无效的汇票。使用特殊资金去支付的命令,也是带有条件的支付命令,也将使汇票无效。例如,"从我们的 2 号账户存款中支付给 ABC 公司 1 000 美元。"("Pay from our No. 2 account to ABC Co. the sum of one thousand US dollars.")这也是无效汇票,不能接受。

支付命令连接着付款人可以借记某账户的表示,是无条件的、可以接受的。例如,"支付给 ABC 银行或其指定人金额 10 000 美元,并将此金额借记申请人开设在你行的账户。"("Pay to ABC Bank or order the sum of ten thousand US dollars and charge/debit same to applicant's account maintained with you.")这是可以接受的。支付命令连接着发生汇票交易的陈述也是无条件的、可以接受的。例如,"支付给 ABC 银行或其指定人金额 10 000 美元,并将此金额借记申请人开设在你行的账户。"("Pay to ABC Bank or order the sum of ten thousand US dollars and charge/debit same to applicant's account maintained with you.")汇票大写金额后面是否写上"对价已收"(For value received)不影响汇票的有效性。

3. 确定的金额

汇票中的金额必须是一个确定的数额,否则票据无效。所谓"确定"的含义是任何人根据票据的意思计算出来的结果都一样。例如:USD 10 000。

汇票除了写明应付的金额外,还可带有利息记载。例如,"支付给 ABC 公司的指定人金额 1 000 美元,加上利息,从这张汇票出票日起算至付款日止,按年利率 6% 计算利息金额。"("Pay to the order of ABC Co. the sum of one thousand US dollars plus interest calculated at the rate of 6% per annum from the date hereof to the date of payment.")此项利息条款注明了利率、起算日和终止日,就可以算出利息金额。设出票日为 9 月 23 日,付款日为 10 月 23 日,则利息金额为 5 美元,汇票应付总额为 1 005 美元。该汇票对金额的表述为一个确定的金额,是一张有效的汇票。如果利息条款注明了利率,但没有注明起算日和终止日,也是可以接受的。根据《日内瓦统一票据法》第五条,从出票日起算,商业习惯以付款日作为终止日。例如,"支付给 ABC 公司的指定人金额 1 000 美元,加上利息,按年利率 5% 计算。"("Pay to the order of ABC Co. the sum of one thousand US dollars plus interest calculated at the rate of 5% p. a.") 如果汇票金额加上了利息,但无法算出特定的金额,根据《英国票据法》第九条的规定,该汇票是无效的。但按照《日内瓦统一票据法》第五条规定,加上利息视为无记载,而汇票本身是有效的。例如,"支付给 ABC 公司的指定人金额为 1 000 美元加上利息。"("Pay to the order of ABC Co. the sum of one thousand US dollars plus interest.")

4. 付款人名称

付款人也可称为受票人。他是接受命令的人,不是确定付款之人。他没有签字,不承担一定付款之责,可以拒付,也可以指定担当付款人付款。付款人的名称、地点必须书写清楚,尤其是在以同一城市有多家机构的银行为付款人时,必须注明街道和门牌号码,避免提示汇票时遇到不必要的麻烦。

付款人应与出票人是两个不同的当事人。如果相同,则持票人可以把它当作本票或者汇票来看待。如果当作本票来看待,可以免去提示要求承兑,使被追索人不致减少,让签票人自始至终处于主债务人地位。

《英国票据法》允许汇票开给两个付款人(A bill drawn on A and B is permissible),但不允许开给两个付款人任选其一(A bill drawn on A or B is not permissible),因为这样付款人是不确定的。

5. 收款人名称

汇票是债权凭证,收款人就是汇票所指示的债权人。对汇票上收款人的记载也称"抬头"。根据抬头的不同写法,可确定汇票的可流通性或不可流通性。汇票的抬头主要写法有三种。

(1) 限制性抬头。限制性抬头的汇票不得转让他人,只限于付给指定的收款人。例如:"Pay to ABC Co. only."(仅付给 ABC 公司);"Pay to ABC Co."(付给 ABC 公司),在汇票任何处写上"不可转让"(Not transferable);"仅付给约翰·史密斯,不得转让"(Pay to John Smith only, not transferable)。

(2) 指示性抬头。指示性抬头的汇票可用背书和交付的方式转让。例如:"Pay to ABC Co. or order."(付给 ABC 公司或其指定人);"Pay to the order of John Smith."(付给约翰·史密斯的指定人)。根据《英国票据法》第八条第四分条的规定,"Pay to ABC Co."(付给 ABC 公司)的写法可以当作等同于"Pay to ABC Co. or order."来看待。

(3) 来人抬头。汇票金额付给持票人,不用进行背书就能转让。例如:"Pay to bearer."(付给来人);"Pay to ABC Co. or bearer."(付给 ABC 公司或来人)。只要写上"bearer"字样,无论它前面是否有具体收款人名称,均视为来人抬头。但是《日内瓦统一票据法》和我国票据法不允许将汇票做成来人抬头,我国票据法第二十二条明确规定,汇票必须记载收款人名称,否则汇票无效。

6. 出票日期

各国票据法都将出票日期作为汇票必要项目,否则汇票无效。出票时未注明出票日期的,当汇票交付给收款人时,收款人必须补加出票日期,否则将被认为是必要项目不全的不符点。汇票记载出票日期的意义有三点。第一,决定票据的有效期。付款汇票,或见票即期付款汇票必须在出票日以后一年内提示要求承兑或提示要求付款。第二,借以判明出票人当时有无行为能力。如果出票时法人已宣告破产或清理,丧失行为能力,则汇票不能成立。第三,决定到期日。若汇票为出票后定期付款的汇票,则根据出票日期决定付款到期日和利息起算日。

出票日期的形式有两种:欧洲式和美国式。欧洲式写法为 DD/MM/YY,美国式写法为 MM/DD/YY。

当日、月、年全部用两位数码字表示时,若数码字是 01~12,DD 与 MM 容易混淆,分辨费时。为了方便起见,按照《关于审核跟单信用证项下单据的国际标准银行实务》(*International Standard Banking Practice for the Examination of Documents under Documentary Credits*,ISBP)建议,月份要用各月名称的简写或全称来表示,即 JAN.,FEB.,…,NOV.,DEC. 或 January,February,…,November,December。

7. 出票人签章

出票人是出具汇票、创设票据债权的人,票据必须经过出票人签章才能成立。出票人签字是承认自己的债务,收款人因此有了债权,票据成为债权凭证。如果汇票上的签字是伪造的,则汇票无效。出票人如果是受人委托签字,应该在签名之前做出说明,即加上"For""On behalf of""for and on behalf of"或"Per Pro"字样。

汇票上未记载以上绝对必要记载事项之一的,汇票无效。

中国人民银行《支付结算办法》分别对银行汇票和商业汇票的绝对必要记载事项作了规定。签发银行汇票必须记载下列事项:表明"银行汇票"的字样;无条件支付的承诺;出票金额;付款人名称;收款人名称;出票日期;出票人签章。欠缺记载上列事项之一的,银行汇票无效。

(二) 相对必要记载事项

相对必要记载事项,指出票人出票时应在票面上加以记载的事项,但是如果没有记载,允许依据法律推定或予以补记,从而确定这些事项。我国票据法第二十三条规定了汇票的相对必要记载事项,包括付款日期、付款地、出票地。

1. 付款日期

汇票上未记载付款日期的,为见票即付。

付款日期(Time of Payment)又称付款期限(Tenor),根据付款日期,汇票有以下三种类型。

(1) 即期付款汇票(Bills Payable at Sight/on Demand)。

即期付款汇票又称即期汇票(Sight/Demand Bill),是指持票人提示汇票的当天即为到期日。即期汇票无须承兑。若汇票没有明确表示付款期限,即为见票即付的汇票。

(2) 定期付款汇票,或在可以确定的将来时间付款汇票(Bills payable at a determinable future time),俗称远期汇票(Time/Unsance/Term Bill)。

1) 远期汇票的种类。

A. 见票后若干天/月付款的汇票(Bills payable at ×× day(s)/month(s) after sight)。这种汇票须由持票人向付款人提示要求承兑以便从承兑日起算确定付款到期日,并明确承兑人的付款责任。

B. 出票日后若干天/月付款的汇票(Bills payable at ×× day(s)/month(s) after date)。此种汇票须由持票人向付款人提示要求承兑,以明确承兑人的付款责任。

C. 提单日期/装运日期/说明日期后若干天/月付款的汇票（Bills payable at ×× day(s)/month(s) after B/L date/shipment date/stated date）。

此种汇票也须提示要求承兑，以明确承兑人的责任。按照 ISBP 的规定，提单日期就是已装船批注日期，即使提单签发日期与装船批注日期不同，也是如此。

2）到期日算法。

A. 见票日/出票日/说明日以后若干天付款（Bills payable at ×× days after sight/date/stated date）的到期日算法是：算尾不算头，若干天的最后一天是到期日，如遇假日顺延。"不算头"即不包括所述日期，按所述日期之次日作为起算日。例如"见票后 90 天付款"（At 90 days after sight），见票日即是承兑日，如为 4 月 15 日，则 4 月 15 日不算。"算尾"即末尾一天计算到期日。4 月 15 日见票后 90 天付款，汇票到期日 7 月 14 日为第 90 天的最后一天，即第 90 天。如果 7 月 14 日适逢假日，则到期日顺延至 7 月 15 日。

B. 从说明日起若干天付款。如"从 4 月 15 日起 90 天"（At 90 days from 15 April），"从"字包括了所述日期，到期日则为 7 月 13 日。与"见票后 90 天付款"（At 90 days after sight）相比，两者到期日只相差一天，但在票据付款时间上最好少用或不用"from"。

C. 见票/出票日/说明日以后的若干月付款（Bills payable at × month(s) after sight/date/stated date）的到期日算法是：应该付款之月的相应日期，如果没有相应日期，则将该月的最后一天作为付款日。例如"1 月 15 日之后 3 个月"（At 3 months after 15 Jan.）的到期日为 4 月 15 日，"5 月 31 日以后 1 个月"（At 1 month after 31 May）的到期日为 6 月 30 日，"12 月 31 日以后 2 个月"（At 2 months after 31 Dec.）的到期日为 2 月 28 日。

（3）固定将来日期付款汇票（Bills payable on a fixed future date）。例如，"固定在 6 月 30 日付款"（On 30 June fixed pay to）。此种汇票有时被称为板期付款汇票，需要提示承兑，以明确承兑人的付款责任。

除以上三种期限外，凡是注明"在一个确定日期付款"或是"在一个或有事件发生时付款"者都是无效汇票。例如，"货物到达目的港时付款"（On arrival the goods at the port of destination pay to…）即为无效汇票。

2. 付款地

付款地点（place of Payment）是票据上所记载的支付汇票金额的详细地址，持票人必须在该地址提示票据；如果汇票上未记载付款地，付款人的营业场所、住所或者经常居住地为付款地。

3. 出票地

汇票上未记载出票地的，出票人的营业场所、住所或者经常居住地为出票地。

汇票的相对必要记载事项也是汇票法定应记载事项，它与绝对必要记载事项不同的是，这些事项如果没有在汇票上记载，并不影响汇票本身的效力，汇票仍然有效，对于未记载的事项可以通过法律上的直接规定加以推定。

（三）任意记载事项

任意记载项目是除了以上两类事项以外的事项，记载其他与票据性质不抵触，不为票据法所禁止的事项，比如根据需要记载的限制或免除责任的内容。这些内容一旦被接受，即产生约束力。

1. 担当付款人

担当付款人是出票人根据与付款人的约定在出票时注明的，或由付款人在承兑时指定的代付款人执行付款的人。担当付款人只是推定的受委托付款人,不是票据的债务人,对票据不承担任何责任。其目的是方便票款的收付。

2. 预备付款人

预备付款人相当于汇票的第二付款人。当付款人拒绝承兑或拒绝付款时,持票人就可以向预备付款人请求承兑或付款。预备付款人参加承兑后成为票据债务人,到期要履行付款责任。

3. 必须提示承兑及其限期

远期汇票并不一定都要求承兑,但如果汇票上有"必须提示承兑"(Presentment for acceptance required)记载时,持票人一定要作承兑提示。如果汇票上还记载了提示承兑的期限,则持票人的承兑提示还必须在此规定时间内做出。

4. 不得提示承兑

如果汇票上记载有"不得提示承兑"(Acceptance prohibited)的字样,持票人就不能作承兑提示。如果付款人对该汇票拒绝承兑,则不会构成拒付。

5. 免作拒绝证书

拒绝证书(Protest)是由付款人当地的公证机构等在汇票被拒付时制作的书面证明。在通常情况下,持票人追索时要持此证书。如果汇票载有免作拒绝证书(Protest waived)的内容,则持票人在被拒付时无须申请此证书,追索时也无须出示此证书。

6. 免作拒付通知

拒付通知(Notice of Dishonor)是持票人在汇票被拒付时按规定制作的通知前手(背书人、出票人)做偿还准备的书面文件。如果汇票载有免作拒付证书(Notice of dishonor excused)的文句,持票人在汇票被拒付时就不必作此通知。

7. 免于追索

《英国票据法》规定,出票人和背书人可以通过免于追索(Without recourse)的条款免除在汇票被拒付时受追索的责任。

汇票的样式如图 2-1 所示。

```
                        BILL OF EXCHANGE
No. 汇票编号_____
For 汇票小写金额_____        Date 出票日期_____
At 汇票期限_____ sight of this First of exchange (Second of the same tenor and date unpaid), pay to
the order of 受款人_____ the sum of _____
Drawn under 出票条款_____
_____
_____
L/C No._____        Dated _____
To: 付款人_____
                                        出票人签章_____
```

图 2-1　汇票样式

三、汇票分类

（一）按照出票人不同分类

1. 银行汇票（Bank's Bill）

银行汇票是由银行签发的汇票，出票人和付款人都是银行。银行汇票属于银行信用，有使用灵活、票随人到、兑现性强等特点，常用于汇款业务（即票汇）。

2. 商业汇票（Commercial's Bill）

商业汇票是由工商企业开出的汇票，付款人可以是工商企业，也可以是银行。商业汇票属于商业信用，商业承兑汇票的风险大于银行承兑汇票。

（二）按照付款日期分类

1. 即期汇票（Sight Bill）

即期汇票是指持票人提示时，付款人必须立即付款的汇票。标有"见票即付"字样、没有记载到期日或记载的到期日与出票日相同的汇票均视作即期汇票。

2. 远期汇票（Time Bill）

远期汇票指在一定期限内付款的汇票。按照约定日期方式的不同，又可以将远期汇票进一步细分为见票日后定期付款（At a determinable date after sight）的汇票、出票日后定期付款（At a determinable date after the date of drawing a draft）的汇票、定日付款（At a fixed day）的汇票三种类型。见票日后定期付款即汇票上没有记载固定到期日，只记载见票后一定期间为到期日的汇票；出票日后定期付款是指出票人签发汇票时没有于汇票上记载固定的到期日，而是记载在出票后一定期间付款的汇票；定日付款则是指出票人于出票时在汇票上记载了一个固定日期为到期日的汇票。

（三）按照收款人名称不同分类

1. 记名汇票

记名汇票指汇票上明确记载收款人名称的汇票，又称限制性抬头汇票。记名汇票只能由汇票上指定的收款人收款，不能背书转让。其写法如：Pay to A Co. only（仅付给 A 公司）；Pay to A Co. not transferable（付给 A 公司，不得转让）；Pay to A Co.（付给 A 公司），但汇票其他地方注明"not transferable"（不得转让）。

2. 指示汇票

指示汇票又称指示式抬头汇票，在业务中最为常用。其收款人的表示方法有下列几种：Pay to the order of A Co.（付款给 A 公司的指定人）；Pay to A Co. or order（付款给 A 公司或其指定人）；Pay to A Co.（付款给 A 公司）。

3. 无记名汇票

无记名汇票又称持票人或来人抬头，该汇票无须由持票人背书即可转让。其收款人的写法通常为：Pay to bearer（付给来人）；Pay to A Co. or bearer（付给 A 公司或来人）。

无记名汇票的收款人仅依交付便可转让，持票人也可以在此汇票上背书，使之变成记名汇票或指示汇票。这种汇票非常方便，利于流通，但很不安全，任何人均可请求付款人付款，因而不是理想的汇票形式，《英国票据法》承认这种票据形式，而我国票据法采用《日内瓦统一票据法》的做法,不承认无记名汇票。

(四) 按照承兑人不同分类

1. 银行承兑汇票(Bank's Acceptance Bill)

银行承兑汇票是指由公司、企业或个人开立的以银行为付款人并经银行承兑的远期汇票。银行承兑汇票建立在银行信用的基础之上,汇票经过银行承兑后,持票人通常能按期得到票款。

2. 商业承兑汇票(Trader's Acceptance Bill)

商业承兑汇票是以公司、企业为付款人,并由公司、企业或个人进行承兑的远期汇票。商业汇票建立在商业信用的基础上,如果承兑人破产或因其他原因无力支付款项,持票人在到期日将无法得到汇票款项。

(五) 按照有无货运单据分类

1. 跟单汇票(Documentary Bill)

跟单汇票是指随附货运单据(通常为提单)的汇票。此种汇票多用于国际贸易结算中的信用证托收项下。商业汇票多为跟单汇票。

2. 光票(Clean Bill)

光票是指由出票人开立的,不附带商业单据的汇票。它常用于国际贸易中支付佣金、代垫费及收取货款尾数等。光票的流通完全凭有关当事人的信用,银行汇票多是光票。

(六) 按照汇票的基本关系不同分类

1. 一般汇票

一般汇票是指基本当事人(出票人、付款人、收款人)分别由三个不同的人充当的汇票。

2. 变式汇票

变式汇票指汇票当事人中有两种身份是由一人兼任的汇票。变式汇票有三种形式:指己汇票,即出票人兼为收款人的汇票;对己汇票,即出票人兼付款人的汇票;付受汇票,即付款人兼收款人的汇票。指己汇票多发生在买卖合同中,常见的为卖方为收款人,而购买方为付款人的情形,卖方签发汇票,以自己为收款人而对方为付款人。付受汇票的情况比如A公司对B公司有债权,A公司向B公司的某分公司购买货物,便签发汇票,以B公司为付款人,B公司的分公司为收款人。这种情况下,B公司与其分公司为同一主体。

(七) 其他分类

按照票面货币种类,汇票可以分为本币汇票(Domestic Money Bill)和外币汇票(Foreign Money Bill)。

按照出票地与付款地是否在同一国家,汇票可分为国内汇票(Inland Bill)和国外汇票(Foreign Bill)。

四、汇票的票据行为

汇票的票据行为是指围绕汇票所发生的,从开立到正常付款,经历一系列法定步骤,以确立一定权利和义务关系为目的的行为。根据票据法的一般规则,每个票据行为不因其他票据行为的不合法而受影响。票据行为一般包括出票、提示、承兑、付款、背书、拒付和追索等。其中，出票为主票据行为，其他票据行为都是以出票所设立的票据为基础，所以统称为从票据行为。

（一）出票

汇票的出票（Issuance）是指出票人依据票据法，作成汇票并交付给收款人，在出票人和收款人之间发生票据权利义务的票据法律行为。根据出票的定义，出票行为由两种行为构成，即作成票据和交付票据。作成票据指出票人以创设票据上权利义务关系为目的，依法定格式记载一定事项并签名或盖章；交付票据指出票人出于自己本意将做成的票据交给他人占有。汇票交付他人后，汇票的票据行为才开始生效，并具有不可撤销性。

出票后，出票人成了汇票的主债务人，承担保证汇票得到承兑和付款的责任，如果汇票不能获得承兑或付款，出票人必须自己清偿债务。对付款人而言，他可以根据与出票人的资金关系来决定是否付款；对收款人而言，获得了汇票便成为持票人，具有付款请求权和追索权，还可以将这些权利转让。

（二）提示

提示（Presentation）是指持票人将汇票提交付款人要求承兑或付款的行为。汇票是一种权利凭证，要实现权利，必须向付款人提示票据，以便实现汇票权利。

提示一般可分为两种：远期汇票向付款人提示要求承兑；即期汇票或已承兑的远期汇票向付款人或承兑人提示要求付款。即期汇票只需提示一次，承兑和付款一次完成；远期汇票则需要经过两次提示，即先提示承兑，后提示付款。

根据国外票据法及国际惯例，提示必须在规定的时间内以及规定的地点办理方有效。《日内瓦统一票据法》规定：即期汇票必须在出票日后的1年内作付款提示；见票后定期付款汇票在出票日后的1年内作承兑提示；远期票据在到期日及以后2个营业日内作付款提示。《英国票据法》则规定：即期汇票要求自出票日起一个月内提示付款；见票后定期付款汇票要求自出票日起1个月内提示承兑；已承兑远期汇票的付款提示期限为付款到期日10日以内。

（三）承兑

1. 承兑的含义

承兑（Acceptance）是汇票付款人明确表示于到期日支付汇票金额的一种票据行为，也就是表示愿意承担票据义务的行为。即债务人表示接受远期债务，承诺到期兑付。承兑的行为完成包括两个动作，一是记载"ACCEPTED"（已承兑）字样并签名；二是将已承兑汇票进行交付。这样，承兑就是有效的和不可撤销的。付款人承兑汇票后，就变为承兑人。由于承兑人在汇票的正面已经签字，因此承担到期向持票人支付的主要责任。而出票人则由承兑前的主债务人变为从债务人。

2. 承兑的分类

承兑可分为普通承兑和限制性承兑。普通承兑（General Acceptance）是指无条件承兑，限制性承兑（Qualified Acceptance）是指付款人对持票人提示的汇票内容加以修改或限制的承兑。限制性承兑可以视为对原票据的拒绝，但如果出票人承认和接受其限制，那么这些限制生效。这与票据的开立情况不同，票据开立时有条件应当视为票据无效。

常见的限制性承兑有四种情况：带有条件的承兑（Conditional Acceptance），即承兑人的付款依赖于承兑时所提条件的完成;部分承兑(Partial Acceptance),即仅仅承兑和支付票面金额的一部分;限定地点承兑(Local Acceptance),即承兑仅在某一地点支付;延长时间承兑(Qualified Acceptance as to Time),例如,出票日后3个月付款的汇票,承兑时写明6个月付款。

(四)付款

1. 付款的含义

付款(Payment)是指即期汇票或经承兑的远期汇票到期时,持票人提示付款,由付款人或承兑人支付票据金额,消灭票据关系。具体地讲,付款包括下列含义:①付款是付款人或担当付款人的支付行为;②付款是支付票据金额的行为;③付款是消灭票据关系的行为。

票据的付款是指对票据权利的善意所有人付款,即付款人按照专业惯例,尽专业职责,利用专业信息都不知道持票人权利有何缺陷而付款。付款必须用货币支付,不能用其他物品代替。在票据结算中,往往遇到异地付款而货币不同的情况,根据我国票据法第五十九条规定:"汇票金额为外币的,按照付款日的市场汇价,以人民币支付。汇票当事人对汇票支付的货币种类另有约定的,从其约定。"无论是即期汇票还是远期汇票,一经提示,必须立即支付。

汇票已经付款,汇票上的一切债权债务关系即告终止。付款人一般还要持票人出一张收据或在汇票背面签字作为收款证明并收回汇票,在汇票上注明"付讫"(Paid)字样,汇票便注销了。

2. 付款的特别情形

付款的特别情形包括一部分付款、期前付款、拒付。

(1)一部分付款,即付款日就票面金额之一部分所为的付款。对于一部分付款,《日内瓦统一票据法》规定持票人不得拒绝一部分付款,而我国票据法不承认一部分付款。在一部分付款的情况下,付款人不能要求持票人交回汇票,只能要求其在汇票上证明已付金额并另行出立收据。

(2)对于期前付款,持票人无权要求付款人于到期日前付款,付款人也无此义务。我国票据法第五十八条规定:"对定日付款、出票后定期付款或者见票后定期付款的汇票,付款人在到期日前付款的,由付款人自行承担产生的责任。"即如果付款人于到期前付款,应自负责任。

(3)拒付,也称退票,是指持票人按票据法的规定作提示时,付款人拒绝承兑或拒绝付款的行为。拒付的情况有以下几种:付款人明确表示拒付;在规定的时间内付款人虽未明确表示拒付,但未予承兑、付款;付款人不存在;承兑人或付款人避而不见或已终止业务活动;做成部分承兑或部分付款;非承兑汇票的出票人破产等。当汇票遭拒付时,持票人可依法行使追索权,即有权向其前手(背书人、出票人)要求偿付汇票金额、利息和其他费用的权利。在追索前必须按规定作成拒绝证书和发出拒付通知。拒绝证书是指用以证明持票已进行提示而未获结果,由付款地公证机构出具,也可由付款人自行出具的退票理由书,或有关的司法文书。拒付通知用以通知前手关于拒付的事实,使其准备偿付并进行再追索。

(五)背书

1. 背书的含义

背书(Endorsement)是指持票人在汇票背面或者粘贴单上记载有关事项并签章,表明转让其票据权利，授予他人行使的意图，并交付给受让人的行为。在实际业务中，背书通常是由汇票的收款人或持票人在汇票的背面签上自己的名字，或再加上受让人的名称，并把汇票交予受让人的行为。背书的行为完成包括两个动作：一是在汇票背面或粘贴单上记载有关事项，二是将汇票交付。

2. 背书的意义

背书人向其后手担保其前手签名的真实性和汇票的有效性。票据行为遵守"谁签字谁负责"的原则，即使前手的签字是无效的，或者汇票不是具备实质性条件，一旦背书人签字，就必须对票据债务负责。除此之外，背书人还必须保证被背书人能够得到全部的票据权利。假如被背书人向付款人提示票据要求承兑或付款时遭到拒绝，背书人应当承担被追索的责任。

对被背书人而言，接受汇票便成为持票人，享有汇票的付款请求权和追索权；其前手越多，汇票债权的担保人就越多，汇票的安全性就越强。由于具有这种特点，票据在流通过程中增强了信用和安全性，具备了准货币的性质。

3. 背书的分类

大多数汇票应通过背书来转让权利。一般转让背书有两种方式：特别背书和空白背书。还有一类背书为非转让背书，一般有三种方式：限制性背书、委托收款背书和质押背书。

特别背书（Special Endorsement）又称记名背书、正式背书、完全背书，具有背书内容完整、全面的特点。背书记载的具体事项有：被背书人的名称、背书日期、背书人签名。特别背书后的汇票，其持票人再转让时，必须再以背书方式进行。背书的次数在法律上没有限制，如果票据的背面背书记载不够用，可以在粘贴单上继续背书。

空白背书（Blank Endorsement）又称不记名背书、略式背书。这种背书不记载被背书人，仅背书人签名于汇票的背面。汇票做成空白背书后，汇票的受让人若再转让此汇票，可以仅凭交付转让，无须再作背书。

限制性背书（Restrictive Endorsement）是指支付给被背书人的指示中带有限制性词语，以防汇票继续转让的一种背书。凡是作成限制性背书的汇票，是不可转让和流通的，汇票持有人只能凭票取款。常见的限制性词语如："Pay to A Co. only"（仅付给 A 公司）；"Pay to A Bank for account of B Co."（支付给 A 银行，记入 B 公司账户）；"Pay to A Bank not negotiable"（支付给 A 银行，不可流通）；"Pay to A Bank not transferable"（支付给 A 银行，不可转让）；"Pay to A Bank not to order"（支付给 A 银行，不得付给指定人）。

委托收款背书（Endorsement for Collection）是指记载有"委托收款"（For collection）字样，背书人委托被背书人代收票款而对票据所作的背书。委托收款背书的记载文句如："For collection pay to the order of A Bank."（委托 A 银行指定方收款）。由于背书人的背书目的不是转让汇票的权利，而是委托被背书人代为行使票据权利，托收背书的被背书人不得再以背书方式转让汇票。

质押背书（Endorsement for Pledged）是指背书人以票据的债权作抵押物而对票据所作的一种背书，通常还应注明该票据系作某笔贷款的抵押，以明确用途和责任。这种背书并非票据的转移，背书人可以赎回票据。如果背书人到期无力赎回，被背书人可将票据处理，以抵偿所担保的债权数额，余额返还背书人。如果背书人处理票据时需要再背书，只能以代理人身份做成委托收款背书去收回票款。

第三节 本 票

一、本票的定义

本票（Promissory Note）又称为期票，按照《英国票据法》的定义："A promissory note is an unconditional promise in writing made by one person to another signed by the maker engaging to pay on demand or at a fixed or determinablefuture time a sum certain in money to or to the order of a specified person or to bearer."（本票是一个人向另一个人签发的，保证于见票时或定期或在可确定的将来时间，对某人或其指定人或持有人支付一定金额的无条件的书面承诺。）

我国票据法第七十三条规定："本票是出票人签发的，承诺自己在见票时无条件支付确定的金额给收款人或者持票人的票据。"

二、本票的主要项目

根据《日内瓦统一票据法》的定义，本票必须记载以下项目。
（1）表明"本票"的字样。
（2）无条件支付的承诺。
（3）确定的金额。
（4）收款人名称。
（5）出票日期。
（6）出票人签章。
未记载上述款项之一者，本票无效。
本票样式如图 2-2 所示。

```
Promissory Note for GBP800            London, 8th Sep.2018
At 60 days after date we promise to pay
Beijing Arts and Craft Corp. Or order
The sum of Eight hundred pounds only

                                       For Bank of Europe
                                            London
                                           signature
```

图 2-2 本票样式

三、本票的种类

（一）按照所载收款人不同分类

按照所载收款人不同，可将本票分为记名式本票、指示式本票和无记名式本票。记名式本票是指载明特定收款人名称的本票，持票人转让记名式本票应以背书的方式进行；指示性本票是指不仅记载收款人的名称，并且附加"或其指定人"字样的本票；无记名式本票是指出票人未记载收款人名称或仅记载"来人"字样的本票。

(二) 按照到期日方式不同分类

按照到期日方式不同，本票可分为即期本票、定期本票、计期本票和注期本票。即期本票即见票即付，持票人在本票的法定期限内可随时请求付款，出票人应无条件支付；定期本票是指出票人在签发本票时，在票面上记载一定日期为到期日；计期本票指的是出票时并未指定到期日，而是以出票日算起，经过一定期间而计算到期日的本票；注期本票是指出票时并未指定到期日，而是以见票日算起，经过一定期间而计算到期日的本票。定期本票、计期本票、注期本票又统称为远期本票。

(三) 按照本票的出票人不同分类

按照本票的出票人不同，本票可分为商业本票和银行本票。商业本票又称一般本票，是指以工商企业为出票人签发的本票。国际结算中开立本票的目的是清偿因国际贸易而产生的债权债务关系。银行签发的本票为银行本票，它常用于代替现金支付或进行现金转移。商业银行还发行即期定额付给来人的银行本票，又称银行券。我国票据法第七十三条规定："本法所称本票，是指银行本票。"可见，我国票据法所指的本票为银行即期本票，而未规定商业本票，这主要是从我国实际情况考虑的。

(四) 国际小额本票

国际小额本票（International Money Order）是设在货币清算中心的银行作为签票行，发行该货币的国际银行本票，交给购票的记名收款人持票，带到该货币所在国以外的世界各地旅游时，如需用钱，即将本票提交当地任何一家愿意兑付的银行，经审查合格，即可垫款予以兑付，然后将国际小额本票寄给货币清算中心的代理行，经票据交换，收进票款归垫。兑付的代理行如有签票行账户，即可借记账户归垫。

国际小额本票是在货币清算中心签发的中心本票，让持票人带到海外使用，然后流向中心付款。发行国际小额本票的银行不拨头寸，收取了购票人的资金，可以待国外寄来本票托收时，才把资金付出，这对于签票行非常有利。

纽约各大银行常常发行美元国际小额本票代替旅行支票，如制造商汉诺威银行曾发行国际小额本票，规定了本票金额不超过 2 500 美元，其形式如图 2-3 所示。

```
            INTERNATIONAL MONEY ORDER
         MANUFACTURERS HANOVER TRUST COMPANY
                 NEW YORK, N.Y. 10015

PAY TO THE
ORDER OF _____        _____2010

A
M                            PAY AT YOUR BUYING RATE
O                            FOR EXCHANGE ON NEW YORK
U                            UNITED STATES DOLLARS
N                              George D. Schiela
T                            NOT VALID UNLESS COUNTER
                             SIGNED ABOVE

Maximum of two thousand five
hundred (USD2,500.00) U.S.Dollars
                               Henry C. Prahel
                             AUTHORIZED SIGNATURE
MANUFACTURERS HANOVER TRUST CO.
NEW YORK, N.Y. 10015
```

图 2-3 国际小额本票示例

（五）旅行支票

旅行支票（Travellers Cheque）仅从付款人就是该票的签发人这一点来看，是带有本票性质的票据。但旅行支票的发行，实际上是购票人在发票机构的无息存款，兑付旅行支票等于支取此笔存款，所以旅行支票又带有支票性质。

旅行支票是指由境内商业银行代售、由境外银行或专门金融机构印制、以发行机构为最终付款人、以可自由兑换货币为计价结算货币、有固定面额的票据。境内居民在购买时，需本人在支票上签名，兑换时，只需再次签名即可。旅行支票是一种定额本票，其作用是专供旅客购买和支付旅途费用，它与一般银行汇票、支票的不同之处在于没有指定的付款地点和银行，一般也不受日期限制，能在全世界通用，客户可以随时在国外的各大银行、国际酒店、餐厅及其他消费场所兑换现金或直接使用，是国际旅行常用的支付凭证之一。旅行支票是一种在全球范围内被普遍接受的票据，在很多国家和地区有如同现金一般的流动性，不仅很多商场和酒店支持旅行支票的付款，在旅行地也可以兑换为当地的货币使用。

旅行支票的发行银行应位于某个货币清算中心，并在其他几个通用货币清算中心有自己的分支机构，这样可以便利旅行支票的兑付和偿还。旅行支票的发行量比国际小额本票发行量大得多，其样式如图2-4所示。

```
        TRAVELLERS CHEQUE FOR TWENTY DOLLARS
$20                                                          $20
_____                                              _____ 2010
COUNTER-SIGN HERE IN THE PRESENCE OF PAYING CASHIER PLACE AND DATE
                THOS.COOK & SON (BANKERS) LTD
                       NEW YORK AGENCY
        UPON PRESENTATION OF THIS CHEQUE COUN TERSIGNED
        BY THE PERSON WHOSE SIGNATURE IS SHOWN BELOW WILL

        Pay to the Order of _____

| INUNITED STATES      | IN OTHER COUNTERIES           |
| TWENTY DOLLARS $20   | FOR SIGHT DRAFTS ON NEW YORK  |

SIGNATURE                    For THOS.COOK & SON (BANKERS) LTD
OF HOLDER_____
                                                    CHAIRMAN
```

图2-4　旅行支票样式

（六）流通存单

存单（Certificate of Deposit，CD），最早由美国各大银行发行，是一种大额、固定金额、固定期限的存款单证。存单的期限为3个月、6个月或者1年，最长为5年。存单带有利息，到期日发行银行支付本利和。存单金额最低为2.5万美元，一般为10万、20万、30万至100万美元，最高为1 000万美元，并以100万美元的固定金额最受欢迎，可以享受优惠率。

按照美国票据法（UCC）的规定，存单是指银行收到客户金钱的收据，并保证到期凭其还款。存单属于流通票据的一种。美元存单是远期银行本票性质的票据，它的发行银行就是到期日的付款银行。现在发行的美元存单都是可流通转让的存单，不记收款人名称，载有"付给来人"（Payable to bearer）字样，投资人购入存单，即为受让人，也是新的持单来人，他可将存单于到期日以前拿到流通存单二级市场出售转让。由于不记收款人名称，所以转让时无须背书，新的投资人买到存单，即为受让人，也是新的持单来人，他还可以再出售转让，这样存单就在二级市场流通，直到不拟出售转让的最后持单人保存至到期日，向发行银行领取存数本息。流通存单不仅是发行银行到期支付本息的凭证，而且是金融市场买卖的"商品"。发行银行可用流通存单向市场筹集资金，投资人购买存单是向金融市场投放资金，出售存单时则从市场收回资金，流通存单就成为一种融通资金的工具。

1961年，流通存单首先在美国花旗银行发行，以后美国各大银行相继发行，并扩展到英国、西欧以及其他国家。现在流通存单大致有以下几种。

(1) 美国境内的美国资本银行发行的美元流通存单（US Dollar Negotiable CD）。

(2) 外国银行在美国的分行发行的美元流通存单，称为扬基存单（Yankee CD）。以东京银行、巴黎国民银行、巴克莱银行的纽约分行发行量为最大。

(3) 美国花旗银行伦敦分行于1966年首先在伦敦发行欧洲美元流通存单（Euro-Dollar Negotiable CD）。存单利息按照一年360天基数计算，存单期限在1年以内者，将于到期日支付本息；存单期限为1~5年者，利息每一周年支付一次，到期日支付最后一次。每次支付利息，应在存单背面记录下来。

(4) 英镑流通存单（Pounds Sterling Negotiable CD）。英国银行和承兑公司先后50多家机构发行英镑存单，面额从5万英镑到100万英镑，存单期限从3个月到5年，存单利息按照1年365天的基数计算，支付利息办法与欧洲美元流通存单相同。

（七）中央银行本票

中央银行本票（Central Bank Note），又称中央银行券，是等同于纸币的银行票据。我们通常说的银行券（Bank Note），若将其两个英文单词合并成一个"banknote"，其含义就是钞票，即指中央银行发行的本票，与大额纸币相似。一个国家可以通过法律规定在国内强制性无限期地流通本票。特别是中央银行发行的定额、不记名的银行本票，即纸币，俗称钞票，会计称现金。它原来是中央银行可兑换成金银铸币的不记名定额本票，后来转变成由国家立法强制无限期流通的不兑换金银铸币（即现金）的纸币，人们逐步称纸币为现金。

四、本票与汇票的异同

（一）本票与汇票的相同点

(1) 本票的收款人与汇票的收款人相同。

(2) 本票的制票人相似于汇票的承兑人，两者都是主债务人。

(3) 本票的第一背书人相似于已承兑汇票的收款人，他与出票人是同一人。两者同是第二债务人。

（二）本票与汇票的不同点

(1) 性质不同。本票是无条件的支付承诺，汇票是无条件的支付命令。

（2）基本当事人不同。本票的基本关系人只有两个，即出票人和收款人，本票的付款人就是其出票人；而汇票有三个当事人，即出票人、付款人和收款人。

（3）付款方式不同。本票出票人是付款人，远期本票到期由出票人付款，所以不需提示承兑和承兑；而远期汇票则须办理提示承兑和承兑手续。但是，见票后定期付款的本票应由持票人向出票人提示见票，并在本票上载明见票日期，这点与见票后定期付款的汇票相同。

（4）名称的含义不同。本票名称为 Note（付款承诺），强调本票是出票人或付款人的付款承诺这一特性；汇票名称为 Bill，强调了汇票具有"对价"关系。

（5）国际本票遭到退票，不需作成拒绝证书；国际汇票遭到退票，必须作成拒绝证书。

（6）本票在任何情况下，出票人都是主债务人；而汇票在承兑期，出票人是主债务人，在承兑后，承兑人是主债务人。

五、本票的用途

本票通常用于以下方面。

第一，商品交易中的远期付款，可先由买主签发一张以约定付款日为到期日的本票，交给卖方；卖方可凭本票如期收到货款，如果急需资金，还可将本票贴现或转售给他人。

第二，用作金钱的借贷凭证，由借款人签发本票给贷款人收执。借款合同订有利率和担保人时，可将本票写上利息条款，注明利率和起算日，并请担保人在本票上做出"担保付款"的承诺。

第三，企业向外筹集资金时，可以发行商业本票，通过金融机构予以保证后，销售于证券市场获取资金，并于本票到期日还本付息。

第四，客户提取存款时，银行本应付给现金。如果现金不多，可将存款银行开立的即期本票交给客户，以代替支付现钞。

案例 2-3

以银行外汇本票为质押办理人民币贷款的诈骗案

案情：

业务类型：银行外汇本票质押贷款

出票行：选择美国加利福尼亚州东海银行作为冒充的出票行

质押贷款行：我国某银行

持票人：美国的××贸易公司

经过：

我国北方某城市的一家企业于2013年年底到银行询问，能否以持有的由美国加利福尼亚州东海银行出具的一张银行外汇本票为质押办理人民币贷款。经了解，原来是美国的××贸易公司愿意将这张银行本票出借给该市的某企业，作为该企业向当地银行贷款1 000万元人民币的质押，一旦成功，该企业应向××贸易公司支付40万美元的人民币供其使用，双方订有经律师事务所见证的协议影印件。银行工作人员鉴于该本票金额巨大，且双方当事人对该项协议感到疑点颇多，于是按照银行惯例致电东海银行查询，很快，出票行东海银行回电称该行从未签发过该项本票，并建议向警方报案。

分析：

美国的××贸易公司冒充美国加利福尼亚州东海银行出具银行本票，并将其借给我国某企业，企业以此为质押办理人民币贷款业务，美国的××贸易公司从中渔利。这类诈骗活动具有一定的普遍性，通常作案人员有较高的文化素质，熟悉银行业务和国际贸易流程，了解不同银行的银行本票样式。本案中，为了增强可信度，诈骗分子还专门出示了律师事务所见证的协议书影印件，但这份经见证的协议书很可能也是假的。因此，对银行的工作人员来说，凡是涉及金额较大的票据，必须严格把关，向海外出票行进行查证，不能因提供律师事务所见证的协议书影印件而放松警惕，通融接受，一时的疏忽大意可能招致惨重的损失。本案中银行业务人员凭借自己的工作经验，发现了较多的疑点，之后严格按照操作规程进行核查，避免了虚假的银行外汇本票可能给银行造成的损失。

案例 2-4

利用被窃银行外汇本票的影印件办理贴现案

案情：

业务类型：银行外汇本票贴现业务

出票行：美国太平洋国民银行，美国大通银行

贴现行：我国上海某银行

持票人：美国××财务投资公司上海地区总代表

经过：

2015年9月中旬，我国上海某银行接待了两名自称是美国××财务投资公司上海地区总代表的张某和中国部经理王某，他们声称曾在上海批租了一块土地，需支付批租费，但由于美国母公司资金周转问题，特持两张海外银行本票影印件，询问该行能否凭正本本票贴现。经阅，其中一张本票是由美国大通银行出具，另一张是由美国太平洋国民银行出具，面额均为350万美元。银行接待人员鉴于该行与两出票行当时尚无业务往来关系，而且原则上也不办理该类票据的贴现（实际是购入）业务，且怀疑既然是美国的企业为何不在美国贴现，故而婉拒。两天后，两人再次来到该银行，称急需用款，要求协助办理托收。该银行告以任何银行在办理该项业务时均必须征询出票行，来人当即表示请该银行代为查询。9月9日，海外银行告知其中一张太平洋国民银行的本票正本已在海外被窃，出票行已通函各地银行挂失止付。上海该银行乃按所留名片电告张某和王某，当张某通电话时却称从未到过该行，并称王某为该公司广州代表，所称票据贴现事他也不知晓，至于所留名片可能系他人冒用，并称愿将此事电告其香港总部。10月12日，该银行收到该公司广州办事处的一份传真件，内容称："知悉我公司委托贵行查询两份350万美元本票，对其中一张出现的问题，我公司深表遗憾。我公司已从美国纽约金融咨询中心得知该票的来龙去脉，为此我公司已停止在国内咨询及贴现或抵押某金融业务。又据查该本票的出票人乃是一个身份不明的香港伪票生意人，想利用我公司在国内的信誉行骗，我公司在此事上失察而受骗，对贵行深表歉意。如有线索必定配合贵行对这种国际诈骗分子给予严厉的制裁，同时请贵行考虑到我公司的信誉，在行文中不要指名我公司。此票乃是我公司广州办事处收到的传真件，正本从未进入中国境内。"

从传真件中可以看出，该公司把自己打扮成受骗者，一方面该公司的上海总代表不承认

有此事,而传真中又说是受骗者并承认本票的传真件乃系其广州办事处收到,前后有多处矛盾。为避免上当受骗,该银行将经过备文上报其总行并通函其上海所属各支行。但据悉,当地有些外资企业曾凭该项票据办理质押融资人民币而损失巨大。

分析:

近年来,我国对外经贸和金融活动日益频繁,国内外的一些金融诈骗分子利用国内人员对国际金融工具不熟悉和国际信息渠道不畅通的弱点,经常进行各种诈骗活动。利用假汇票、假支票、被窃汇票、被窃支票进行诈骗是惯用的手法。国内企事业单位千万不能为这类票据持有人办理抵押融资,银行工作人员在处理外汇票据购入和贴现业务时要非常谨慎,未被批准经营外汇票据贴现业务的各级支行,原则上不得办理该项业务。即使有权办理该项业务的分行,一般也不宜办理票据购入和贴现,而应该采用代为托收的方式处理。如果是信誉良好的客户持银行汇票或本票要求银行办理购入或贴现,银行工作人员必须审慎地甄别票据的内容及背书的真伪和合理性,如抬头是一家公司而背书是个人,则值得怀疑,需核对笔迹,必要时可以电传联系出票行,要求出票行以加押电传(Tested Telex)证实该行是否签发过该项汇票或本票;同时,尚要与要求购入或贴现的持票人签书面约定,如果购入或贴现银行在办理托收过程中由于票据是虚假的、伪造的、失效的、止付的等原因而招致退票时,应由售票得款人承担责任,并授权银行可以主动借记该客户的账户,如账户中资金不足,该客户将保证偿还。

第四节 支 票

一、支票的定义

根据《英国票据法》,支票的定义为:"A cheque is an unconditional order in writing addressed by the customer to a bank signed by that customer authorizing the bank to pay on demand a sum certain in money to or to the order of a specified person or to bearer."即支票是银行存款户对其开立账户的银行签发的,授权该银行对某人或其指定人或持票来人即期支付一定金额的无条件书面文件命令。

我国票据法第八十一条规定:"支票是出票人签发的,委托办理支票存款业务的银行或者其他金融机构在见票时无条件支付确定的金额给收款人或者持票人的票据。"

在现代经济中,支票被大量、广泛地使用,已经与现金一起构成两种最基本的支付工具。而且支票作为支付工具所具备的方便与安全的优势,是现金无法比拟的。市场经济越发达,支票的使用率就越高。支票主要用于国内结算,在国际结算中使用不多。

二、支票的主要项目

支票是要式证券,出票人除了应在票面上签名盖章外,还必须依法在票面记载法定必要事项。支票的记载内容,按照其对支票法律效力的意义不同,可以分为以下三类。

(一)绝对必要记载事项

绝对必要记载事项是必须记载的事项,否则支票无效。我国票据法第八十四条规定,支票必须记载下列事项。

1. 表明"支票"的字样

表明"支票"的字样，即支票文句。需要注意的是，表明支票字样并不限于"支票"二字，写有其他文字足以表明其性质为支票的，只要客观上可以认定即可。

2. 无条件支付的委托

无条件支付的委托，即支付文句。支票属于委托证券，出票人必须在票面上记载委托文句。这种委托必须是无条件的，如果附加了某种条件作为付款的依据，则该支票无效。

3. 确定的金额

支票为金钱证券，持票人或收款人享有的是支付一定数额货币的请求权。支票上应当载明确定的货币金额。支票上记有若干个可供选择的金额、在一定数额上下浮动的金额或者待确定的金额，均会导致支票无效。在实务中，支票人签发时，应有大写金额和小写金额，并标明币种。

4. 付款人名称

支票的付款人仅限于办理存款业务的金融机构。付款人记为个人或者其他公司的，支票无效。当出票人本身为金融机构时，可以以自己为付款人签发已付支票，也可以以自己为收款人签发受付支票。

5. 出票日期

支票上应记载出票的年、月、日。出票日期用以认定出票人是否具有票据能力并计算支票付款提示期及付款期，对支票非常重要。支票为文义证券，因而对出票日期只要求有形式上的记载，并不要求与实际出票日期一定相符。记载日期在实际出票日之后的，称远期支票；将实际出票日前的日期记载为出票日的，为前期支票。

6. 出票人签章

签章可以有三种形式：签名、盖章和签名加盖章。需要注意的是，出票人所签印章，应当与银行预留印章一致，否则付款行有权拒付。

（二）相对必要记载事项

相对必要记载事项属于应记事项，但若当事人不予记载，适用法律有关规定，也不会导致票据无效。

1. 收款人名称

支票收款人资格不受限制，收款人名称只是支票相对必要记载事项。我国票据法第八十六条规定，支票上未记载收款人名称的，经出票人授权，可以补记。出票人可以在支票上记载自己为收款人。

2. 付款地

付款地为支付支票金额的处所。付款地关系到持票人进行提示、请求付款以及作成拒绝证书等事项，因此付款地的记载必须单一，不得记载数个付款地。如果支票上没有记载付款地，则付款人的营业场所为付款地。

3. 出票地

我国票据法第八十六条规定，支票上未记载出票地的，出票人的营业场所、住所或者经常居住地为出票地。

（三）任意记载事项

任意记载事项的记载与否由当事人自行决定，法律承认此类记载的效力；若不记载，对支票效力不产生影响。任意记载的事项包括：禁止背书文字；免除拒绝事实通知；免除作成拒绝证书；画平行线；保付记载。

（四）禁止记载事项

禁止记载事项包括无益记载事项和有害记载事项。无益记载事项所作记载本身无效，但支票仍然有效。无益记载事项包括以下四项。

1. 到期日

支票限于见票即付，不得另行记载到期日，除出票日期外的付款日期记载均无效。

2. 利息

持票人可随时请求付款，不存在利息，有利息记载的，记载无效。

3. 免除担保文句

支票出票人承担最终的、绝对的担保付款的责任，该法定责任不得因当事人的意思而改变。支票上若有免除担保文句，视为无效。

4. 必须发行复本或制作誊本的记载

支票没有复本或誊本制度，此项记载应视为无效。

支票记载了有害记载事项的，支票无效。有害记载事项包括：有条件的委托支付文句；分期付款；将不具有法定资格的人作为付款人。

支票的样式如图 2-5 所示。

```
Cheque for USD 5 200.00                    London,20 Nov.,2018
Pay to the order of China National Texile Corp.
The sum of five thousand two hundred only

To: National Westmister Bank.
London, England
                                           For a Trade Co.
                                              (signature)
```

图 2-5　支票样式

三、支票的分类

（一）根据支票对付款有无特殊限制分类

1. 普通支票

普通支票（Open Cheque）即非划线支票，为无两条平行线的支票或对付款无特殊限制或保障的一般支票。普通支票的持票人可以持票向付款银行提取现款，也可以通过其往来银行代收账款。

2. 划线支票

划线支票（Crossed Cheque）是指由出票人或持票人在普通支票上画两条平行线的支票。画线是一种附属的支票行为，由出票人、背书人或持票人进行，其目的在于防止支票丢失和被盗时被人冒领。划线支票限制了支票金额受领人的资格，它只能通过银行或其他金融机构受领，而不能由持票人直接提取现款，这样便保证了支票的安全。在票据上画线是支票独有的制度，大多数国家的票据法都有这一制度。

划线支票又可分为两种。

（1）普通划线支票。

普通划线支票即一般划线支票（Generally Crossed Cheque），指不注明收款行的划线支票，收款人可以通过任何一家银行收款。普通划线支票有四种形式：在支票上画上两条平行线，不进行任何记载；在两条平行线间加上"and Company"字样，它不表示任何含义；在两条平行线上写上"Not Negotiable"（不可议付）的字样，该种支票的出票人只对收款人负责，收款人仍可以转让该支票，但受让人的权利不优于收款人；在平行线间加上"A/C Payee"或"Account Payee"（入收款人账）的字样。

（2）特殊划线支票。

特殊划线支票（Specially Crossed Cheque）是指只能通过支票上注明的银行收款，在平行线中注明了收款银行的支票。

出票人和持票人可以画线。出票人作成普通划线，持票人可以将其转变为特殊划线。出票人作成普通划线或者特殊划线，持票人加注"不可流通"字样。被特殊划线的银行可以再作特殊划线给另一家银行代收票款。代收票款的银行可以作成特殊划线给它自己。

划线支票受票行的义务包括：按照画线规定付款，即对普通划线支票只能转账付给一家代收行，特殊划线支票只能转账付给画线里面的那家银行；如受票行有绝对把握确认提示人就是真正所有人，即可直接付款给真正所有人。但是慎重的受票行都愿采用前种方式而不愿采用第二种方式。

（二）根据收款人的抬头不同分类

1. 记名支票

记名支票（Cheque Payable to Sb. or Order）指注明收款人姓名的支票。除非记名支票有限制性转让的文字，否则记名支票即为指示性抬头支票，可以背书转让。记名支票在取款时，必须由收款人签章并经付款行验明其真实性。

2. 无记名支票

无记名支票（Cheque Payable to Bearer）又称空白支票或来人支票。它是没有记明收款人的支票，任何人只要持有此种支票，即可要求银行付款，且取款时不需要签章。银行对持票人获得支票是否合法不负责任。

四、支票与汇票的异同

根据《英国票据法》的定义可知，支票是一种特殊的汇票，因此，支票与汇票有许多共性。比如：汇票与支票均有结算功能；同样有三个当事人，即出票人、付款人和收款人；关于汇票的出票、背书、付款、追索权、拒绝付款证书等的规定，同样可以适用于支票。但支票又具有许多不同于汇票的特殊性,主要表现在以下几点。

(1) 性质不同。支票是支付工具,只有即期付款,不需要承兑,也没有到期日的记载;汇票既是支付工具也是信用工具,有即期汇票和远期汇票之分,远期汇票需要承兑。

(2) 对出票人、受票人的要求不同。支票的出票人是银行的存款户,必须在银行有存款,受票人是其开户银行;汇票的出票人、受票人是不受限制的任何人。

(3) 主债务人不同。支票的主债务人是出票人;汇票的主债务人在承兑前为主债务人,承兑后为承兑人。如在合理时间内未能正当提示要求付款,支票的背书人解除责任,但出票人不能解除责任。如果遇到延迟提示受到损失,支票的出票人只能解除受到损失的数额,而汇票的背书人和出票人均被解除责任。

(4) 支票可以保证付款。为了避免出票人开出空头支票,保证支票在提示时付款,美国票据法规定:受票行可应出票人或持票人的请求,在票面写上"证明"(CERTIFIED)字样并签字。这张支票就成了保付支票(CERTIFIED CHECK)。保付银行的责任等于远期汇票受票行承兑时所负的责任,它要将票款借记出票人账户,贷记在一个备付账户,准备用来付款,这时出票人和背书人的责任即告解除,完全由保付行承担付款责任。这样,商业信用转为银行信用。汇票没有保付的做法,但有第三者保证的做法。

(5) 划线支票的受票行要对真正所有人负责付款,而即期汇票或未划线支票的受票行要对持票人负责付款。

(6) 支票可以止付,汇票承兑后不可撤销。

(7) 支票只能开出一张,汇票可以开出一套。

本章小结

本章首先介绍了票据的概念、基本特征、作用、法律体系,再分别对汇票、本票和支票的含义、内容、分类和票据行为以及不同票据间的异同作了论述。本书所指的票据是狭义的票据,即依据票据法签发和流通的,以无条件支付一定金额为目的的有价证券,包括汇票、本票、支票三种。票据具有设权性、无因性、要式性、流通转让性、文义性特点,经济功能体现为结算作用、汇兑作用、流通作用、信用工具和抵销债务作用。目前国际上影响较大的两大票据法系是以《英国票据法》为代表的英美法系和以《日内瓦统一票据法》为代表的大陆法系。

汇票是国际结算中使用最广泛的票据,是出票人签发的无条件的书面支付命令。其内容包括绝对必要记载事项、相对必要记载事项和任意记载事项。汇票按照不同的划分方式可以分为银行汇票和商业汇票,即期汇票和远期汇票,记名汇票、无记名汇票和指示汇票,银行承兑汇票和商业承兑汇票,跟单汇票和光票,一般汇票和变式汇票等。汇票的票据行为是指围绕汇票所发生的,从开立到正常付款,经历一系列法定步骤,以确立一定权利和义务关系为目的的行为。其票据行为一般包括出票、提示、承兑、付款、背书、拒付和追索等。

本票是出票人无条件的书面支付承诺,有银行本票和商业本票之分;支票则是一种特殊的汇票,是以银行为付款人的即期汇票。支票的出票人对支票承担担保付款的责任。支票可以划线,划线支票的持票人不可以直接提取现金,只能委托银行收款入账。非划线支票的持票人既可以从银行提取现金,也可以委托银行收款入账。

关键名词解释

票据　汇票　承兑人　背书人　承兑　背书　特别背书　空白背书　限制性背书　提示　追索权　跟单汇票　光票　本票　支票

思考题

一、判断题

1. 票据转让人必须向债务人发出通知。　　　　　　　　　　　　　　　(　)
2. 如果票据受让人是以善意并付对价获得票据，其权利不受前手权利缺陷的影响。
　　　　　　　　　　　　　　　　　　　　　　　　　　　　　　　　(　)
3. 汇票是出票人的支付承诺。　　　　　　　　　　　　　　　　　　　(　)
4. 汇票上金额须用文字大写和数字小写分别表明。如果大小写金额不符，则以小写为准。
　　　　　　　　　　　　　　　　　　　　　　　　　　　　　　　　(　)
5. 本票是出票人的支付命令。　　　　　　　　　　　　　　　　　　　(　)
6. 支票可以是即期的，也可以是远期的。　　　　　　　　　　　　　　(　)
7. 划线支票是只可提取现金的支票。　　　　　　　　　　　　　　　　(　)
8. 支票的付款人一定是银行。　　　　　　　　　　　　　　　　　　　(　)
9. 支票的主债务人始终是出票人。　　　　　　　　　　　　　　　　　(　)

二、实务操作题

国际出口公司（International Exporting Co.）出口机器设备和零部件给环球进口公司（Globe Importing Co.），价值 100 000 美元。国际出口公司在 2017 年 4 月 20 日开出汇票，要求环球进口公司在见票后 30 天付款给 XYZ 银行。环球进口公司于 2017 年 4 月 30 日承兑了该汇票。

请按上述条件填写如下汇票。

```
┌─────────────────┬──────────────────────────────────────────────────┐
│   ACCEPTED      │              BILL OF EXCHANGE                    │
│                 │                                                  │
│                 │   For _____        _____       │
│                 │       (amount in figure)     (date of issue)     │
│  _____   │                                                  │
│    (Date)       │   At _____ sight of this bill │
│                 │   of exchange (SECOND being unpaid) Pay to       │
│                 │   _____ or      │
│                 │   order the sum of _____          │
│                 │   (amount in words) for value received.          │
│  _____   │                                                  │
│ (Company Name)  │   To:                     For and on behalf of   │
│                 │                                                  │
│                 │   _____            _____           │
└─────────────────┴──────────────────────────────────────────────────┘
```

案例分析

案情：

某年 11 月，某医药器具公司持一张从中国香港某商人处得到的出口项下的汇票到银行要求鉴别真伪。该汇票的出票人为美国新泽西州 FIRST FIDLITY BANK，付款人是哥斯达黎加的 AMERICAN CREDIT AND INWEST CORP.，金额为 32 761.00 美元，付款期限为出票后 180 天。汇票显示 "PAY TO C CO., HONG KONG AGAINST THIS DEMANDDRAFT UPON MATURITY" 文句。

从票面上看，该汇票被疑为伪造汇票。第一，该汇票的出票人是银行，但付款人的名称记载是 "AMERICAN CREDIT AND INWEST CORP."，该名称分不清是公司还是银行，因而汇票种类难以判定。第二，汇票付款期限记载上自相矛盾。汇票显示 "PAY TO C CO., HONG KONG AGAINST THIS DEMANDDRAFT UPON MATURITY"，表明该汇票是即期汇票，但该汇票同时标明到期日与出票日相差 180 天。第三，该汇票的出票人在美国，用美元付款，而付款人却在哥斯达黎加。美元的清算中心在纽约，世界各国发生的美元收付最终都要到纽约清算。既然美元汇票是由美国开出的，付款人通常的、合理的地点也应在美国。该汇票在这一点上不正常。另外，我方出口商通过中国香港中间商和国外进口商产生贸易，在资信不了解的情况下，通常不会采用汇票方式办理结算。

鉴于以上情况，出口商所在地银行一边告诫公司不要急于向国外进口商发货，一边致电出票行进行查询。不久，美国新泽西州 FIRST FIDELITY BANK 回电证实自己从未签发过上述汇票。

分析：

本案例中，犯罪分子利用伪造汇票的方式进行诈骗，票据伪造即在没有授权的情况下蓄意假冒他人名义所为的票据行为，一般分为两种，票据本身即出票的伪造和票据上签名的伪造。本案例中，银行工作人员从经验出发，发现汇票的开立与常理不符，继而发现汇票的付款人、付款期限、付款地等存在问题。通过及时和出票行联系，证实了自己的判断，从而使出口商避免了巨额损失。从这个案例中，有关单位和银行可以得到如下启示。

第一，收到汇票后出口企业或银行应对汇票进行认真检查，不要贸然以汇票为保证发运货物。在不知晓汇票上记载的出票人、付款人详情的情况下，应迅速致电查询。询问速度要快，并在询问之前告知持票人暂时等候。国际贸易中收到票据不等于收到现金，单纯一纸汇票，在确定其是否真实有效前，保证作用是很弱的。另外，收到汇票时应从汇票的纸质、印刷、文字、记载项目等方面进行仔细检查。纸质过厚或过薄、文字印刷不清、错排、记载项目前后矛盾或不符合汇票要求等情况，都应引起注意，请相关部门协助检验，以免上当受骗。

第二，有些国家，如尼日利亚、印度尼西亚及一些小国家，以及一些地区，如中国香港，是伪造汇票的多发地，常见的付款银行名称中往往包含 "NIGERIA" "INDONESIA" "HONGKONG" 等字样，在收到伪造汇票多发地区寄来的汇票时要格外当心。

第三，加强对有关人员票据知识的培训。帮助银行结算人员和有关贸易业务人员了解正常汇票的格式、记载项目、种类以及汇票伪造的常见形式和鉴别方法，以及一旦怀疑是伪造汇票后该采取何种行动等。

第三章

汇 付

> **学习目标**
>
> 了解顺汇、逆汇的概念，掌握汇款的概念、方式及种类，各种汇款方式的业务程序；理解电汇汇款、信汇汇款、票汇汇款，比较这三种方式的异同；掌握汇款头寸调拨和退汇以及国际贸易中应用的主要汇款方式。

第一节 汇付概述

国际结算业务是银行在全球范围内开展的一项业务活动，它使客户免除运送现金的麻烦，加快了结算速度，给商业银行带来较高的利润，加强商业银行与国际公司的合作，促进了经济的发展，从而确立了银行结算中心的地位。国际贸易的结算方式，按照其所依据的信用基础划分，可以分为两类：一类属于商业信用的结算方式，即由出口商和进口商相互提供信用，如汇付、托收等；另一类属于银行信用的结算方式，即由银行提供信用来进行债权债务的清偿，如信用证、信用保证书等。按照资金流向及结算工具传送的方向划分，可分为顺汇和逆汇两大类。顺汇（Remittance）也称汇付，是由债务人主动将款项交给本国银行，委托银行使用某种结算工具，汇付给国外债权人或收款人。因为结算工具的传送方向与资金的流动方向相同，故称为顺汇。逆汇（Reverse Remittance）是由债权人以出具票据的方式，委托本国银行向国外债务人收取款项的结算方式。因结算工具的传送方向与资金的流动方向相反，故称为逆汇。托收、信用证等支付方式均属逆汇。

一、汇付的含义和性质

汇付（Remittance）也称汇款，是国际贸易支付方式之一，进出口双方在签订进出口合同后，出口商（收款人）依约备货出运，而进口商（汇款人）则委托当地银行将货款按进出口合同列明的汇款方式（主要是电汇、信汇、票汇），通过受托行（汇出行）及其海外代理行（汇入行）交付国外出口商（收款人）的结算方式。即银行应付款人的要求，以一定方式将款项交付收款人的结算方式。汇付结算示意如图3-1所示。

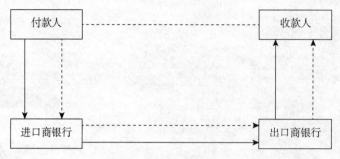

图 3-1 汇付结算示意

（图中虚线箭头表示结算工具的传递方向，实线箭头表示资金的流动方向。）

汇付属于代客划拨范畴，其原始付款人与最后收款人均不是银行，它是利用银行间的资金划拨渠道，把银行以外的一个人的资金输送给另一个人，以完成收、付款方之间债权债务的清偿。汇付是一种商业信用的支付方式，银行只提供服务而不提供信用。因此，汇付方式具有风险大的特点，对于预付货款的买方及货到付款的卖方而言，一旦付了款或发了货就失去了制约对方的手段，他们能否收货或收款，完全依赖对方的商业信用，如果对方信用不好，很可能钱、货两空。但对于跨国公司的内部贸易而言，或者在交易双方非常信任对方的情况下，汇付是最理想的方式，因为汇付方式手续简单，银行只有一笔小数额的汇款手续费，可以大大节约成本。汇付所使用的凭证是支付委托书（Payment Order, P. O.）。汇付不仅运用于贸易和非贸易活动的结算，凡属外汇资金调拨的，都可采取这种方式，所以它是外汇银行的一种主要业务。

二、汇付的当事人及责任

（一）汇付的当事人

1. 汇款人（Remitter）

汇款人，或称债务人、付款人。汇款人即请求汇出行将资金汇出的当事人。在国际贸易中，汇款人一般为进口商，即进了货物就付款。

2. 收款人（Payee）

收款人，或称债权人、受益人。收款人是汇款金额的最终接收者。在国际贸易中，收款人通常是出口方，即出口了货物就要收款。

3. 汇出行（Remitting Bank）

汇出行指受到汇款人委托，汇出款项的银行。在国际贸易中，汇出行一般是进口人在其当地的开户行。

4. 汇入行（Paying Bank）

汇入行即解付行，是受到汇出行委托协助办理汇款业务的银行。汇入行证实汇出行委托付款指示的真实性，并通知收款人取款。在国际贸易中，汇入行一般是出口人在其当地的开户行。

（二）汇付各当事人的责任

汇付各当事人的关系如图 3-2 所示。在国际贸易中，汇款人和收款人由于商品买卖，表现为债权债务关系;非贸易结算中则表现为资金的提供和接受关系。汇款人和汇出行之间则是委托和被委托的关系:汇款人委托汇出行办理汇款业务,提供汇款申请作为汇款契约凭证,确立双方的权利和义务。汇出行和汇入行既有代理关系,又有委托与被委托的关系;两行事先签有业务代理合约或有账户往来关系的,在办理汇款业务时,汇出行通过汇款凭证传递委托信息,汇入行接受委托,承担向收款人解付汇款的义务。具体说来,汇付各当事人的责任如下。

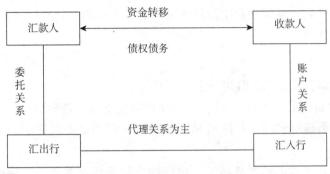

图 3-2　汇付各当事人的关系

1. 汇款人的责任

汇款人在委托办理汇款时,其主要责任有:填具汇款申请书,提供所要汇出的金额并承担相关的费用。汇款申请书是汇款人和汇出行之间的一种契约。申请书上要标明的内容有:收款人名称、地址、国别,收款人开户行名称、账号,汇款货币、金额,使用的汇款方式,汇款人的姓名、地址等。填具汇款申请书后,汇款人必须交付与汇款金额相一致的现金,加上银行办理汇款所需费用的现金,或有效的支款凭证。比如,当以人民币汇出外币时,除了交付等值的人民币现金或支款凭证外,还应提交国家规定准许使用外汇的证明;当汇出款是美元,而汇款人要求在其英镑存款中支取英镑后套成美元汇出时,其套汇的汇率风险由汇款人承担。凡是汇款申请书填制的遗漏,以及因交款项下外汇证明手续上的纰漏、延误而引起的后果,概由汇款人负责。

2. 收款人的责任

(1) 收款人首先要告知汇款人其汇款所必需的各项资料,包括名称、地址、国别、汇款金额及货币种类,如果收款人在银行开有账户,还必须列明收款人的开户银行名称、地址、账户账号等。

(2) 和汇入行保持联系,及时取款。取款时查明款项是否确属于收款人,收到这笔款项后债权是否得到清偿。

(3) 若对汇款内容不明白,或者汇款金额不够解除全部债权,应及时向汇入行提出,由其通知汇出行向汇款人查询,待确认无误后再收款。

(4) 若是有附加条件付款的汇款,必须准确及时地提供其需要的文件、证书或单据等,待汇入行确认符合条件为止。

3. 汇出行的责任

汇出行办理汇出业务是汇出汇款(Outward Remittance)。其责任有以下四项。

(1) 仔细检查汇款人填写的汇款申请书，如有问题应及时提出，要求汇款人补充或修正，若无法解决则将申请书退回。

(2) 自接受汇款申请书起，汇款人与汇出行之间的契约关系便成立，即时生效。

(3) 汇出行的支付委托书（P.O.）必须完全按照汇款申请书的内容准确表达，并按照汇款申请书办理该笔汇款业务，直至准确无误将款项交付给收款人为止。

(4) 正确地选择汇款路线，能拉直的不迂回，即以效率为原则，尽量不迂回，必须迂回的应选择环节最少的。并将必须迂回的情况向汇款人声明，必要时在汇款申请书上加注，争取由汇款人签字认可。

4. 汇入行的责任

汇入行在办理解付业务时，其责任有以下四项。

(1) 收到支付委托书（P.O.）时，应仔细核对其真伪。若为信汇、票汇，需核对其印鉴；若为电汇，则需核对密押；若使用 SWIFT 方式，则需检查其使用的报文格式是否为有效的加密格式。

(2) 所有解付汇入款必须严格按照汇出行的支付委托书办理，不得擅自改变支付委托书，否则引起的任何后果由汇入行负责。

(3) 坚持收妥解付的原则。在汇款头寸收妥的情况下，凡是支付委托书上规定按收款人户名账号直接收账者，经核实确在本行开有所列账户的，当即收账；凡是支付委托书上指定收款人名称、地址者，按地址进行通知，待收款人来领款时办理解付。

(4) 如果不能及时解付，须及早通知汇出行并说明原因，等待汇出行进一步指示后视情况办理。不能及时解付的原因一般有：收款人账号、户名不符，收款人地址不对或无法通知，通知收款人后对方迟迟不来取款，收款人因故拒收，头寸没有落实，等等。

第二节　汇付的种类及业务流程

根据汇出行通知汇入行付款的方式，或汇款委托书的传递方式，汇付可分为电汇、信汇和票汇三种。

一、电汇

（一）电汇的含义和特点

1. 电汇的含义

电汇（Telegraphic Transfer，T/T），是指汇款人将一定款项交存汇款银行，汇款银行通过电报（Telex）、电传（Cable）或 SWIFT 方式，指示目的地的分行或代理行（汇入行）向收款人支付一定金额的一种汇款方式，即汇出行以电讯方式将委托指令发送给汇入行指示其解付的方式。现在银行常用电传或 SWIFT 文件等电讯方式，电报方式由于费用高、易发生错漏等原因而被逐渐淘汰。

2. 电汇的特点

(1) 电汇以电报或电传为结算工具，其传递方向与资金流动方向相同，所以电汇属于顺汇结算。

（2）电汇是收款速度最快的汇款方式，但汇款人必须承担较高的费用，所以一般在金额较大或比较紧急的情况下才使用。随着高新技术的发展，电汇成本有了下降的趋势。

（3）在银行汇款业务中，电汇优先级别较高，均当天处理。电汇交款迅速，银行无法占用电汇资金。

（4）电汇还具有安全可靠的特点。目前电汇大部分采用电传和 SWIFT 系统发出。它们是银行之间的直接通信手段，减少了邮递环节，产生差错的可能性很小。加上电传是按分钟计价，相比按字计价的电报降低了成本；SWIFT 系统是非营利组织的系统，费用也不高。因此，在汇款实务中，电汇业务的比例在逐渐增大。

（二）几种电子支付系统的简介

1. SWIFT 系统简介

SWIFT 是环球同业银行金融电讯协会的英文缩写，是国际银行同业间的非营利的国际合作组织。目前全球大多数国家的大多数银行已使用 SWIFT 系统，我国大多数专业银行是 SWIFT 成员。中国银行于 1983 年 2 月加入 SWIFT，是国内第一家 SWIFT 会员行，到 1990 年，我国的另一些银行如交通银行、中国工商银行、中国农业银行等也成为 SWIFT 的成员。SWIFT 系统有一套银行识别码，用来精确识别相关金融机构的身份，例如，中国银行的识别代码为 BKCHCNBJ，中国工商银行的识别代码为 ICBKCNBJ，等等。

SWIFT 系统利用其高度尖端的通信系统在会员间传递信息、账单，进行同业间的头寸划拨。当某一银行收到了 SWIFT 系统的信息后，将按其内容去执行，会员间的资金转移大大加速，只需几分钟就可以。SWIFT 系统每星期 7 天每天 24 小时运转。采用通用的标准化格式也消除了发送人和接收人之间的语言问题，能够及时准确传递信息，比如，MT100 这类报文格式是请求调拨资金的客户汇款格式，MT200 是单笔金融机构头寸调拨至发报行自己账户的报文格式，MT201 是多笔金融机构头寸拨至它自己的账户的格式，MT700 格式用于开立跟单信用证，MT707 格式用于跟单信用证的修改，等等。SWIFT 系统的使用，为银行的结算提供了安全、可靠、快捷、标准化、自动化的通信业务，从而大大提高了银行的结算速度。

2. CHIPS 简介

CHIPS 是纽约清算所银行同业支付系统的英文简称，于 1970 年 4 月建立，由纽约清算所协会经营。纽约清算所成立于 1853 年，是美国最早的清算机构，创立的目的是解决纽约市银行间混乱的交易情况，建立秩序。在美联储于 1913 年成立之前，纽约清算所一直致力于稳定货币市场的流通波动。在那以后，纽约清算所则开始运用自己的技术和组织能力来满足银行系统内部日益分化和交易量不断扩大的要求。CHIPS 是全球最大的私营支付清算系统之一，该系统包括 100 多家美国银行及外国在纽约的分支机构，主要进行跨国美元交易的清算，是目前世界上最重要的美元支付系统。

凡通过 CHIPS 支付和收款的双方必须是 CHIPS 的会员银行，只有这样才能经过 CHIPS 的直接清算。每个 CHIPS 会员银行都有一个美国银行协会号码（American Bank Association Number），即 ABA 号码，作为参加 CHIPS 的清算代号。每个 CHIPS 会员银行所属客户在该行开立账户，清算所发给其通用认证号码，即 UID（Universal Identification Number）。通过

CHIPS 的每笔首付均由付款方开始进行，由付款一方的 CHIPS 会员银行主动通过 CHIPS 的终端机发出付款指令，注明账户行 ABA 号码和收款行 UID 号码，经过 CHIPS 计算机中心传递给另一家 CHIPS 会员银行，收在其客户的账户上，而收款行不能通过它的 CHIPS 终端机向付款行索款。

3. CHAPS 简介

伦敦银行同业自动收付系统（Clearing House Automated Payment System）是在英国伦敦设立的同城支付的清算中心，同时也是世界所有英镑的支付清算中心，处理大额同日英镑转移的主要支付体系，属于批发性支付体系。CHAPS 可分为 CHAPS 英镑（1996 年实施该系统）和 CHAPS 欧元（1999 年实施该系统），后者通过与 TARGET 系统（泛欧自动实时全额清算系统的英文简称，是欧洲的欧元清算体系）的联系，便利英国国内与境外交易者之间的欧元批发性支付。虽然 CHAPS 主要是一个批发性的支付体系，但 CHAPS 使用的最快增长却是由零售客户引起的支付。CHAPS 允许银行以自己的账户或代表客户对其他银行发放有担保的、不可撤销的英镑信贷，结算通过在英格兰银行持有的清算账户进行。

（三）电汇的业务流程

电汇的业务流程如图 3-3 所示。

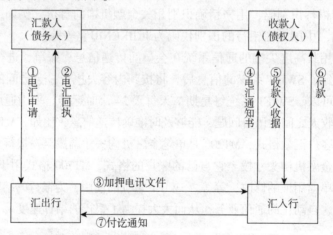

图 3-3　电汇的业务流程

以下是对图 3-3 的解释和说明。

①汇款人填写汇款申请书，并在申请书上说明使用电汇（T/T）方式。为防止因申请书中出现的差错而耽误或引起汇出资金的意外损失，汇出行应仔细审核申请书，不清楚的地方必须与汇款人及时联系。

②汇款人将所汇款项和所需费用交汇出行，取得电汇回执。

③汇出行以加押电报、电传、SWIFT 系统等电讯方式，向汇入行发出电汇委托书，委托汇入行解付汇款给收款人。委托书的内容应该包括汇款申请书所列各项内容。

④汇入行收到电讯指令后，若核对密押无误，即缮制电汇通知书致收款人。

⑤收款人持电汇通知书及身份证明到汇入行取款，并提供经签章的收据。

⑥汇入行核对有关凭证无误后，解付汇款资金。

⑦汇入行将付讫通知书寄送给汇出行,通知汇款解付完毕,同时按偿付指示取得资金偿付。至此资金从债务人流向债权人,一笔电汇业务完成。

案例 3-1

汇款方式的选择

案情：

宁波市某进出口公司对外推销某种货物,该商品在新加坡市场的销售情况日趋良好,逐渐成为抢手货。新加坡某公司来电订购大批商品,但坚持用汇付方式支付。此时,在宁波公司内部就货款支付方式问题产生不同的意见,一些业务员认为汇付的风险较大,不宜采用;而有的业务员认为汇付方式对公司较为有利,主张采用。试问,如果你是出口公司的业务员,应如何选择恰当的支付方式?请说明理由。

分析：

在国际贸易中,汇付方式通常用于货到付款、赊销、预付货款及随订单付现等业务。货到付款是指出口商在没有收到货款以前,先交出单据或货物,然后由进口商主动汇付货款的方法,因此,除非进口商的信誉可靠,出口商一般不宜轻易采用此种方式。而预付货款是指进口商先将货款汇付给出口商,出口商收到货款后再发货的方法。这对出口商较为有利,但其只意味着进口方预先履行付款义务,并不等于货物的所有权在付款时转移；在 CIF（Cost, Insurance and Freight,成本、保险加运费付至……指定目的港）等装运港交货的条件下,出口方在没有交出装运单据以前,仍具有货物的所有权。由此可见,预付货款对出口方来说有预先得到一笔资金的明显好处。在本案中,宁波公司可坚持使用汇付中的预付货款方法作为结算方式。

案例 3-2

提单日后 N 天付款的风险

案情：

东方国际集团上海市对外贸易有限公司（以下简称"上海外贸"）与匈牙利金城豪克国际贸易责任有限公司（以下简称"豪克公司"）签订了一份 95HTI4E025 售货合同,约定：由上海外贸供给豪克公司不同规格的童晴棉服和童羽绒服,货物总计数量为 28 000 件,总金额为 365 600 美元,装运数量允许有 5% 的增减,价格条件为 CIF 布达佩斯,装运口岸为中国上海,目的地为匈牙利布达佩斯,付款条件为提单日后 70 天内电汇付款。售货合同签订后,上海外贸按合同约定在最迟装运期前将货物装上船只,取得提单并交给豪克公司。但货物到港后,一部分被匈牙利海关没收,一部分下落不明,豪克公司因此拒绝付款,上海外贸遭受很大损失。

分析：

电汇是所有结算方式中（包括汇付中的信汇与票汇,以及托收与信用证等）收款最快的一种方式,一般可以当天到账,汇出行无法占用汇款过程中的资金。汇款的银行费用虽然相对于信汇、票汇略高一点,但是,目前信汇与票汇已经不采用了,没有可比性,而相对于托收与信用证而言却是低得多。此外,考虑银行占押资金的损失,特别是在电汇金额较大时,电汇的银行费用几乎可以忽略不计。

出口商先行将货物出运,在进口商收到货物后再将货款汇付给出口商。此案例中对进口商有利,对出口商不利。70天后付款其实是出口商向进口商提供的单方融资渠道,并且出口商还要承担进口商拒付的风险。豪克公司拒付后上海外贸收款没有任何保证,对豪克公司资信不了解使其遭受巨大的损失,这也是汇付结算方式资金负担严重不均衡的风险。

二、信汇

(一) 信汇的含义和特点

1. 信汇的含义

信汇(Mail Transfer,M/T)是指汇出行应汇款人的申请,用航空信函指示汇入行解付一定金额给收款人的汇款方式。信汇业务的程序与电汇程序基本相同,不同的是汇出行应汇款人的申请,以信汇委托书(M/T Advice)或支付委托书(Payment Order)为结算工具,通过航空邮寄至汇入行,委托其解付。

信汇委托书或支付委托书上须加具有权签字人的签字。汇入行收到委托书,凭汇出行的印鉴样本核对,无误后即按委托书的地址通知收款人前来领取汇款。收款人领取汇款时,必须持能证明自己身份的证件,并在汇款收据上签名或盖章。

2. 信汇的特点

(1) 信汇费用低廉。

(2) 信汇速度较慢。因邮递关系,收款时间较长。

(3) 信汇资金可被银行短期占用。信汇在途时间较长,因此汇出行可占用一个邮程时间内的信汇资金。

信汇方式越来越无法适应国际贸易结算的发展,有逐步被淘汰的趋势。

(二) 信汇的业务流程

信汇的业务流程如图3-4所示。

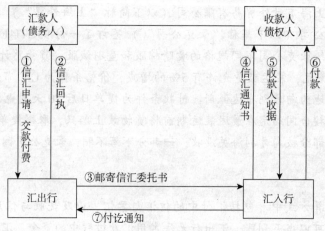

图3-4 信汇的业务流程

信汇的业务处理与电汇大致相同,只是在信汇的情况下,汇出行通知汇入行解付的手段是信汇委托书,而不是加押电报或电传。信汇委托书不加密押,只需签字,经汇入行核对签字无误,证实其真实性后,即履行对外付款责任。以下是对图3-4的解释和说明。

①汇款人向汇出行提出信汇申请书,并连同汇款和费用一并交给汇出行。

②汇出行接受客户的信汇申请,并给予客户一张信汇回执,以确认汇出行与汇款人关于该项汇款的委托关系。

③汇出行邮寄信汇委托书通知国外的汇入行。

④汇入行收到信汇委托书后,向收款人发出信汇通知书,通知前来收取款项。

⑤收款人持信汇通知书及有效证件到汇入行取款,并提供经签章的收据。

⑥汇入行核对相关凭证无误后,解付汇款资金。

⑦汇入行向汇出行发出付讫借记通知书。至此,资金从债务人流向债权人,一笔信汇业务完成。

三、票汇

(一) 票汇的含义及特点

1. 票汇的含义

票汇(Remittance by Bank's Demand Draft,D/D)是汇出行应汇款人的申请,开立一张银行即期汇票交给汇款人,由汇款人自行携带出国或寄送给收款人,由收款人凭票向汇入行提示付款。汇出银行在开出银行汇票的同时,对汇入行寄发付款通知书,汇入行凭此验对汇票后付款。票汇是以银行即期汇票为结算工具的,有单张汇票和复张汇票两种。单张汇票为防止遗失,应双挂号,它通常是数额较小的汇票。复张汇票有正副两张,如遇正张迟到或遗失,可凭副张兑换。因此,正、副两张汇票应分别邮寄。复张汇票通常是数额较大的汇票。

2. 票汇的特点

(1) 票汇取款灵活。信汇、电汇的收款人只能向汇入行一家取款,而票汇汇款中的持票人可以在任何一家汇出行的代理行取款,只要汇入行有汇出行的印鉴册,能核对汇票签字的真伪,汇入行确认签字无误后,就会解付其汇款。

(2) 汇票可代替现金流通。汇票经收款人背书后,可以在市场上流通转让,到银行领取票款的持票人不一定是原收款人。而信汇委托书则不能流通转让。票汇的汇票因是银行汇票,故在流通中较受欢迎。

(3) 票汇由汇款人自己将汇票寄给收款人或自己携带出国,收款人可在有效期内随时到银行取款。而信汇、电汇是由汇出行通过电讯或邮寄方式将汇款委托书交汇入行的。

(4) 票汇汇入行无须通知收款人取款,由收款人持汇票登门自取;而信汇、电汇都是由汇入行通知收款人来领取汇款。

(二) 票汇的业务流程

票汇的业务流程如图3-5所示。

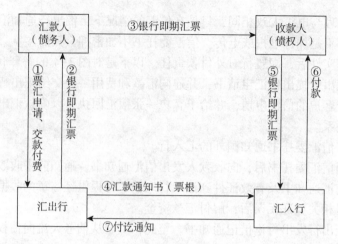

图 3-5 票汇的业务流程

以下是对图 3-5 各个环节的说明和解释。
①汇款人填写票汇汇款申请书，并交款付费给汇出行。
②汇出行开立一张以汇入行为付款人的银行即期汇票给汇款人。
③汇款人将汇票寄给收款人或亲自携带汇票出国。
④汇出行开立汇票以后，将汇款通知书（票根）寄给汇入行或其国外代理行。
⑤收款人提示银行即期汇票给汇入行，要求付款。
⑥汇入行检验核对汇票和票根无误后，借记汇出行账户，取出头寸，解付汇款给收款人。
⑦汇入行将借记付讫通知书寄给汇出行，通知汇款解付完毕。

根据不同需要，银行在票汇业务中使用三种即期汇票。第一种是划线不可流通汇票。出票人开出此种汇票的目的是限制汇票的转让流通，只能由收款人凭票取款，汇票仅是支付工具。第二种是无划线可流通汇票，也是票汇业务中使用最多的银行汇票。第三种是磁性数码汇票，这种汇票便于付款行放在支票自动处理机上分类清算。

此外，在票汇业务中经常使用中心汇票进行国际结算。所谓中心汇票，是指汇票的付款银行是在货币结算中心城市的汇票（Draft on Centre），即付款地点使用的货币与票面货币一致的汇票。如在一笔进口贸易中，中国银行广东省分行开出以纽约花旗银行为付款人的银行即期汇票，票面上记载的货币为美元；又如开出以东京某银行为付款人的银行即期汇票，汇票的货币为日元。

中心汇票的出票人为汇出行，付款人为汇出行在货币结算中心城市的联行或代理行，即汇出行有开立中心账户的银行。若汇票收款人的地址与付款行的地址不同，汇出行将汇款人的交款视为购买汇票，使用中心汇票支付给购买汇票的人（汇款人）；而购买汇票的人将中心汇票寄交汇票收款人，由收款人委托当地某银行代收票款，也可将该汇票转让给其他人（银行）。

使用中心汇票付款时，汇出行一般不寄票根（一式五联的汇票的第二联），也不拨交头寸，只使用其在中心账户的资金解付票款。当中心汇票提交付款行时，借记汇出行的中心账户予以付款，并将借记报单寄回给汇出行，即完成此项汇款业务。因此，使用中心汇票付款不占用汇出行资金，但汇出行可利用汇款资金。

四、三种汇款方式的比较

票汇与信汇具有一定的相同点,即两者都是通过邮寄汇票或者支付委托书出国,所以周期较长,收费较低。票汇与信汇、电汇的不同之处在于,票汇的汇入行无须通知收款人前来取款,而是由收款人持汇票直接到汇入行取款;汇票经收款人背书后可以在市场上转让流通,而信汇委托书则不能转让流通。这三种方式都是由进口商(汇款人)将应付款项交给当地银行,委托该行在出口商或其指定人(收款人)所在地银行将应付款项解付给出口商或其指定人。T/T、M/T、D/D 三者之间的比较如表 3-1 所示。

表 3-1　T/T、M/T 和 D/D 三者之间的比较

项目	T/T	M/T	D/D
转移方式	电报、电传、SWIFT 系统	航空邮寄	邮寄或汇款者自己出国随身携带
转移速度	最快捷	慢	慢、灵活
安全性	很安全	可能在邮寄中丢失或延误,次于电汇	可能丢失或损毁
汇出行是否通知受益人的银行	是	是	是
是否可以背书	不可以	不可以	可以
是否可以转让	不可以	不可以	可以,持票人不一定是原持票人
证实方式	电报密押或 SWIFT 密押	授权签字	授权签字
费用	高	低	最低

第三节　汇付的偿付和退汇

一、汇付的偿付

(一)汇付偿付的含义

汇付的偿付(Reimbursement of Remittance Cover)俗称拨头寸,是指汇出行在办理汇款业务时,应及时将汇款金额拨交给其委托解付汇款的汇入行的行为。

(二)汇付偿付的两种方式

汇付的偿付是汇款结算方式中的一个重要环节,按照国际惯例,汇出行在发出委托书的同时,须以同样方式将头寸拨付给付款行,使付款行不需要因执行付款指示而垫付头寸。因此,每一笔汇款,必须注明拨付头寸的具体指示,即每一笔汇款必然要引起一笔相同金额的头寸偿付业务。在国际结算中,头寸拨付有以下两种方式。

1. 先拨后付

汇出行在受理一笔汇款业务后,先将头寸拨给汇入行,汇入行收到头寸后才向收款人进

行解付。这是最主要的头寸拨付方式。

2. 先付后偿

汇出行在办理汇款业务时，先将汇款通知发送给汇入行，然后汇入行先垫付资金给收款人，再向汇出行索偿。这种方式对汇入行来说存在着一定的风险，除非汇出、汇入两行事先订有先解付、后拨头寸的代理合约，否则不能采用。

(三) 汇付偿付的转账方法

在进行汇付业务时，在汇款通知书上应写明偿付指示，汇入行根据汇出行指示对收款人付款时，解付行也应该从汇出行得到相同金额的付款。根据汇出行、汇入行开设账户的情况，汇付头寸的偿付有以下五种转账方法。

(1) 当汇款双方银行之间建有往来账户时，可直接通过账户收付来偿付汇款头寸。

如果汇入行在汇出行开有存款账户，汇出行在委托汇入行进行解付时便贷记汇入行账户，汇出行应在支付委托书上注明"In cover, we have credited your A/C with us."（偿付办法：我们已在你行的账户上贷记了这笔款项）。汇出行在向汇入行发出的贷记报单（Credit Advice）上注明"已贷记贵行账户"（Your A/C Credited），如图3-6所示。汇入行收到支付委托书，便知资金已经拨入了本行账户，可解付头寸给收款人。

如果汇出行在汇入行开有账户，则汇出行在支付委托书上注明"In cover, please debit our A/C with you."（偿付办法：请将这笔款项借记我行在你行的账户上）。在这种情况下，汇入行在按支付委托书解付款项时，立即借记汇出行的账户，并在寄给汇出行的借记报单（Debit Advice）上注明"已借记贵行账户"（Your A/C debited），如图3-7所示。汇入行将借记保单寄给汇出行后，即可付款给收款人。

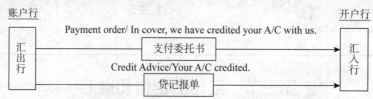

图 3-6 汇入行在汇出行开有存款账户的偿付转账方法

图 3-7 汇出行在汇入行开有账户的偿付转账方法

(2) 当汇款双方银行在同一代理行开有往来账户时，则通过其共同账户转账拨付。

汇出行和汇入行之间没有账户关系，在同一代理行即碰头行有往来账户，则通过共同账户转账拨付的做法是：汇出行授权碰头行借记其账户，并指示其将相应资金贷记汇入行的账户，即通过中间银行完成头寸的拨交，具体做法如图3-8所示。

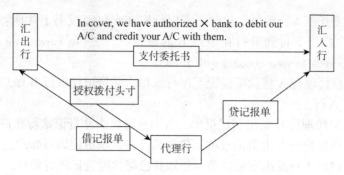

图 3-8 汇出行和汇入行同在第三家银行开有账户的偿付转账方法

1）汇出行在委托汇入行解付汇款时，汇出行应在支付授权书上注明"偿付方法：我行已授权××银行将款项借记我行账户并贷记贵银行账户"（In cover, we have authorized × bank to debit our A/C and credit your A/C with them.）。

2）汇出行授权代理行将汇款拨付汇入行在该代理行的账户，"致偿付行：请借记我行账户并贷记××银行账户"（To the reimbursing bank：Credit cover to ×× bank's account with you, debiting our account.）。

3）代理行向解付行发出贷记报单，告知其已将头寸贷记该行账户。

4）代理行向汇出行发出借记报单，告知其已将款项借记该行账户。

汇入行在接到支付授权书的同时，也会收到代理行寄来的头寸贷记报单，此时即可使用该头寸解付给收款人。

（3）当汇款双方银行分别在不同海外代理行开有往来账户，可通过各自账户转账。

（4）当汇款双方分别在不同海外代理行开有往来账户，但这两个账户没有直接的往来账户关系时，则采用账户行的共同账户行转账。假设汇出行的账户行是 A 银行，汇入行的账户行是 B 银行，A 银行和 B 银行之间具有共同的账户行 C，则此时汇出行和汇入行可以共同委托它们的碰头行 C 来拨交头寸。

（5）汇款双方国家如订立支付协定，则设有专门的清算账户，汇款的偿付按照双方银行间的规定办理。

此时，汇款头寸的拨付一般按照支付协议办理，银行之间拨付的是记账外汇，而不是自由外汇，只能以清算账户行为碰头行进行偿付，拨头寸的指示一定要和协议的条款相一致。例如，汇出行在代理行 A 开立账户，汇入行在代理行 B 开立账户，代理行 B 在代理行 A 开立账户，此时的偿付转账方法如图 3-9 所示。

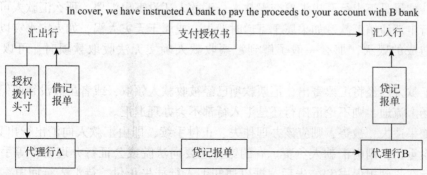

图 3-9 汇出行和汇入行不在同一家银行开立账户的偿付转账方法

1）汇出行在委托汇入行解付汇款时，汇出行应在支付授权书上注明："偿付方法：我行已授权银行 A 将款项支付到贵行在银行 B 的账户上。"（In cover, we have instructed A bank to pay the proceeds to your account with B bank.）

2）汇出行授权代理行 A 将款项借记汇出行账户，并贷记代理行 B 账户上，通过代理行 B 将款项转移到汇入行。

3）代理行 A 向代理行 B 发出贷记报单，告知其已将头寸贷记该行账户。

4）代理行 A 向汇出行发出借记报单，告知其已将款项借记该行账户。

5）代理行 B 向汇入行发出贷记报单，告知其已将款项贷记该行账户。

汇款双方银行分别在不同的海外代理行开有往来账户时，为了偿付，汇出行在汇款时，必须事先了解汇入行在哪家银行开户，然后通过自己的代理行把汇款头寸拨付到汇入行在其代理行开立的账户内，汇入行接到其账户行的贷记报单后，即可向收款人解付款项。

二、汇付的退汇

退汇是指汇款在解付以前被撤销，汇款人和收款人都可以要求退汇。

（一）收款人退汇

收款人退汇比较方便，在信汇、电汇时，只要收款人拒收信汇、电汇，通知汇入行，汇入行就可以将汇款委托书退回汇出行，必要时说明退汇原因，然后由汇出行通知汇款人前来办理退汇，取回汇款。在票汇下，收款人退汇要将汇票寄给汇款人，然后由汇款人自己到汇出行办理退汇手续。

（二）汇款人退汇

电汇、信汇情况下，汇出行应该立即通知汇入行停止解付，撤销汇款；如果收款人有意见，应向汇款人交涉，不能要求汇出行和汇入行付款。汇款人的退汇要在撤销通知到达汇入行且该行尚未付款时才能实现。汇出行接受汇款人电汇、信汇的退汇要求后，应用信函或电文通知国外汇入行办理退汇，汇入行接到汇出行要撤销电汇、信汇的通知后，如尚未解付款项，一般可以同意照办；如果汇入行已经解付款项，汇入行不能向收款人追索，汇款人也不能要求退汇，只能由汇款人直接向收款人交涉要求退款。

在票汇的情况下，汇出行处理很谨慎。因为汇出行自己开出汇票，自己即为出票人，对任何合法的善意持票人均要担负保证付款责任，如无理退回汇票，一方面会增加手续，另一方面还可能丧失信誉，或引起许多纠纷与争执。

因此，如果是汇出行开出汇票交汇款人，汇款人还没寄出汇票，那么汇款人可以持原汇票到汇出行申请注销汇款。如果属于寄递时遗失，或属于天灾人祸，如火灾水灾以及飞机轮船失事而造成的毁灭，那么一般了解到汇票收款人确实无法收取款项时，可以接受办理退汇。

如果汇款人已经将汇票寄出，汇票款项已经被收款人领取，或者虽然没领取但估计汇票已经在市场上流通，则不论汇出行还是汇入行都不会办理退汇。

汇票如果遗失、被盗，则应该办理挂失、止付手续，即由汇款人向汇出行出具担保书，担保若发生重付，则由汇款人负责。有的银行还要向法院或公证行办理公告等手续进行挂失。汇出行在收到担保书和公告后，据以通知汇入行挂失止付，待汇入行回电、回函确认后，才能办理退汇或者补发一张汇票。关于止付，对汇入行来说，如有汇出行的通知，可以不付款，但如果汇入行认为必须付款，则汇出行或汇款人不能因此提出异议。

（三）汇入行退汇

电汇、信汇汇出后，如果收款人迟迟不来取款，过了一定期限，汇入行有权主动通知汇出行注销，办理退款。汇款取款的期限，各国银行的规定不同，一般是半年或者一年。汇出行汇出汇款后，如果汇款人得知收款人未能如期收到汇款或汇款有错漏，可以到汇出行或经汇出行到汇入行进行查询。

第四节　汇付在国际贸易结算中的应用

汇付方式在国际贸易中的适用范围包括以下几种。

第一，进口商流动资金充足，当前的主要目标是控制财务费用而不是取得融资便利。

第二，贸易结算项下，出口商接受货到付款的条件，但对收款速度有较高的要求。

第三，进口商与出口商有良好的合作关系且充分信任，愿意接受预付货款的条件。

第四，资料费、技术费、贸易从属费用（包括运费、保费）等宜采用汇付方式。例如，有的 FOB（Free on Board，船上交货……指定装运港）出口合同，进口商要求出口商代办装船或投保，出口商垫付了运费、保险费，进口商就要通过汇付偿付由出口商垫付的费用。

第五，贸易项下的尾款一般宜采用汇付方式。

在国际贸易实务中，汇付方式中的电汇（T/T）由于手续简便、速度较快等特点而为中小企业间或双方合作良好并已经建立起一定信任的企业间的贸易所广泛采用。以 T/T 方式结算进出口方债权债务时，根据货款交付和货物运送时间先后，分为两种情况：预付货款（即先收款后交货）、货到付款（即先交货后收款）。在实际运作中，买卖双方根据贸易中所处地位，通过在合同中约定不同的付款时间来承担不同程度的风险，并不是说采用汇付方式就一定是卖方承担较大的风险。

在实际业务中，出口商通常在合同中要求预付 30% 左右的订金，其余的货款根据付款时间，分为前 T/T 和后 T/T。前 T/T 是指买方最迟于货物装船完毕后，就将剩余的 70% 货款电汇给卖方的付款方式，又可分为装运前 T/T 和装运后见提单传真件 T/T。后 T/T 是指货物到达目的港（地）后，买方凭提单换取提货单并提取货物后才电汇剩余的 70% 货款给卖方的付款方式。对进口商而言，装运前 T/T 的风险最大，其次是装运后见提单传真件 T/T，后 T/T 的风险最小。

一、预付货款

（一）预付货款的含义

预付货款（Payment in Advance）是指进口商（付款人）先将货款的一部分或者全部通过银行汇交出口商（收款人），出口商收到货款之后，立即或在一定时间内发送货物的结算方式。这种方式对进口商而言是预付货款，对出口商而言则是预收货款。对银行来说，预付货款属于汇出款项，预收货款属于汇入款项。

（二）预付货款的做法

预付货款在国际贸易中一般有两种做法。

1. 随订单付现（Cash with Order）

随订单付现是指买方在发出订单时，或买卖双方订立买卖合同后即需将全部货款用汇付方式付给卖方。

2. 支付定金（Down Payment）

支付定金是指在进出口合同中，采取预付方式。在进行生产资料商品的交易时，如大型机械、成套设备、飞机，习惯上从生产开始，进口商就要预付部分金额，有时将此作为定金。如果预付金额过大，进口商一般要求出口商提供预付担保，一般由银行担保以保证预付金额的安全。

（三）预付货款的适用情况

预付货款的方式对出口商有利，既可以在货物发出前得到一笔款项，又可以降低货物出售的风险，而且，当进口商违约时，出口商可以没收预付款。对进口商而言，货物未到手便支付款项，资金占用时间长，还要承担货物与合同不符或不能如期收到货物的风险。因此，一般是在进出口双方关系密切、相互了解对方资信的情况下，进口商才愿意以预付货款的方式购入货物；或者当出口的是热门的紧俏商品时，出口商会提出采取这种支付方式。

（四）预付货款的流程

1. 装运前T/T业务流程

装运前T/T业务流程如图3-10所示。

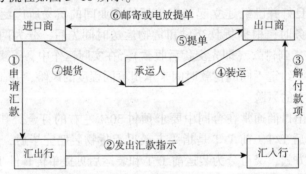

图3-10　装运前T/T业务流程

①进口商在合同规定期限内，填写境外汇款申请书，向银行（汇出行）申请电汇。
②汇出行按进口商指示，通过SWIFT系统或电传方式向汇入行发出汇款指示。
③汇入行解付款项给出口商。
④出口商办理出口手续，装运货物。
⑤出口商从承运人或货代处拿到提单。
⑥出口商把提单直接邮寄给进口商，或要求承运人或货代电放提单给进口商。
⑦进口商凭提单或电放提单和电放保函换取提货单，然后向承运人或货代提货。

2. 装运后见提单传真件T/T业务流程

装运后见提单传真件T/T业务流程如图3-11所示。

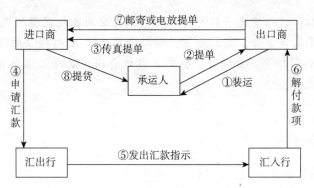

图3-11 装运后见提单传真件 T/T 业务流程

①出口商在合同规定的装运期内装运货物。
②出口商从承运人或货代处拿到提单。
③出口商将提单通过传真或电子邮件方式发送给进口商。
④进口商填写境外汇款申请书，向银行（汇出行）申请电汇。
⑤汇出行按进口商指示，通过 SWIFT 系统或电传方式向解付行发出汇款指示。
⑥汇入行解付给出口商。
⑦出口商把提单直接邮寄给进口商，或要求承运人或货代电放提单给进口商。
⑧进口商凭提单或电放提单和电放保函换取提货单，然后向承运人或货代提货。

案例 3-3

预付货款的风险

案情：

2019 年 10 月 8 日，A 公司为缓解资金短缺的困难，在无货可供的情况下，与外地的 B 公司签订了一份购销合同，由 A 公司向 B 公司供应价款为 200 万元的优质钢材，交货期限为 4 个月，B 公司交付银行承兑汇票，付款期为 6 个月。

合同签订后，B 公司商请 C 公司作保证人，向其开户行甲银行申请办理了银行承兑汇票，并签订了承兑协议。汇票上记载付款日期为 2020 年 4 月 12 日。A 公司收到汇票后，马上向其开户行乙银行申请贴现。乙银行在审查凭证时发现无供货发票，便发电报向甲银行查询该承兑汇票是否真实，收到的复电是"承兑有效"。据此，乙银行向 A 公司办理了汇票贴现，并将 160 万元转入 A 公司账户。

临近付款期，B 公司派人去催货，才发现 A 公司根本无货可供，方知上当受骗，于是告知甲银行。

2020 年 4 月 13 日，乙银行提示付款，甲银行拒付，理由有二：一是该汇票所依据的交易合同是虚构的；二是乙银行明知 A 公司无供货发票，仍然为其办理了贴现，具有重大过失。于是，乙银行以甲银行、B 公司、A 公司为被告起诉至法院，请求三方支付汇票金额及利息。

分析：

本案例中，A、B 公司双方约定签订合同后 4 个月交货，而 B 公司先开出银行承兑汇票，即属于预付货款，这种情况下 B 公司就要承担 A 公司拒绝交货的风险，可能钱货两空。A 公司恰恰只是为了周转资金，实则无货，所以最终为 A 公司提供的银行汇票贴现的乙银行货款交了，而 B 公司却没有拿到货。公司在签订合同时选择汇款结算，一定要注意预付货款给买方带来的风险。

二、货到付款

（一）货到付款的含义

货到付款（Payment after Arrival of Goods）是指由出口商先发货，进口商后付款的结算方式，也被称为延期付款或赊销。

（二）货到付款的做法

货到付款在国际贸易中一般有以下两种做法。

1. 售定（Be Sold Out）

售定又称先出后结，是指进出口商双方签约后，出口商发运货物，进口商收到货物后在约定期限内将货款汇出交出口商的结算方式。售定的特点是货价和付款时间均事先确定。

2. 寄售（Consignment）

寄售是出口商先将货物运抵进口国，委托代售商按双方商定的条件在进口商当地市场代销，待货物售出后，代售商将扣除佣金和费用后的货款汇交出口商的结算方式。寄售的特点是货款收回时间无法预先确定。这种方式对出口商来说是最差的收款条件。寄售对进口商而言是"先进后结"，即先进口后付汇。

目前我国经营的先进后结业务有：国外进口寄售业务；在国外售券国内提货业务。后者是为了方便旅游者，避免我国外贸出口商品倒流。旅游者在我国设立的国外售券机构购得货券后，由本人携带入境，经海关验证盖章，方能提货。经营这种业务的目的是争取外汇收入，减少运输、保险与佣金开支，方便归侨、侨眷及港澳同胞。此项经营所得外汇经国外银行汇入国内，属于汇入汇款性质。

（三）货到付款的适用性

与预付货款相反，货到付款对进口商有利：第一，买方不承担资金风险，货不到或者货物不符合合同要求，则不履行付款，在整个交易中占据主动地位；第二，买方常在收到货物一段时间后再付款，无偿占用卖方资金，而出口商则要承担发出货物后，买方不付款或者不及时付款的风险。

售定一般只适用于我国对港澳地区出口鲜活商品的贸易结算，因为其交易的数量和质量不确定，不能采取信用证等结算方式。寄售方式对出口商不利，而且寄售方式下，寄售双方是委托关系而非买卖关系，国外代售人对代售货物可能产生的一切费用和风险不承担任何责任，因此，对代售人的选择至关重要。寄售方式一般适用于出口货物为滞销品，或者为需要开拓市场的新产品。寄售的商品通常大多也是凭规格、样品或不看实物难以成交的商品。

（四）货到付款的流程

后 T/T 业务流程如图 3-12 所示。

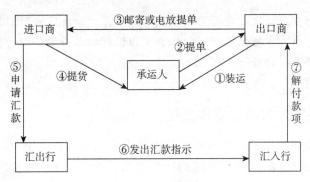

图 3-12 后 T/T 业务流程

①出口商在合同规定的装运期内装运货物。
②出口商从承运人或货代处拿到提单。
③出口商将提单直接邮寄给进口商，或要求承运人或货代电放提单给进口商。
④进口商凭提单或凭电放提单和电放保函换取提货单，然后向承运人或货代提货。
⑤进口商填写境外汇款申请书，向银行（汇出行）申请电汇。
⑥汇出行按进口商指示，通过SWIFT系统或电传方式向汇入行发出汇款指示。
⑦汇入行解付给出口商。

案例 3-4

汇款结算余款不付风险案

案情：

我国艺林有限公司（以下简称"艺林公司"）以传真方式与新加坡某石油海事有限公司（以下简称"石油公司"）订立了96RLIS-3045合同，具体条款包括：艺林公司售出950吨零号柴油（允许溢短装10%）给石油公司，总价为259 000美元，FOB香港，付款方式规定买方必须于某日前将订金100 000美元电汇至卖方指定银行，买方在提单日起15天内用电汇方式将全部货款汇至卖方指定的银行账户。

在收到石油公司按期电汇的订金100 000美元后，艺林公司立即按合同发货，实际交货949.94吨，总计246 034.46美元。按照合同条款，石油公司还应向艺林公司偿付余款146 034.46美元，但石油公司迟迟未付。几次催款之后，石油公司传真了一份已电汇货款的银行底单给艺林公司，但经查实，石油公司根本没有电汇这部分货款，所谓已电汇货款的银行底单只是石油公司编造的一个骗局。在接下来的5个月里，艺林公司先后发出传真信函，或派专人前往新加坡，向石油公司追款，但都毫无结果，石油公司始终未偿付欠艺林公司的货款及利息，艺林公司不得不向中国国际经济贸易仲裁委员会申请仲裁。虽然仲裁结果对艺林公司有利，但艺林公司已付出了大量的人力物力，而经济损失是否能够弥补还要看仲裁的执行结果。

分析：

本案例中，以电汇方式结算虽然速度较快，但双方成交的金额较大，买方只预付了不到一半的订金，又无其他保障措施，卖方不得不承担余款迟付、不付的风险。可见，买卖双方如果缺乏足够的了解，采用汇款方式结算的风险很大，因此在订立合同之前，卖方必须对买方的资信状况进行调查，以决定是否采用汇款方式结算。如决定采用汇款方式结算，还可以在买卖合同中规定，由买方提供银行付款保函，由银行担保买方如期付款，如买方不能如期履约，卖方可以获得银行的赔付。

三、汇付项下对外付款的操作流程

（1）填写银行提供的格式化的境外汇款申请书并加盖预留在银行的印鉴章。境外汇款申请书是汇款人和银行（汇出行）之间的一项契约。进口企业应根据实际情况填写，应翔实准确，若由于汇款申请书的错误或遗漏而引起延误、差错等，后果由汇款人自己承担。

（2）提交外汇管理要求的单据。由于我国是外汇管制的国家，进口企业对外付款时还必须根据我国外汇管理局的要求，在汇出款项时将有关单据交银行审核。

汇付项下对外付款类型不同，所需要的材料也会有所不同。

1）货到付款所需资料：境外汇款申请书、购汇申请书、进口合同、发票、正本进口报关单、运输单据。可能要求的资料：进口付汇备案表、进口许可证、登记表、特定产品进口证明、各种不同贸易方式及运输方式应提供的单据。

2）预付款所需资料：境外汇款申请书、买汇申请书、进口合同、形式发票。可能要求的资料：预付款保函、进口许可证、登记表、进口证明、进口付汇备案表、委托代理进口合同。上述预付款保函是指国外出口商银行开出的履约保函。

3）佣金汇出所需的资料：境外汇款申请书、非贸易对外付款申报单、买汇申请书（若申请购汇）。暗佣（指未在合同中表明有佣金及佣金比例的佣金）还需佣金协议。超过合同总额5%的佣金或（并）超过等值1万美元以上的佣金汇出，还需要提供外汇管理局的批准件。

4）尾款汇出所需的材料：境外汇款申请书、进口贸易合同、验货合格证明（或设备终验报告）。

5）进口项下的海运运费汇出所需材料：境外汇款申请书、非贸易对外付款申报单、运输合同、运费发票、提单正本（或副本）。

（3）银行根据约定以信汇、电汇或票汇的方式向卖方汇出款项。

四、境外汇款申请书填报

1. 填报说明

（1）凡采用电汇、票汇或信汇方式对境外付款的机构或个人（统称"汇款人"），须逐笔填写此申请书。

（2）日期：指汇款人填写此申请书的日期。

（3）申报号码：根据国家外汇管理局有关申报号码的编制规则，由银行编制（此栏由银行填写）。

（4）银行业务编号：指该笔业务在银行的业务编号（此栏由银行填写）。

（5）收电行/付款行：（此栏由银行填写）。

（6）汇款币种及金额：指汇款人申请汇出的实际付款币种及金额。

（7）现汇金额：汇款人申请汇出的实际付款金额中，直接从外汇账户（包括外汇保证金账户）中支付的金额。汇款人将从银行购买的外汇存入外汇账户（包括外汇保证金账户）后对境外支付的金额，应作为现汇金额。汇款人以外币现钞方式对境外支付的金额，应作为现汇金额。

（8）购汇金额：指汇款人申请汇出的实际付款金额中，向银行购买外汇直接对境外支付的金额。

（9）其他金额：指汇款人除购汇和现汇以外对境外支付的金额，包括跨境人民币交易以及记账贸易项下交易等的金额。

（10）账号：指银行对境外付款时扣款的账号，包括人民币账号、现汇账号、现钞账号、保证金账号、银行卡号。如从多个同类账户扣款，填写金额大的扣款账号。

（11）汇款人名称及地址：对公项下指汇款人预留银行印鉴或营业执照上的组织机构代码证书编号或国家外汇管理局及其分支局（以下简称"外汇局"）签发的特殊机构代码赋码通知书上的名称及地址。

（12）组织机构代码：按营业执照上的组织机构代码证书编号或外汇局签发的特殊机构代码赋码通知书上的单位组织机构代码或特殊机构代码填写。

（13）个人身份证件号码：包括境内居民个人的身份证号、军官证号以及境外居民个人的护照号等。

（14）中国居民个人/中国非居民个人：根据《国际收支统计申报办法》中对中国居民、中国非居民的定义进行选择。

（15）收款银行之代理行名称及地址：为中转银行的名称，所在国家、城市及其在清算系统中的识别代码。

（16）收款人开户银行名称及地址：为收款人开户银行名称，所在国家、城市及其在清算系统中的识别代码。

（17）收款人开户银行在其代理行的账号：为收款银行在其中转行的账号。

（18）收款人名称及地址：指收款人全称及其所在国家、城市。

（19）汇款附言：由汇款人填写所汇款项的必要说明，可用英文填写且不超过140字符（受SWIFT系统限制）。

（20）国内外费用承担：指由汇款人确定办理对境外汇款时发生的国内外费用由何方承担，并在所选项前的□中打"√"。

（21）收款人常驻国家（地区）名称及代码：指该笔境外汇款的实际收款人常驻的国家或地区。名称用中文填写，代码根据国家（地区）名称代码表填写。

（22）交易编码：应根据本笔对境外付款交易性质对应的国际收支交易编码表（支出）编码填写。如果本笔付款为多种交易性质，则在第一行填写最大金额交易的国际收支交易编码，第二行填写次大金额交易的国际收支交易编码；如果本笔付款涉及进口付汇核销项下交易，则核销项下交易视同最大金额交易处理；如果本笔付款为退款，则应填写本笔付款对应原涉外收入的国际收支交易编码。

（23）相应币种及金额：应根据填报的交易编码填写，如果本笔对境外付款为多种交易性质，则在第一行填写最大金额交易相应的币种和金额，第二行填写其余币种及金额。两栏合计数应等于汇款币种及金额；如果本笔付款涉及进口付汇核销项下交易，则核销项下交易视同最大金额交易处理。

(24) 交易附言：应对本笔对境外付款交易性质进行详细描述。如果本笔付款为多种交易性质，则应根据相应的对境外付款交易性质分别进行详细描述；如果本笔付款为退款，则应填写本笔付款对应原涉外收入的申报号码。

(25) 外汇局批件/备案表号：指外汇局签发的，银行据以对外付款的各种批件或进口付汇备案表号。

(26) 报关单经营单位代码：指由海关颁发给企业的自理报关单位注册登记证明书上的代码。

(27) 报关单号：指海关报关单上的编码，应与海关报关数据库中提示的编码一致。若有多张关单，表格不够填写，可附附页。

(28) 最迟装运日期：指货物的实际装运日期。境外工程物资和转口贸易项下的支付中最迟装运日期应为收汇日期。

2. 注意事项

作为境内收款人，如果想更快收妥款项，则应提示境外汇款人按下列要求填写汇款申请书。

(1) 正确填列收款人全称、账号（必须注明收款人开户银行的交换行号）及开户银行英文名全称。

(2) 如企业在境外账户行办理汇款，则应该在汇款申请书中的"收款人银行的代理行 (INTERMEDIARY INST)"一栏填写开户银行的对应境外账户行名称。开户银行账户行资料可向开户银行查询。

(3) 收款人银行名称要准确，最好要有银行 SWIFT 号码。

(4) 收款人名称为开户银行名称。

(5) 收款人账号：A/C NO：××××，(填写开户银行在境外账户行对应的币种的有关账号)。

(6) 备注或附言中应注明实际的收款单位名称和账号（收款人单位账号组成必须是"行号+收款人账号，A/C NO：×××——×××××××"）。

案例 3-5

1. 客户在香港汇款，以境外账户行香港分行为境外代理行汇入港币，国内上海某家商业银行为收款银行，填写方法如下：

收款人银行的代理行名称：×××BANK, H. K. BR.
(INTERMEDIARY INST.) (CHATS NO. ×××)
收款人银行名称：××BANK, SHANGHAI BR. (SWIFT ADD：×××)
收款人名称：××BANK, SHANGHAI
收款人账号：(HKD A/C NO.)：×××
备注或附言：应注明实际的收款单位名称和账号（收款人单位账号组成必须是"行号+收款人账号，A/C NO：×××——×××"）。

2. 如汇款人在香港或香港以外的地区以账户行为美洲银行 NEWYORK 分行为境外代理行汇美元，填写方法如下。

收款人银行的代理行名称：BANK OF AMERICA NEW YORK

收款人名称：×× BANK，SHANGHAI

收款人账号：(USD A/C NO.)：×××

备注或附言：应注明实际的收款单位名称和账号（收款人单位账号组成必须是"行号+收款人账号，A/C No.：×××——×××"）

本章小结

汇付也称汇款，是银行应付款人的要求，以一定方式将款项交付收款人的结算方式。汇付的当事人有汇款人、收款人、汇出行、汇入行，汇款人向汇出行提出汇款申请，通过汇出行及汇入行交付款项给收款人。根据汇出行通知汇入行付款的方式，或汇款委托书的传递方式，汇付可分为电汇、信汇和票汇三种。电汇（T/T）是指汇出行以电讯方式将委托指令发送给汇入行指示其解付的方式，具有汇款迅速安全可靠的特点。因为 SWIFT 系统的普及，电汇的安全系数更高且费用降低，成为目前使用最普遍的汇款方式。信汇（M/T）是指汇出行应汇款人的申请，用航空邮寄将信汇委托书或支付委托书交国外汇入行，指示汇入行解付一定金额给收款人的一种汇款方式。与电汇方式相比，信汇具有汇款时间长、费用低等特点。票汇（D/D）是汇出行应汇款人的申请，开立一张银行即期汇票给汇款人，由汇款人自行携带出国或寄送给收款人，由收款人凭票向汇入行提示付款。汇出行在开出银行汇票的同时，对汇入行寄发付款通知书，汇入行凭此验对汇票后付款。汇付的偿付则是指汇出行在办理汇款业务时，及时将汇款金额拨交给其委托解付汇款的汇入行的行为，可分为先拨后付和先付后偿两种方式。根据汇出行、汇入行开设账户的情况，汇付头寸的偿付具有五种转账方法。汇款在解付以前，也可以退汇，即汇款撤销，将款项退回给汇款人。在国际贸易实务中，以汇付方式结算进出口方债权债务时，可以有两种情况，即预付货款和货到付款，也可以用于从属费用的结算。

关键名词解释

顺汇　逆汇　电汇　信汇　票汇　退汇　预付货款　货到付款　售定　寄售

思考题

一、判断题

1. 通常票汇方式下收款人收妥资金的时间比使用电汇方式要短。　　　　（　　）
2. 使用电汇时资金到账速度快，但是费用比信汇高。　　　　　　　　　（　　）
3. 汇款结算都是通过银行来传递资金的，所以是以银行信用为基础的结算方式。
　　　　　　　　　　　　　　　　　　　　　　　　　　　　　　　　（　　）
4. 预付货款可以保证进口商得到所需的货物。　　　　　　　　　　　　（　　）
5. 未开设清算账户的两家银行之间发生汇款业务时，至少需要通过一家碰头行才能结清头寸。　　　　　　　　　　　　　　　　　　　　　　　　　　　（　　）
6. 信汇委托书可以通过背书而流通转让。　　　　　　　　　　　　　　（　　）
7. 如果汇出行与汇入行之间互设清算账户，则肯定使用电汇办理客户汇款。（　　）
8. 对进口商而言，售定比预付货款的风险要小。　　　　　　　　　　　（　　）
9. 使用票汇时，银行即期汇票一经交付，通常不能主动止付；但若遗失或被偷盗，则可办理挂失止付。   (   )
    10. 汇付方式目前广泛应用于国际贸易货款结算。   (   )

二、简答题

1. 汇付的主要当事人有哪些？
2. 电汇、信汇和票汇各自的优缺点是什么？
3. 简述电汇方式的特点。
4. 汇付在国际贸易中的运用方式有哪些？

案例分析

案情：

我国某出口企业 A 与另一国的进口企业 B 之间签订了一份进出口贸易合同，合同中规定：支付条款为装运月前 15 天电汇付款。但是，在后来的履约过程中，B 企业拖延至装运月中旬才从邮局寄来银行汇票一张，并声称货款已经汇出。为保证按期交货，我国 A 企业于收到汇票次日即将货物托运，同时委托 C 银行代收票据。1 个月后，接到 C 银行通知，因该汇票是伪造的，已被退票。此时，货物已抵达目的港，并已被进口方凭出口企业自行寄去的单据提走。事后我出口企业 A 进行了追偿，但进口方 B 早已人去楼空，我方承受了较大的损失。

分析：

我方在本案中有以下三个失误。

1. 买卖合同中已经规定"支付条款为装运月前 15 天电汇付款"，但是后来进口方 B 却拖到装运月中旬才从邮局寄给我出口企业 A 银行汇票一张，我方对 B 方擅自将汇付方式从电汇改为票汇这一行为没有加以重视和怀疑。

2. 进口方 B 从邮局寄给我出口企业 A 银行汇票一张，我国出口方 A 于收到汇票次日即将货物托运，没有对 B 方寄来的汇票的真实性进行检验，以致最后钱货两空。

3. 我国出口企业 A 与进口企业 B 之间做交易，对 B 企业的资信情况缺乏必要的了解，并在贸易结算方式中采取了风险很大的汇付支付方式。

在进出口贸易实务中，如果有一方对支付条件做了更改，就应该引起高度重视。本案中，我方对对方更改汇付方式的行为没有引起注意。一般情况下，对方若更改了支付条件，特别是有利于更改方的支付条件时，很可能是更改方在策划一场骗局，对方应该引起重视。在本案中，对方将电汇改成票汇，并寄来了银行汇票，即使我方认可了这一改动，也要特别注意审核对方寄来的汇票真伪。在进出口业务中，采用票汇时，为保证收汇安全，除确实可靠的银行汇票、银行本票并经我国银行审查认可同意接受的以外，均应先将收到的票据交我当地银行，并委托其通过国外的代理行向付款行收取货款，在接到收妥通知后，方可对外发运货物，以防止因国外不法商人伪造票据、出票行破产倒闭或其他原因收不到票汇而蒙受损失。另外，在使用汇付方式时，一定要注意了解对方的资信情况，同时也应知道，汇付方式有其适用的范围，对资信不好的客户或者新客户，应该尽量避免用票汇方式。在进出口贸易使用汇付方式结算货款的方式中，银行只提供服务而不提供信用，因此，使用汇付方式完全取决于买卖双方中一方对另一方的信任，并在此基础上向对方提供信用和进行资金融通。据此，汇付实属商业信用性质，提供信用的一方要承担较大风险。

第三章 汇付

附：境外汇款申请书

进口核销专用申报号码 Report	□ 电汇 T/T □ 票汇 D/D □ 信汇 M/T	发电等级 Priority	□ 普通 Normal □ 加急 Urgent
	□□□□□□ □□□□ □□		□□□□□□ □□□□
20 银行业务编号 Bank Transac.Ref. No.		收电行/付款行 Receiver / Drawn on	
32A 汇款币种及金额 rency & Interbank Settlement Am		金额大写 Amount in Words	
其中 现汇金额 Amount in FX		账号 Account No./Credit Card No.	
购汇金额 Amount of Purc		账号 Account No./Credit Card No.	
其他金额 Amount of Othe		账号 Account No./Credit Card No.	
50a 汇款人名称及地址 Remitter's Name & Address			
□ 对公 组织机构代码 Unit Code □□□□□□□	□ 对私	个人身份证件号码 Individual ID NO. □ 中国居民个人 Resident Individual □ 中国非居民个人 Non-Resident Individual	
54/56 收款银行之代理行名称及地址 Correspondent of Beneficiary's Bank Name			
57a 收款人开户银行名称及地址 Beneficiary's Bank Name & Address	收款人开户银行在其代理行账号 Bene's Bank A/C No.		
59a 收款人名称及地址 Cneficiary's Name & Addre	收款人账号 Bene's A/C No.		
70 汇款附言 Remittance Information	只限140个字位 Not Exceeding 140 Characters	71A 国内外费用承担 All Bank's Charges If Any Are To Be Borne By □ 汇款人 OUR □ 收款人 BEN □ 共同 SHA	
收款人常驻国家（地区）名称及代码 Resident Country/Region Name & Code		□□□	
本笔付款是否为进口核销项下	是 □ 否 □	最迟装运日期	
本笔付款请选择：	□ 预付款 Advance Payment □ 货到付款 Payment Against Delivery	□ 退款 Refund	□ 其他 Others
付汇性质	保税区 □ 出口加工区 □ 钻石交易所 □ 离岸账户 □ 深加工结转 □ 其他 □		
交易编号 DP Transac. Co □□□□□□	相应币种及金额 Currency & Amount	合同号	
		发票号	□□□□□□□□
进口付汇备案表号 / 批件号		报关单经营单位代码	□□□□□□□□
报关单号	报关单币种及总金额	本次核注币种金额	
报关单号	报关单币种及总金额	本次核注币种金额	
报关单号	报关单币种及总金额	本次核注币种金额	
银行专用栏 For Bank Use Only	申请人签章 Applicant's Signature	银行签章 Bank's Signature	
购汇汇率 @ Rate	请按照贵行背页所列条款代办以上汇款并进行进口核销申报 Please Effect The Upwards Remittance, Subject To The Conditions Overleaf:		
等值人民币 RMB Equivaler			
手续费 Commission			
电报费 Cable Charges			
合计 Total Charges	申请人姓名 Name of Applicant	核准人签字 Authorized Person	
支付费用方式 In Payment of the Remittance	□ 现金 by Cash □ 支票 by Check □ 账户 from Account	电话 Phone No.	日期 Date
核印 Sig. Ver.	经办 Maker	复核 Checker	

第四章

托 收

> **学习目标**
>
> 掌握托收的基本概念、托收的当事人及其责任义务,熟悉光票托收和跟单托收的业务流程、适用范围及实际操作中的注意事项;对国际商会公布实施的《托收统一规则》有一定程度的了解,并能掌握托收结算下进出口双方的融资方式。

第一节 托收概述

托收(Collection)与汇付一样,也是国际贸易中经常使用的一种支付方式,属于商业信用的范畴。相比采用顺汇方法的汇付而言,在托收方式中,资金的流向与支付工具的传递方向相反,故称其采用的是逆汇方式。

一、托收的定义和性质

对于托收,国际商会第522号出版物《托收统一规则》中是这样定义的:托收意指银行根据所收的指示,处理金融单据(汇票、本票、支票或其他类似的可用于取得款项支付的凭证)或商业单据(发票、运输单据、物权单据或其他类似单据,或除金融单据之外的任何其他单据),目的在于取得付款和(或)承兑,或凭付款和(或)承兑而交单,或按其他条件交付单据。该定义既适用于国际贸易结算,又适用于国际非贸易结算。在此,单从国际贸易结算的角度,对托收方式定义如下。

托收,即委托收款,是债权人(出口方)出具汇票,委托银行向债务人(进口方)收取货款的一种结算方式。由于托收方式一般通过银行办理,所以又称为银行托收。

托收的基本做法是出口方先行发货,然后备妥包括运输单据(通常是海运提单)在内的货运单据,并根据发票金额开出以进口商为付款人的汇票,连同相关单据一起交给出口地银行(托收行),委托其通过它在进口地的分行或代理行(代收行)向进口方收取货款。接到托收指示的银行,需以指示内容为依据来处理金融单据或商业单据,以便取得债务方的付款或承兑,或凭付款或承兑交出商业单据,抑或凭其他条款或条件交出单据。托收基本流程如图 4-1 所示。

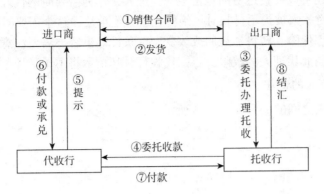

图 4-1　托收基本流程

在托收方式下，银行只是受出口人的委托行事，既没有检查货运单据正确与否或是否完整的义务，也没有承担付款人必须付款的责任。所以，托收虽然通过银行办理，但是，进口人是否付款却与银行无关。因此，出口商在该结算方式下最终能否收回货款，完全取决于进口商资信情况的好坏，也就是说，托收的性质与汇付一样，仍属商业信用。

二、托收的当事人及责任

(一) 托收的当事人

在国际结算中，如选取以托收方式来进行款项的支付，那么银行在接受客户的委托后，必须要通过其国际银行间的代理业务关系和资金划拨渠道才能完成客户间债权债务的清偿。因此，托收业务中，需要具备四方基本当事人。

1. 委托人

委托人 (Principal) 也称出票人，是指委托银行办理托收业务，向国外付款人收款的人，即出口商或债权人。

2. 托收行

托收行 (Remitting Bank) 也称寄单行，是指受委托人的委托而办理托收业务的出口地银行，一般是出口商的开户银行。

3. 代收行

代收行 (Collecting Bank) 是指接受托收行的委托向债务人收款的进口地银行、托收汇票的被背书人或收款人。在国际贸易项下，代收行大多是托收行的国外分行或代理行。

4. 付款人

付款人 (Drawee) 也称受票人，是银行根据托收指示书的指示进行提示的对象，是合同规定的付款人，是对托收项目承担最终付款责任的人，通常为国际贸易中的进口商或债务人。

除了上述四个基本当事人以外，国际商会《托收统一规则》中还增加了一个当事人，即提示行 (Presenting Bank)。提示行是指向付款人提示汇票和单据的银行。一般情况下，代收行可以自己兼任提示行，但是在实际操作中，如果债务人和代收行不在同一个地方，代收行便需委托另一家与债务人在同地、与债务人有往来账户关系的银行作为提示行，由它来向债务人直接提示单据或更进一步地代为收款。

另外，委托人还可以在货运目的地指定一代理人，作为需要时的代理（Representative in Case of Need）。若付款人被提示付款时拒绝付款或拒绝承兑，这个需要时的代理便可代表委托人办理货物存仓、保险、转售、运回或改变交单条件等事宜。需要注意的是，委托人必须在托收申请书上写明此代理人的权限，否则代收行对其指示将不予受理。

（二）托收当事人的责任

托收基本当事人之间的关系如图 4-2 所示。

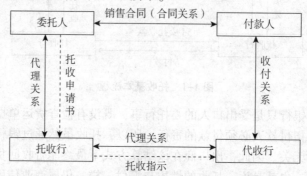

图 4-2　托收基本当事人之间的关系

其中，存在着一个合同关系（委托人与付款人之间因签订销售合同而形成合同关系）、两个代理关系（委托人与托收行之间的委托代理关系以及托收行与代收行之间的委托代理关系）。委托人与托收行之间的代理关系由委托人提交的托收申请书确定，托收行与代收行之间的代理关系则由托收行对代收行发出的托收指示确定。据此，托收基本当事人的责任可总结如下。

1. 委托人

委托人是国际贸易活动中的出口商，需要在按照合同要求发货以后备齐相关单据，并开立汇票，填写托收申请书，然后将相关单据连同汇票一起提交给银行办理托收手续。托收申请书是委托人与托收行之间关于该笔托收业务的契约性文件，也是银行进行该笔托收业务的依据。其主要内容包括：①托收申请人的名称、地址、签章；②托收付款人的名称、地址，以及其开户行的名称、地址及账号；③关于指定代收行的意见；④托收所附单据的种类、份数以及交单条件；⑤款项收妥后代收行汇交托收款的方式；⑥远期付款交单是否委托国外代收行代为存仓、保险；⑦明确在付款交单条件下，遇拒付时，对于货权单证的处理办法；⑧如果付款人拒绝付款或承兑，是否要作成拒绝证书；⑨付款时间的附加规定；⑩银行费用如何处理等。

2. 托收行

托收行一旦接受委托人的托收申请，双方的代理关系即告成立。此时，托收行一方面需要承应委托人的委托，核验实收单据的名称和份数后受理托收业务；另一方面，要向代收行开出托收指示，并将委托人提交的托收汇票和相关单据寄交代收行，委托其代为向付款人收款。托收指示是托收行根据托收申请书缮制的、授权代收行处理单据的完全和准确的条款，所以它在内容上必须与托收申请书保持一致。托收指示的主要内容有：①托收行、委托人、付款人、代收行、提示行（如有）的信息，包括全称、邮政地址、电传、电话和传真号码等；②托收金额及货币种类；③所附单据清单；④交单条件；⑤要求收取的费用以及该项费用是否可以放弃；⑥应收取的利息（如有）以及是否可以放弃；⑦付款方式和付款通知的形式；⑧发生不付款、不承兑或未执行其他指示情况时的指示等。此外，托收行在缮制托收指示时，还应该将代收行在款项收妥后如何汇交的指示，也就是交款指示，明确、清楚地表达出来，以利于托收业务的顺利进行。在用托收方式进行国际结算时，所有的托收单据必须附带托收指示，除非托收指示另有授权，代收行将不理会除向其发出托收指示的一方以外的任何第三方的任何指示。

案例 4-1

案情：

有一出口合同，付款条件为见票后 45 天付款交单方式。出口商在填写的托收申请书中，虽提及除本金外需加收利息，但并未明确强调利息不能免除，在其所提交的汇票上也未列明利息条款。当汇票到期日代收行向进口商提示单据要求付款时，进口商只肯支付本金而拒绝支付利息。在此情况下，银行在收到本金后即交出单据，并告知出口商有关拒付利息的事实。请问：出口商能否追究代收行未收取利息即将单据交付进口商的责任？

分析：

出口方不能追究代收行的责任。因为在托收业务中，托收行和代收行都需严格按照托收申请书和托收指示的规定办事。尽管此案中，出口商在托收申请书中提及需加收利息，但并未明确说明不可免除，而且其所开具的汇票上也未列明利息条款。据此，代收行按《托收统一规则》的相关规定，在进口商仅支付货款本金而未付利息的情况下就将单据交付的行为是合理的，出口商无权追究代收行的责任。

3. 代收行

代收行是国际托收业务中的关键当事人之一。严格来说，在法律上，任何银行都无义务接受其他银行的委托办理代收业务，然而，一旦银行接受了托收行的委托承办代收款项的业务，就应该根据《托收统一规则》的有关规定，在遵循"善意和合理谨慎"的前提下负起相关责任，主要包括：其一，执行托收指示，审查、确定所收到的单据表面上是否与托收指示中所列举的相符，并且要在付款人承兑汇票或者付款前保管好相应单据；其二，根据托收指示，在付款人承兑之后或已收到全部付款之后才能向其放单，除非托收指示特别授权，否则不能接受对跟单托收部分付款，代收行对于因交单延误而产生的任何后果不负责任；其三，代收行负责确保汇票承兑形式的完整与正确，但对任何签字的真实性与签发承兑的签署者的权威性不负责任；其四，按照托收指示规定的方式向托收行通知代收情况，并毫无延误地向托收行寄送付款通知、承兑通知；其五，代收行收妥款项，扣除手续费、第三方费用后，必须按托收指示中的交款指示将托收款无延误地支付给托收行；其六，如付款人拒绝付款或承兑，根据托收行的指示（或者发出拒付通知/拒绝承兑通知 60 天后）将单据退回托收行。可见，代收行作为代理方在托收业务中承担的责任与托收行大体相同，应该注意的是，代收行在经托收行同意前不得变更托收指示上的任何条件，否则责任自负。

4. 付款人

付款人是国际贸易中的进口商、买方，国际结算中的债务人，主要在托收项目中承担最终付款的责任。作为委托人开立汇票的受票人，当汇票提示给付款人时，如果是即期汇票，应见票即付；如为远期汇票，则应先承兑汇票，并于到期日付款。

案例4-2

案情：

在一笔托收业务中，托收行在托收指示中规定："DOCS TO BE RELEASED ONLY AGAINST ACCEPTANCE." 以及 "PAYMENT ON DUE DATE TO BE GUARANTEED BY ×× BANK（代收行）. TESTED TLX TO THIS EFFECT REQUIRED." 代收行办理承兑交单后，向托收行寄出承兑通知书，明确指出 "THE BILL ACCEPTED BY DRAWEE."，到期日为某年9月13日。不久，当托收行查询有关承兑情况时，代收行复电再次告知 "DOCS HAVE BEEN ACCEPTED BY DRAWEE TO MATURE ON ×× 0913."。在上述承兑通知书及查询答复中，代收行均未表明担保付款，亦未发出承诺担保电传，托收行亦未就此提出任何异议。承兑汇票到期后，进口商拒付货款，代收行即向托收行发出拒付通知。托收行认为托收指示中要求凭代收行到期付款的担保放单，而代收行已将单据放给付款人，因此要求立即付款。代收行反驳道，放单是基于付款人的承兑，代收行根据《托收统一规则》没有担保到期付款的责任。虽经多次交涉，此纠纷仍未得到解决。请问：此案中代收行的做法正确吗？

分析：

1. 本案争论的焦点是代收行未完全执行托收指示的责任问题。托收行认为，根据国际法律一般原则，如代收行做不到托收行所要求的担保付款，应该回复托收行；至于未征求托收行意见便放单给付款人，则是严重违反合同约定的行为，代收行应对此负责。代收行强调，放单系根据《托收统一规则》第11条承担责任，托收指示规定凭承兑放单，代收行正是在付款人承兑后才放单的；至于托收指示要求代收行担保，同时要求发加押电证实，而事实上代收行并未发出这样的电传，在有关的承兑通知书及函电中也仅仅明确通知托收行付款人已承兑，托收行却未提出任何异议，代收行因此认为自己未承担任何担保责任。

2. 根据《托收统一规则》关于托收指示的规定，如果代收行不能遵守指示，应当回复托收行，而代收行却未这样做，只是在托收行查询单据下落时才告知仅凭承兑放单。应该说，代收行在这一点上违反了《托收统一规则》的规定。然而，并不能因此得出代收行应当承担责任的结论。

首先，托收行的指示不符合托收业务的基本原则，实际上改变了托收的性质。在托收中，银行作为接受客户委托的中间环节，只是为客户提供必要的服务，并不因此承担额外的风险。作为代收行，其义务无非是在进口商付款或承兑的情况下放单，强行赋予其担保客户付款的义务并不是银行业务中的通行做法。

其次，托收行在寄单面函中不仅指示代收行担保到期付款，而且要求代收行以加押电加以证实。尽管代收行并未明确通知托收行拒绝接受该指示，但也未按照托收行的要求以加押电形式告知托收行照此执行。代收行对托收行发出的两项密切相关的指示均未作出反应，而其中的加押电证实一项是不能通过默示方法来完成的。将这两项要求结合起来看，托收行的指示是不能默示接受的。因此，不能仅凭代收行未作答复的事实，就简单认定代收行已接受了托收行关于担保到期付款的指示。

3. D/A作为客户之间融通资金的一种便利手段在业务中经常会用到，因此，有的托收行就千方百计地要求代收行承担担保进口商付款的责任，以便将商业信用转化为银行信用。

作为代收行，对此必须有足够的认识，如果发现托收行的指示难以做到，应当不迟延地通知托收行，以免产生不必要的纠纷。

（资料来源：孙天宏的博客）

第二节 托收的种类及业务流程

在国际结算中，根据托收时是否向银行提交运输单据，可将托收分为光票托收和跟单托收两种类型。

一、光票托收

（一）光票托收的含义

光票托收（Clean Bill for Collection）是指委托人仅向银行提交据以收取款项的金融单据（以汇票为主）而不附带商业单据的一种托收结算方式。

据《托收统一规则》，金融单据是指汇票、本票、支票或其他用以获得货币付款的相似票据；商业单据是指发票、运输单据、物权单据或其他相似单据，抑或不是金融单据的其他任何单据。有时随汇票仅附非货运单据，如发票、垫款清单等，也称为光票托收。

光票托收因为不涉及货权的转移或货物的处理，操作起来相对简单，所以在国际贸易中主要用于收取小额货款、货款尾数、预付货款、分期付款或与贸易相关的从属费用，如代垫费用、佣金、样品费等。

光票托收中的票据由收款人作成空白背书，托收行作成记名背书给代收行，并制作托收指示，随汇票寄给代收行托收票款。

（二）光票托收业务流程

采用光票托收方式进行结算时，委托人应首先根据销售合同的规定交运货物，并将货运单自行寄送给付款人，然后填写托收申请书并将其与开具的托收汇票一并交与托收行委托其收取货款；托收行受理托收业务后，依据托收申请缮制托收指示并连同汇票一并航寄代收行委托其收款；代收行接受委托收到汇票后，即按托收指示向付款人提示付款；付款人如无拒付理由，则按要求付款；代收行收到托收款项后，将汇票交与付款人入账，同时按照交款指示扣除相关费用后，将余款汇交托收行；最后由托收行通知委托人持办理托收业务的回执来结汇。光票托收业务流程如图4-3所示。

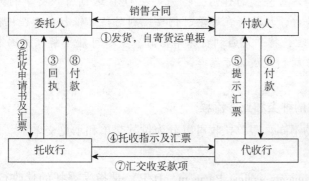

图4-3 光票托收业务流程

托收汇票有即期和远期之分，在实际操作中应区别对待。对于即期汇票，代收行应在收到票据后立即向付款人提示付款，付款人如无特殊理由则应见票即付。对于远期汇票，代收行在收到票据后应立即向付款人提示要求承兑，以确定其到期付款的责任，付款人如无特殊理由则应立即承兑。承兑后，代收行应于票据到期时再向付款人作付款提示并要求付款。如遇付款人拒绝付款或拒绝承兑，除非托收指示另有规定，否则代收行应在法定期限内作成拒绝证书，并及时将拒付情况通知托收行转告委托人，待托收行答复后视情况或继续催付，或退还托收行宣告业务结束。

在国际结算实务中，如遇付款人提出分期付款的要求，代收行一定要在取得托收行的同意后，并在付款地现行法律准许部分付款的限额及条件下才可以接受，而且仅在全部款项都已收齐的情况下才能将票据交给付款人。

二、跟单托收

（一）跟单托收的含义

跟单托收（Documentary Bill of Collection）是指在国际贸易中，银行受出口商（委托人）的委托，凭其开立的汇票连同相关商业单据（发票、提单、保险单等）向进口商（付款人）收取货款的一种托收结算方式。跟单托收最核心的要件是代表物权的货运提单，所以在日本、德国等一些对汇票征收印花税的国家，委托人为了减轻税收负担，并不开立汇票，而仅凭商业单据进行托收，这种托收也称为跟单托收。目前，国际贸易中货款的托收大多采用跟单托收。

案例 4-3

案情：

某年 4 月 5 日，A 银行收到甲客户的一份托收委托，该委托书上单据的交付条件为"D/P 60 DAYS AFTER SIGHT"，并指定代收行为波兰 P 银行。A 银行于当日寄单，但未付汇票。4 月 17 日，A 银行收到 P 银行的查询电，要求 A 银行再次确认放单条件，并称未收到相关汇票。A 银行见文后立即按要求制作汇票寄往该银行，同时发出了关于放单条件的确认电文，与代收行达成一致意见。甲客户在到期日如约收回了款项。

分析：

本案例是关于托收时是否需要附有汇票的案例。由于电子商务的广泛运用，汇票的功能在实务中越来越弱化，甚至一些国家明确提出不得提交汇票。但是在需做融资与确定付款条件时，汇票还是有着不可替代的作用，特别是在 D/P 远期付款交单的方式下，代收行会依据汇票来确定放单条件，托收行在寄单时仍要区别对待。银行在处理托收单据时，仍应按照《托收统一规则》办理，特别是遇到特殊单据时，要尽可能了解相关国家或地区一些银行的习惯做法，帮助客户顺利完成国际结算。

（二）跟单托收的种类和业务流程

按照交单方式的不同，跟单托收可以分为付款交单和承兑交单。

1. 付款交单

付款交单（Documents against Payment，D/P）是指受委托的代收行必须在进口商（付款人）付清票款之后，才能将包括提单在内的商业单据交给进口商的一种交单方式。按出口商所开立的汇票付款期限的不同,付款交单又可以分为即期付款交单和远期付款交单。

(1) 即期付款交单。

即期付款交单(D/P at Sight)是指代收行向进口商提示出口商开立的即期跟单汇票或商业单据时,进口商审单无误后只有立即付清货款才能从代收行处取得单据的交单方式。其业务流程如图4-4所示。

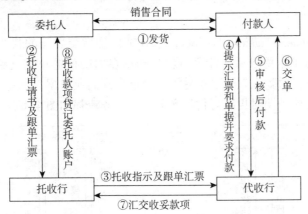

图4-4 即期付款交单业务流程

(2) 远期付款交单。

远期付款交单(D/P at ×× Days after Sight)是指代收行向进口商提示出口商开立的远期跟单汇票,进口商审单无误后立即承兑,而承兑后全套商业单据依然由代收行保管,直至进口商于汇票到期日经代收行再次提示,付清货款后才能取得单据的交单方式。其业务流程如图4-5所示。

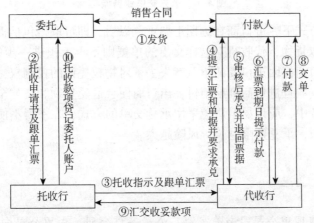

图4-5 远期付款交单业务流程

远期付款交单和即期付款交单一样,进口商只有付清货款后才能从银行处取得货运单据。换句话说,即便跟单汇票遭到拒付,出口商依然通过银行掌握着商业单据,保有着对货物的支配权,风险相对较小。而两者的区别主要体现在付款时间和到货时间的处理上。采用即期付款交单方式进行托收时,原则上付款人应该在代收行第一次提示单据时立即付款,但是在实务中,进口商为了降低风险,往往坚持在货物到达后才付款。而采用远期付款交单的托收方式则会出现货物已经抵达目的港,而进口商因款项未付得不到单据,进而无法提货,导

· 77 ·

致货物滞留并产生额外费用的问题。所以汇票"远期"的时间不应该长于海上航行的时间。

《托收统一规则》第七条 a 款规定，托收不应该含有远期付款汇票而同时又指示商业单据需在付款后交给付款人。第七条 c 款进一步指出，如果托收包含在将来日期付款的，以及托收指示注明商业单据凭付款而交出，则单据实际只能凭这样付款才可交出，代收行对产生于延迟交单的任何后果不负责任。可见，国际商会是不鼓励远期付款交单安排的。

2. 承兑交单

承兑交单（Documents against Acceptance，D/A）是指受委托的代收行在进口商（付款人）对远期汇票进行了承兑以后，即可将包括提单在内的商业单据交给进口商的一种交单方式。在此种方式下，付款人仅通过承兑汇票就能拿到商业单据，承兑后的汇票则留交代收行保管，付款人于汇票到期时再履行付款义务。其业务流程如图 4-6 所示。

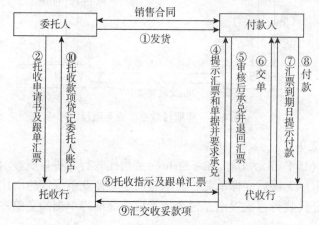

图 4-6 承兑交单业务流程

在承兑交单的方式下，进口商在远期汇票承兑以后，即可取得包括提单在内的全部商业单据，并可据以提取货物，代收行对这样交出的单据则不再承担进一步的责任。也就是说，在这种情况下，出口商仅因进口商的承兑就失去了对物权凭证的控制权，其收款的保障完全依赖进口商的信用，一旦进口商到期拒付，出口商便会遭受货物和货款全部落空的损失。所以，在实际出口业务中，应该尽量避免采用承兑交单的方式，在不得不使用此方式时，必须尽可能缩短承兑期限，承兑期限越长，风险越大。

案例 4-4

案情：

2017 年 5 月，我国甲公司同南美客商乙公司签订合同，由甲公司向乙公司出口一批货物，双方约定采用跟单托收的方式来结清贸易项下的款项。我方的托收行是 A 银行，南美方面的代收行是 B 银行，具体付款方式是"D/P 90 天"。但是到了规定的付款日，对方却毫无付款动静。A 银行事后得知，全部单据已在乙公司承兑汇票后，由当地代收行 B 银行放出。

鉴于此，甲公司在 A 银行的配合下，聘请了当地较有声望的律师对代收行提出起诉，要求法院判决 B 银行对其将 D/P 远期付款交单作为 D/A 承兑交单方式放单的行为承担相应的责任。没想到的是，当地法院以惯例为依据，主动请求我方撤诉，而仅以调解的方式来解决此案。

经过甲乙双方多次谈判，该案最终以双方互相让步而得以妥善解决。

分析:

在这一案件中,《托收统一规则》中的规定与南美习惯做法是有抵触的。据《托收统一规则》第 7 条规定:"托收不应含有远期付款汇票而同时又指示付款后交单。如果托收包含有远期付款的汇票,则托收指示中应注明商业单据是凭承兑后(D/A)还是凭付款后(D/P)交给付款人。如果未有说明,商业单据只能是付款后方能交付,而代收行对由于交付单据的任何延误所产生的任何后果将不承担责任。如果托收包含远期付款的汇票而且托收指示又明确规定付款后才能交出商业单据,则单据只能凭付款才能交付,而代收行对由于延迟交单而产生的任何结果都不承担责任。"

但从南美的习惯做法来看,南美客商认为,托收方式既然是一种对进口商有利的结算方式,就应该体现出其优越性,D/P 远期付款交单的本意就是出口商给进口商提供资金融通。而他们所面临的情况是,货到南美后,如果按照 D/P 远期付款交单的做法,进口商既不能提货,又要承担因货压港口而产生的仓储、保险等额外费用。若进口商想避免此种情况的发生,就必须提早付款从而尽早提货,那么,D/P 远期又有什么意义?所以,在南美,所有的 D/P 远期付款交单都视作 D/A 对待。因此,南美代收行 B 银行在乙公司承兑后即放单的做法也就顺理成章了。

在托收结算方式下,除了以上提到的光票托收和跟单托收之外,实际操作中偶尔还会碰到直接托收。直接托收(Direct Collection)是指卖方/委托人从其银行(即托收行)那里获得托收指示的空白格式,由其自己填写,连同托收单据直接寄给买方银行(即代收行),请其代收货款,并将已经填妥的托收格式副本送给托收行,请其将此笔托收视同本行办理一样。从理论上讲,这种托收方式的最大好处在于缩短了办理托收业务的程序,提高了办事效率,但是却因绕过了托收行而存在一定的实际操作风险和困难。所以,国际商会出版物第 522 号,也就是《托收统一规则》(URC522)不愿包括不经银行办理的托收业务,换句话说,国际商会并不赞成直接托收的做法。

第三节 托收结算的国际惯例

国际商会编写并出版的第 522 号出版物《托收统一规则》是国际贸易和国际结算方面的重要国际惯例。

一、《托收统一规则》

(一)《托收统一规则》的产生

在国际贸易中,由于各当事方对权利、义务和责任存在不同的理解和解释,而且各国银行办理托收业务的具体做法也存在差异,因此难免会产生一些争议。为了减少和避免托收业务各有关当事人之间可能产生的矛盾和纠纷,促进国际贸易和结算的发展,国际商会曾于 1958 年草拟《商业单据托收统一规则》(*The Uniform Rules for Collection of Commercial Paper*),以期在世界范围内统一托收业务的做法,形成托收方式下各方共同遵守的国际惯例。该规则为托收业务的形式和结构、程序和原则,以及统一的术语和定义提供了规范的模式。

1967 年,为了适应国际贸易发展的需要,国际商会在总结实践经验的基础上修订并颁布了第 254 号出版物——《商业单据托收统一规则》。此后,考虑到国际结算实际业务中不仅有跟单托收，也有光票托收，国际商会又于 1978 年再次对该规则进行了修订，并将其更名为《托收统一规则》(The Uniform Rules for Collection, ICC Publication No. 322)，该文件自 1979 年 1 月 1 日起生效。

根据国际贸易的新变化，为了确保国际商会的规则也能够与时俱进，国际商会银行委员会在遵循听取国际贸易实际业务人员及其他相关人士意见的原则上，于 1993 年开始着手对原有《托收统一规则》进行修订。本次修订涉及对来自 30 多个国家的大约 2 500 项建议的审查，最终修订稿于 1995 年 5 月由国际商会银行委员会一致通过，并定名为《托收统一规则》国际商会第 522 号出版物（简称 URC 522），于 1996 年 1 月 1 日正式实施。

《托收统一规则》(URC 522) 的制定反映了银行托收业务的新发展，并进一步明确了托收业务中各当事人的责权划分，自公布实施以来，被各国银行广泛采用。它是托收项下各当事人在办理国家间托收业务时应参考的一份重要文件，业已成为托收业务的国际惯例。

（二）《托收统一规则》的主要内容

《托收统一规则》共七大部分，26 条，包括：总则及定义（3 条），托收的形式和结构（1 条），提示方式（4 条），义务和责任（7 条），付款（4 条），利息、手续费及其他费用（2 条），其他规定（5 条）。

概括而言，该规则主要阐述了以下基本内容。

银行应完全按照委托人的指示办理托收业务，对在托收过程中遇到的一切风险、费用开支和意外事故等均不负责任。

在托收业务中，银行仅被允许根据托收申请书的指示和 URC 522 办理委托，如果存在超越、修改、疏漏、延误委托人在申请书上的指示的情况，银行需要对由此导致的后果负全部责任。相应的，根据多年实际操作经验，URC 522 也明确提出了各项银行免责条款，详见《托收统一规则》全文，在此不做赘述。

此外，该规则还对托收业务中的提示、付款、承兑等手续作出了相应的规定。

第一，单据必须以银行收到时的形态向付款人提示，除非被授权贴附任何必需的印花，除非另有指示费用由向其发出托收的有关方支付以及被授权采取任何必要的背书或加盖橡皮戳记，或其他托收业务惯用的和必要的辨认记号或符号。

第二，如果是即期付款的单据，提示行必须立即办理提示付款，不得延误；如果是远期付款单据，提示行必须毫无延误地提示承兑，当要求付款时，必须不迟于到期日提示付款。

第三，必须在付款时交出的托收指示中不应包含远期付款的汇票；如果托收包含远期付款的汇票，托收指示中应列明商业单据是凭承兑不是凭付款交给付款人，如无此说明，商业单据只能在付款后交付。

需要明确的是，《托收统一规则》作为国际结算方面的一个重要国际惯例，对各国托收业务的做法做出了相对统一的解释，但是，它并不是国际公认的法律，因而对一般当事人没有约束力。只有在托收当事人，特别是银行之间事先约定的情况下，该惯例才适用，当事各方才受该惯例的约束。换句话说，在实际操作中，托收申请书中必须注明该托收按《托收统一规则》办理，并做出完全而又准确的指示。应该注意，如果发现托收申请书有与《托收统一规则》相抵触的地方，应该按照托收申请书的指示办理。

二、托收指示

根据《托收统一规则》，凡是递交银行要求办理托收的所有单据必须伴随托收指示，注明该托收受到《托收统一规则》的约束,并做出完全和准确的指示,银行仅被允许根据该项托收指示和按照《托收统一规则》办理此托收业务。因此,在托收结算方式下,托收行的主要责任就是严格按照委托人的托收申请书缮制托收指示,让托收指示的内容和托收申请书的内容保持完全一致。托收指示的含义和内容前文已有介绍,此处不再赘述,其样本如图4-7 所示。

XYZ INTERNATIONAL BANK, LTD.
18 Park Street
SINGAPORE

P.O.BOX 144
CABLE ADDRESS: XYZSGP
TLX NO. RS 13384 XYZ BK

Singapore, JULY 30,2010

To:
BANK OF CHINA,
SHANGHAI,CHINA

Dear Sirs,
We enclose herewith the following documents for COLLECTION subject to the Uniform Rules for Collections.

KINDLY ACKNOWLEDGE RECEIPT

OUR REF. NO.	Drawers	GOLD LOCK CO., SINGAPORE		
D010E206	Drawees	SHANGHAI DONGXU I/E CO.,123 DONGXU RD.,SHANGHAI,CHINA		
Draft No.: KK0396	Tenor D/P AT SIGHT	Date of Draft 29/7/2010	Amount	USD4,850.00

Drawn under:
Shipment of _3PKGS_ of _CONTAINER LOCKS_ effected by _CHANGHE, VOG. 456_
from _SINGAPORE_ to _SHANGHAI_ under _B/L No. RD1234_

Documents	Draft	Invoice		Packing List	Bill of Lading		Ins Pol /Cert	Cert QTY & QLY
		Comm.			Neg.	Non-Neg.		
1ST LOT	1/2	3/5		1/2	1/2			1
2ND LOT	1/2	2/5		1/2	1/2			

INSTRUCTIONS MARKED "X"
(X) Deliver documents against PAYMENT.
(   ) Deliver documents against ACCEPTANCE.
(   ) Acceptance/ Payment may be deferred pending arrival of vessel carrying goods.
(X) Your commission and all charges, if any, are for account of drawee. NO WAIVING.
(   ) Please collect for our account interest at   % p.a. from
(   ) Acceptance to be advised by airmail / TLX.
(X) Payment to be advised by airmail / TLX.
(X) In case of non-acceptance/ non-payment DO NOT PROTEST but advise us by airmail / TLX.
(   ) In the event of dishonour, please store and insure goods for our account.
(   )

DISPOSAL OF PROCEEDS
(Please always quote our reference number when remitting the proceeds).
(   ) Please remit proceeds to us by airmail transfer/ telegraphic transfer.
(   ) Please credit proceeds to our account with you under advice to us by airmail/ TLX.
(   ) Please remit proceeds by T/T to:
          for credit to our account, quoting our Ref. No. under advice to us.
(X) Please authorise us to debit your head Office, Beijing, USD a/c with us by TESTED TELEX quoting our No. D010E206

For
XYZ INTERNATIONAL BANK, LTD.
18 PARK STREET,SINGAPORE

Stephen Chaplin
Authorized Signature

图 4-7　托收指示样本

《托收统一规则》明确指出,托收指示的重要性主要体现在以下三个方面。

其一,托收业务离不开托收指示,所有的托收业务必须附有一个单独的托收指示。

其二,代收行仅被托收指示中所载明的指示引导。

其三,代收行不从其他地方寻找指示,也没有义务审核单据以获得指示;即使个别单据上带有指示,银行也无须理会。

为避免引发托收各当事人之间的异议纠纷,托收指示除应包含 URC 522 第 4 条所规定的内容外,还应同时注明 "This collection is subject to Uniform Rule for Collection – 1995 Revision ICC. Publication No. 522."(本项托收业务按照国际商会的第 522 号出版物的规定办理)。

案例 4-5

案情:

我国 C 公司与日本 D 公司签订一份工艺品买卖合同,合同中规定为 30 天承兑交单。而代收行收到的托收指示中的交单方式为即期付款交单。代收行按照托收指示的要求向 D 公司提示付款时,D 公司以合同相关款项为由要求代收行按 30 天承兑交单办理。请问:代收行应如何处理?假如 D 公司接受了即期付款交单这一条件,付款并提货后,发现单据所描述的货物与实际收到的货物不符,要求银行退款,代收行又该如何处理?

分析:

根据《托收统一规则》第四条第 a 款的规定:"在托收指示中,除非另有授权,银行将不理会除收到委托的当事人/银行以外的任何当事人/银行的任何指示。"因此,代收行只能根据托收指示中的即期付款交单方式办理。

在托收方式中,代收行只是受委托收款,没有责任对货物的质量、合同的履行负责。因此在本案中,即便 D 公司对实际收到的货物有异议,代收行也没有责任和义务进行赔偿或退回货款,D 公司应进行有关的商务纠纷诉讼以维护自身的权益。

三、托收汇票

托收汇票(Collection Bill/Draft)是指在托收业务中所使用的汇票。托收种类不同,在实际业务操作中对汇票的使用情况也不尽相同。在即期付款交单的方式下,托收汇票并不是必要单据,为了避免负担印花税可以以商业发票代之。这时应注意,要在发票上加列交单方式,以便代收行掌握和日后查考。然而,如果采用的是远期付款交单或承兑交单方式,则汇票是必不可少的。

通常情况下,托收汇票即为跟单的商业汇票,它除了具备一般汇票的 8 个必要项目外,还应加注交单条件(在付款期限前注明 D/A 或 D/P)、出票条款(通常以 "Drawn against shipment of (merchandise) for collection" 为固定格式),以表明开立汇票的原因。托收汇票也是一式两份,并具有同等的法律效力。

在托收业务中,托收汇票的出票人为委托人或出口商,其主动签发汇票委托银行向进口商收款;付款人为进口商,因托收汇票的签发依赖的是进口商的商业信用,所以其属商业汇票;而收款人则有三种情况,可以是出口商,可以是托收行,也可以是代收行。换句话说,托收汇票可以是委托人抬头、托收行抬头和代收行抬头。

(一) 委托人或出口商是 Payee 的托收汇票

委托人或出口商是 Payee 的托收汇票样本如图 4-8 所示。

```
Exchange for USD 6000.00                         Hong Kong 6 June, 2020.
At sight pay this first bill of exchange (second unpaid) to the order of ourselves the sum of
USD six thousand.
Drawn against shipment of(merchandise)for collection.
To buyer or importer
London.                                          For seller or exporter
                                                              Hong Kong.
                                                              Signature
```

图 4-8 委托人或出口商是 Payee 的托收汇票样本

此时,委托人向托收行提交全套单据时应作成空白背书;托收行将单据寄给代收行时,则应将代收行作为被背书人,作成托收背书,如图 4-9 所示。

```
(汇票背面)
            Seller's name, place
                  signature              (第一环节)

For collection
Pay to the order of
Collecting Bank, place
                                For Remitting Bank, place
                                          signature         (第二环节)
```

图 4-9 委托人或出口商是 Payee 的托收汇票背书

该汇票的流通过程如图 4-10 所示。

图 4-10 委托人或出口商是 Payee 的托收汇票流通过程

(二) 托收行是 Payee 的托收汇票

托收行是 Payee 的托收汇票样本如图 4-11 所示。

```
Exchange for USD 6000.00                         HongKong 6 June, 2020.
D/P     At 30 days sight pay this first bill of exchange (second unpaid) to the order of
remitting bank              the sum of USD six thousand only.
Drawn against shipment of (merchandise) for collection.
To buyer or importer
London.                                          For seller or exporter
                                                              Hong Kong.
                                                              Signature
```

图 4-11 托收行是 Payee 的托收汇票样本

此时,如寄单,托收行则应作成托收记名背书将汇票背书给代收行,如图 4-12 所示。

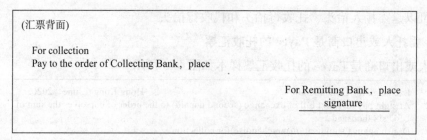

图 4-12　托收行是 **Payee** 的托收汇票背书

该汇票的流通过程如图 4-13 所示。

图 4-13　托收行是 **Payee** 的托收汇票流通过程

（三）代收行是 **Payee** 的托收汇票

代收行是 Payee 的托收汇票样本如图 4-14 所示。

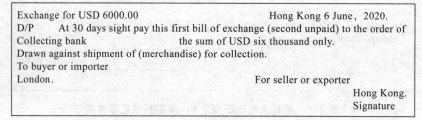

图 4-14　代收行是 **Payee** 的托收汇票样本

此时，委托人和托收行都不是持票人（收款人），所以无权也不需要当事人背书，仅由委托人将汇票提示托收行寄交给代收行即可。

该汇票的流通过程如图 4-15 所示。

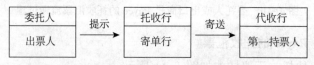

图 4-15　代收行是 **Payee** 的托收汇票流通过程

四、运输单据

由于在托收结算方式下，银行只是受托办理有关款项的转移手续，并不提供银行信用，所以该结算方式是建立在商业信用之上的。按照惯例，银行应该尽量避免过多地介入与款项无关的事项中，如提货、保管货物等。

因此，按照 URC 522 第 10 条的规定，托收业务中的运输单据的缮制和处理应该遵循以下惯例。

第一，未经银行事先同意，货物不得以银行的地址直接发送给该银行，或者以该行为收货人或者以该行为抬头人。然而，如果未经银行事先同意而将货物以银行的地址直接发送给了该银行,或以该行做了收货人或抬头人,并请该行凭付款或承兑或凭其他条款将货物交付给付款人,该行将没有提取货物的义务,其风险和责任仍由发货方承担。

第二,银行对与跟单托收有关的货物即使接到特别指示也没有义务采取任何行动,包括对货物的仓储和保险,银行只有在个案中同意这样做时才会采取该类行动。

第三,无论银行是否收到指示,它们为保护货物而采取措施时,银行对有关货物的结局和(或)状况和(或)对受托保管和(或)保护的任何第三方的行为和(或)疏漏概不承担责任。但是,代收行必须毫不延误地将其所采取的措施通知对其发出托收指示的银行。

第四,银行对货物采取任何保护措施所发生的任何费用和(或)花销将由向其发出托收的一方承担。

因此,通常在实际操作中,出口商为保证在进口商未承兑/付款的情况下对货物的控制,托收项下的运输单据应作成空白抬头、空白背书,而不应该作成银行或银行的指定人抬头,又或者进口商抬头。

案例 4-6

案情:

某年3月11日,我国甲公司与印度尼西亚乙公司签订一笔2万美元的出口合同,乙公司要求以 D/P at sight 为付款方式。在货物装船起运后,乙公司又要求国内出口商甲公司将提单上的托运人和收货人均注明为乙公司,并将海运提单副本寄给他方。货到目的港后,乙公司便以暂时货款不够等原因不付款赎单,要求出口商将付款方式改为 D/A,并允许他先提取货物,否则就拒收货物。由于提单的收货人已记名为乙公司,甲公司无法将货物再转卖给其他客户,只能答应其要求。然后乙公司又以货物是自己的为由,以保函和营业执照复印件为依据向船公司凭副本海运提单办理了提货手续。货物被提走转卖后,乙公司不但不按期向银行付款,而且再也无法联系上。至此,国内出口商甲公司货、款两空。

分析:

在本案中,印度尼西亚乙公司要求甲公司将提单上的托运人和收货人都注明为乙公司,这就使得该提单只能由乙公司提货,不能再用背书的方式转让给第三者,也就是无法流通,该批货物即使有别的客户想要,也提不了货。而且将托运人都写成乙公司,那么连要求船公司把货物退运给甲公司都不可能了。实务中,只有提单上的托运人才是与承运船公司达成运输契约的契约方,船公司依合同向托运人负责,并按托运人的指示将货物交给收货人或正本提单的持有人。同时,提单只有在托运人背书后才发生物权的转移,因此提单上的托运人应为国内出口商甲公司或其贸易代理,而不能是任何第三方,更不能是货物的进口商。一旦货物的进口商成为海运提单的托运人,即意味着货物的所有权发生了转移,此时,出口商便失去了对进口商必须付款的制约。很明显,在本案中,出口商甲公司即便持有正本提单也已然丧失了对货物的控制权。

第四节　托收在国际贸易结算中的应用

托收结算方式与汇付结算方式一样，都属于商业信用。也就是说，在国际贸易中，进口商能否取得合同规定的货物，出口商能否按期收到合同所规定的货款，完全取决于对方的资信，没有第三方的保证。

但是，相对而言，托收要比汇付安全。首先，对于出口商而言，进口商必须在承兑/付款后才能掌握货权，所以托收能够更好地保障出口商控制货权、安全收回货款，比货到付款或赊销要安全得多。其次，对于进口商而言，当其被提示单据时，说明出口商已经按照合同要求装运了货物，此时的付款或承兑比预付货款更有保障。此外，虽说在托收项下，进出口商的资金负担依然不平衡，但是银行可以采取多种方式对出口商和进口商给予资金融通。

一、对出口商的融资

按照托收结算的业务操作流程来看，出口商的资金负担较重，因为在进口商支付货款之前，货物所占用的资金全部由出口商承担。但是，应该注意到，在进口商支付货款之前，货物的所有权依然是属于出口商的，所以出口商可以凭物权单据向银行申请融资。

（一）托收出口押汇

托收出口押汇（Collection Bill Purchased）是指托收行有追索权地向出口商购买跟单汇票及（或）装运单据的行为，是银行向出口商提供资金融通的一种方式。换个角度而言，托收出口押汇就是出口商在采用托收结算方式时，将单据交付出口地托收行，在货款收回前，要求托收行先预支部分或全部货款，待托收款项收妥后再归还银行垫款的一种贸易融资方式。

具体来说，当出口商在提示汇票及（或）单据委托银行办理托收时，即可要求托收行叙作押汇。托收行在对进出口商的资信、经营作风等进行评估之后，如果认为此笔交易的销售情况良好，即可将出口商开立的跟单汇票以及所附商业单据作为质押，并按照汇票面额酌情贷给出口商一定比例甚至全部的票款，在扣减从付款日到估计收到票款日的利息及银行手续费之后，将净额付给出口商。此时，托收行则成为跟单汇票的持票人。然后，托收行将跟单汇票寄交进口地的代收行，委托其代收票款。等到代收行收妥款项后，将头寸拨给托收行，以归还托收行叙作托收出口押汇业务所垫付的款项。

可见，托收出口押汇可以让出口商在进口商支付货款之前，提前从银行处获得一定比例的货款，从而得到资金融通。但是，由于托收出口押汇是凭进出口商的资信，尤其是进口商的商业信用好坏而决定是否给予或给予多少资金融通的，所以银行叙作托收出口押汇实际上是将原本由出口商承担的风险转移给了托收行，银行将由此承担较大的风险。如果进出口商是关联公司，还应考虑两者是否存在合谋套取银行资金的嫌疑，所以银行方应该更加谨慎。

在国际结算实务中，托收行一般不愿意做托收出口押汇，即便要做，也会提出一些严格的要求，比如进口商必须资信良好、押汇单据必须是全套货运单据、必须取得出口信用保险、出口货物必须畅销等。此外，托收行还会要求收取较高的押汇利息和相关手续费用。为了保障托收行权益，如果托收遭到进口商的拒付，银行可向出口商索回贷款。如果无法索回贷款，银行则有权根据跟单汇票处理货物。

(二) 出口贷款

出口贷款（Advance against Collection）是指出口商在其流动资金不足的情况下，可以要求托收行发放少于托收金额的贷款，待其到期时偿还。此举相当于以部分货款做押汇，但与押汇还有一定区别。

(三) 融通汇票贴现融资

使用融通汇票贴现融资（Accommodation Bill for Discount）时，出口商须事先与托收行或其他银行订立承兑信用额度协议（Acceptance Credit Agreement），货物出运后，出口商开立一张远期融通汇票，以订立协议的银行（托收行）为受票人，以出口商为出票人和收款人，票面金额略低于托收汇票，而期限则略长于托收汇票，并以托收跟单汇票为融通汇票的质押品一并交予托收行。托收行在对融通汇票进行承兑后，交送贴现公司贴现，出口商便可立即得到净款融资。此后，托收行再将托收跟单汇票寄交代收行，代收行收取货款后汇交托收行备付融通汇票到期日应付给贴现公司的票款。

二、对进口商的融资

在托收结算方式下，进口商的资金负担相对来说要小得多，尤其是在承兑交单的方式下，进口商仅凭承兑汇票即可从银行获得包括提单在内的全套单据，并凭单提货销售。待到到期日，用销售所得款项支付出口商货款即可，而无须另筹资金，这其实相当于出口商对进口商提供了全额资金融通。然而，由于承兑交单对出口商的风险较大，所以在大多数国际贸易合同中不会采用，此时，进口商如果需要融资，可以考虑以下几种方式。

(一) 信托收据融资

信托收据（Trust Receipt，T/R）也称留置权书或信托证，通常是指进口商在向提供融资的银行借取货运单据时所提供的书面信用担保凭证。作为进口商与提供融资的银行（通常是代收行）所签署的协议，信托收据实际上是进口商将货物抵押给银行的确认书，协议表明进口商将作为银行的代理人（委托人）为银行处理货物，其实也就是进口商在付款前就可以先行提货进行加工、销售或转卖，但是由此所获得的利益应优先用于偿还银行融资，换回信托收据。

在国际贸易信托收据融资方式下，银行（通常是代收行）允许进口商在对托收未付款之前，向代收行提交信托收据，成为受托人或被信任人（Trustee）；代收行接受并据此借出单据后，即成为信托人（Trustor）。由此，进口商便可凭借出的货运单据先行提货，以便出售，待收回货款后再偿还代收行并赎回信托收据，从而减少了资金负担。该方式可视为托收业务中远期付款交单的一种变通——远期付款交单凭信托收据借单（D/P at ×× days after sight to issue trust receipt in exchange for documents，D/P，T/R），主要适用于付款期限迟于货物到达目的地的时间或进口商想提前赎单提货而资金不足等情况。

由于信托收据融资是代收行对进口商提供资金融通方便的一种方式，所以凭信托收据提取的货物的所有权仍属银行。作为代管和处理货物的被信托人，进口商需履行以下义务。

其一，将信托收据项下的货物和其他货物分开保管，其物权属代收行，货物一旦出险，保险所得赔偿应归代收行。

其二，货物售出所得的货款应属于代收行，若"D/P ××天"尚未到期，该款项应由代收行保管或另立账户与进口商的自有资金分开，或要求赎回信托收据并办理"D/P ××天"的提前付款，利息问题可与代收行协商解决。

其三，不得将信托收据项下的货物抵押给他人，因为在未付款前，货物的所有权并不属于进口商。通常，为妥善起见，代收行在借出单据时，应在提单上加注"UNDERLIEN TO THE ×× BANK"，表示该银行对货物持有留置权，并且进口商需随时接受代收行对货物的监督与查看。

而作为信托人的代收行，则享有以下权利。

其一，可以随时取消信托，收回借出的商品。

其二，如商品已被售出，可以随时向进口商收回货款。

其三，如进口商倒闭破产清理，则代收行对该信托收据项下的货物和货款有优先债权。

在实务中，代收行对是否接受进口商提供的信托收据为其办理融资业务持谨慎态度，往往会视其资信、往来关系而定，必要时还会同信贷部门研究后，再由高层领导批示。凭信托收据借单的业务流程如图4-16所示。

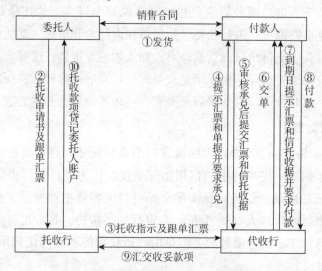

图4-16　凭信托收据借单的业务流程

办理信托收据融资业务时需要注意：如果出口商主动授权银行可以凭信托收据借单对进口商提供资金融通，并在托收指示上注明"远期付款交单凭信托收据借单"（D/P, T/R），代收行则可以按照托收指示上的这一交单条件办理，由此产生的后果和风险由该出口商自行承担。但是，如果出口商和托收行都未曾在托收申请书和托收指示中允许这一融资条件，而是代收行自己想为本国进口商提供融资，同意其凭信托收据借单获得融资的话，因此而产生的一切后果和风险便由代收行负责。所以，代收行不但要审慎考虑是否接受信托收据借单融资，而且一旦借出单据，还应该加强对货物存仓、保险、出售、收款直至进口商收回信托收据等全过程的监管，否则，万一进口商借出单据后未能按时付款，银行将货、款两空。

案例 4-7

案情：

我国某贸易有限公司向国外某客商出口货物一批，合同规定的装运期为 6 月份，D/P 支付方式付款。合同订立后，我方及时装运出口，并收集好一整套结汇单据及开出以买方为付款人的 60 天远期汇票委托银行托收货款。单据寄抵代收行后，付款人办理承兑手续时，货物已到达目的港，且行情看好，但付款期限未到。为及时提货销售取得资金周转，买方经代收行同意，向代收行出具信托收据借取货运单据提前提货。不巧，在销售的过程中，因保管不善导致货物被火焚毁，付款人又遇其他债务问题而倒闭，无力付款。问：在这种情况下，责任应由谁承担？为什么？

分析：

代收行应赔偿出口商的损失。理由是：出口商与进口商之间的合同约定的是远期付款交单方式结算贸易货款。严格按付款交单的要求，则代收行只能在进口商支付了货款后，才能将单据交给进口商提货。但在本案中，代收行未经出口商的同意，就允许进口商以信托收据方式借取提单提货销售。对此，代收行就应承担对货物的责任。出现题目中所说明的情况，则代收行只能自己承担向出口商赔偿的责任。

案例 4-8

案情：

我国 A 公司向日本 B 公司推销某产品，支付方式为"D/P 即期付款"。日本 B 公司答复：若支付方式改为"D/P 见票后 90 天"，并将 B 公司指定的日本 J 银行为代收行，则可接受我方要求，签订合同。请分析，日本 B 公司提出其要求的出发点何在？

分析：

日本 B 公司要求更改支付方式的目的显然是推迟付款，以利于其资金周转；而指定由日本 J 银行担任代收行，则是便于向该银行借得提单提货，以便早日获得经济利益。一般情况下，在远期付款交单业务中，代收行为了避免不必要的纠纷，在未经委托人授权的情况下，是不会轻易答应进口商借单提货的。但本案中，日本 B 公司如此明确地提出由日本 J 银行担任代收行，显然彼此间有相应的融资业务关系，可取得提前借单提货的便利，以达到进一步利用我国 A 公司资金的目的。

（二）融通汇票贴现融资

在托收业务中，为出口商办理的使用融通汇票贴现的融资方式，也可以用于为进口商提供资金融通。

实务中，进口商可事先与代收行或其他银行订立承兑信用额度协议，当进口商收到代收行的通知，要求其付款时，便开立一张远期融通汇票，以订立协议的银行（通常是代收行）为受票人，以进口商为出票人和收款人，要求代收行在对融通汇票进行承兑后，交送贴现公司贴现，进口商即可得到净款用来支付给代收行。待到融通汇票到期日，进口商再将提取的进口货物销售所得货款用来归还融通汇票到期的票款，从而获得资金融通。

本章小结

本章主要阐述托收这个国际结算的基本方式,对托收的定义、性质特点、种类流程、当事人的权责等都做了较为详尽的讲解。

托收,即委托收款,是债权人(出口方)出具汇票,委托银行向债务人(进口方)收取货款的一种结算方式。由于托收方式一般通过银行办理,所以又称为银行托收。托收与汇付一样,属于商业信用的范畴。相比采用顺汇方法的汇付而言,在托收方式中,资金的流向与支付工具的传递方向相反,故称其采用的是逆汇方式。托收业务中,需要具备委托人、托收行、代收行和付款人四方基本当事人。有时,托收方式还可能涉及提示行和需要时的代理。

在国际结算中,根据托收时是否向银行提交运输单据,可将托收分为光票托收和跟单托收两种类型。目前,国际贸易中货款的托收大多采用跟单托收。跟单托收按照交单方式的不同,又可以分为付款交单和承兑交单。付款交单根据付款期限的不同又可分为即期付款交单和远期付款交单。

国际商会编写并出版的第 522 号出版物《托收统一规则》(URC 522)是托收项下各当事人在办理国家间托收业务时应参考的一份重要文件,业已成为托收业务的国际惯例。由 URC 522 的表述和规定可见,托收要比汇付安全,但是进出口商之间的资金负担依然不平衡。为此,银行可以酌情以托收出口押汇、贷款、信托收据、融通汇票贴现等多种方式来满足贸易双方的资金融通需求。

关键名词解释

托收　托收行　代收行　托收申请书　托收指示　光票托收　跟单托收　付款交单　承兑交单　即期付款交单　远期付款交单　《托收统一规则》　托收汇票　托收出口押汇　信托收据

思考题

1. 什么是托收结算方式?它涉及哪些基本当事人?
2. 光票托收和跟单托收的主要区别是什么?对出口商而言哪种风险较大?
3. 承兑交单和付款交单哪一种对进口商更有利?
4. 远期付款交单和承兑交单有什么区别?
5. 什么叫信托收据融资?请描述其业务流程。

案例分析

案情:

某年国内 A 公司向南美 B 公司出口部分茶叶。合同规定的支付条款为"Payment by draft payable 30 days after sight, documents against acceptance."(凭见票 30 天到期的汇票付款,承兑交单)。A 公司按期办理好装运后,于 7 月 2 日向托收行办理"D/A 30 天"托收。8 月 20 日,A 公司收到托收行来电:"你方第×××号托收单据 7 月 13 日收到,我行当天已经向付款人提示,付款人承兑后并与当时收到全套单据。我行于 8 月 12 日提示要求付款,但 8 月

13日，付款人提出拒付，其理由是："商业发票不符合我当局有关规定，无法通关。"同一天，A公司也收到了买方类似的通知。由于B公司未在来电中说明合格的商业发票格式，A公司不得不查找该地区过去的合同当中要求的发票格式，缮制新的发票补寄。8月26日，买方B公司又来电："你方补寄的发票我方已经收到，但海关仍然不接受，因为发票上没有注明原产地。据了解，该货物在保税仓库期间的高昂保管费，已经接近货值的四分之一。如果你方不能弥补我方损失，我方将不能接受货物。"A公司经研究，为了避免更大的损失，只好愿意就降价问题与买方谈判，损失了20%的货款。最后通过其他途径才知道货物早就被买方提走，只因该公司近期亏损严重，无力付款，才采取这种办法抵赖货款。

分析：

在凭承兑远期汇票即可交单的托收方式下，进口商可以轻易取得货权，将导致出口商面临较大的风险。

首先，该案例采用了D/A托收的方式，完全是远期付款，买方只要在汇票上签字表示承兑就可以获得全套单据，并借此向船方提货，等到汇票到期日才需支付货款。这对卖方而言，风险是非常大的。

其次，在国际贸易结算实践中，很多外贸人员认为，托收方式下的制单似乎比信用证下的制单容易，因为约束要少得多。但实际上，由于托收的制单没有严格要求，无章可循，才恰好成为许多外国商人拒付的理由。因此，托收结算方式更加要求单证人员通晓各国有关单证方面的所有规定和惯例。

最后，采取D/A方式结算货款时，一定要重视对买方的资信调查。本案中的买方资信状况就很差，不但不明确告诉卖方他们国家所认可的合格发票格式，还据此实施了欺诈。

第五章

信用证

学习目标

理解信用证的含义、特点、内容及业务流程，了解信用证的当事人及其权利义务，掌握不同类型信用证的特征及用途，明确审证、改证的步骤及重要性；了解并熟悉《跟单信用证统一惯例》的内容，会理论联系实际，有效利用信用证结算方式来清偿国际间的债权债务关系。

第一节　信用证概述

国际结算方式中的汇付和托收都是以商业信用为基础的，而在实际的国际贸易活动中，由于买卖双方分属不同国家，相距遥远，彼此之间大多缺乏必要的信任。此时，无论采用汇付还是托收来进行结算，必然会将交易双方中的一方置于高风险的境地。于是，基于银行信用的信用证（Letter of Credit，L/C）结算方式便应运而生。该方式的出现，不但在一定程度上解决了买方担心预付款后卖方不按合同要求发货，而卖方又担心在发货或提交货运单据后买方却不付款的问题，还能让买卖双方获得银行的资金融通，从而促进了国际贸易的进一步发展。

一、信用证的基本概念及特点

19 世纪初，非现金支付亦即支付的票据化逐步流行开来。在现实生活中，银行为了便于出国旅游的人能够就地支取旅费、杂费而为之开立了基于银行信用的信函，旅行者持函便可到各地指定的代理行填写收据，凭证取款；代理行垫付款项后，即开立以开证行为受票人、代理行为收款人的汇票，开证行收到汇票后按票面金额向代理行偿付垫款及手续费用。这便是所谓的旅行信用证，也是信用证结算最早的使用方式。到了 19 世纪中叶，海上运输业对提单的使用，使得货物单据化；同时，保险、公证、检验等中介服务机构对保险单、检验证的使用，使得履约证书化，从而形成了现代意义上的信用证结算方式。

（一）信用证的定义

国际商会第 600 号出版物《跟单信用证统一惯例》（*Uniform Customs and Practice for Documentary Credits*，UCP 600）第二条对信用证的定义做了如下表述。"Credit means any arrangement, however named or described, that is irrevocable and thereby constitutes a definite undertaking of the issuing bank to honour a complying presentation." 意思是，信用证是指一项不可撤销的安排，无论其名称或描述如何，该项安排构成开证行对相符交单予以承付的确定承诺。

此处的"承付"（honour）是指：①如果信用证为即期付款信用证，则即期付款；②如果信用证为延期付款信用证，则承诺延期付款并在承诺到期日付款；③如果信用证为承兑信用证，则承兑受益人开出汇票，并在汇票到期日付款。

以上是 UCP 600 从法律的角度对信用证做出的严谨而完整的界定。国际商会对信用证所下的一般定义是这样的：信用证是银行一种有条件的付款承诺，具体而言，信用证是银行（开证行）根据申请人的要求和指示，向受益人开立的，在一定期限内凭规定的符合信用证条款的单据，即期或在一个可以确定的将来日期承付一定金额的书面承诺。

由此可见，一项约定如果具备了以下要素便可称为信用证。

其一，此约定是银行（开证行）开出的确定性承诺文件，代表着一种银行信用。

其二，此约定中，付款人（银行）承付的前提是相符交单。一旦收到受益人提交的符合约定的单据，付款人就必须履行付款责任。

其三，此约定中的付款承诺是不可撤销的。

（二）信用证的基本特点

根据《跟单信用证统一惯例》的表述，信用证应该贯彻独立和分离的原则，从而体现出三大特点。

1. 信用证是一种自足文件（Self-sufficient Instrument）

UCP 600 第四条规定："A credit by its nature is a separate transaction from the sale or other contract on which it may be based. Banks are in no way concerned with or bound by such contract, even if any reference whatever to it is included in the credit." 意思是，就其性质而言，信用证与可能作为其开立基础的销售合同或其他合同是相互独立的交易，即使信用证中含有对此类合同的任何援引，银行也与该合同无关，且不受其约束。

据此，信用证是与买卖合同相分离的独立性文件，它虽然以买卖双方签订的买卖合同为基础，但并不依附于贸易合同而存在。信用证一经开出并被受益人接受，即成为独立于买卖合同以外的另一种契约，不受原贸易合同的约束。"因此，银行关于承付、议付或履行信用证项下其他义务的承诺，不受申请人基于其与开证行或受益人之间的关系而产生的任何请求或抗辩的影响。受益人在任何情况下不得利用银行之间或申请人与开证行之间的合同关系。"简而言之，银行只对信用证负责，按信用证的规定办事，对交易合同没有审查和监督执行的义务，即便交易合同发生了变更甚至失效，都不会影响信用证的效力。"开证行应劝阻申请人试图将基础合同、形式发票等文件作为信用证组成部分的做法"。

所以，鉴于信用证是独立于买卖合同的自足性文件这一特点，开证申请人应该具备将贸易合同上的条款全部转化为开证申请书条款的基本技能。

2. 开证行承担第一性付款责任（Primary Liabilities for Payment）

信用证提供的是一种银行信用，开证行需承担第一性付款责任。只要受益人根据信用证条款，按时提交了符合信用证规定的各种单据，且"单单一致，单证一致"，开证行就必须付款。也就是说，开证银行一旦开立了信用证，就以自己的信用做出了独立付款的保证，其付款并不以开证申请人（进口商）的付款为前提。

根据 UCP 600 第七条的规定，当信用证为以下情形之一时，开证行负第一性付款责任。

（1）信用证规定由开证行即期付款、延期付款或承兑。

（2）信用证规定由指定银行即期付款，但其未付款。

（3）信用证规定由指定银行延期付款，但其未承诺延期付款，或虽已承诺延期付款，但未在到期日付款。

（4）信用证规定由指定银行承兑，但其未承兑以其为付款人的汇票，或虽然承兑了汇票，但未在到期日付款。

（5）信用证规定由指定银行议付，但其未议付。

需要注意的是，开证行对受益人的付款是终局性的，没有追索权。

3. 信用证业务是纯单据业务（Pure Documentary Transaction）

UCP 600 第五条规定："Banks deal with documents and not with goods, services or performance to which the documents may relate." 意思是，银行处理的是单据，而不是单据可能涉及的货物、服务或履约行为。也是就说，在处理信用证业务时，银行仅以受益人提交的单据是否与信用证条款相符为付款的依据，而并不过问货物的真实情况。

UCP 600 第三十四条规定："银行对任何单据的形式、充分性、准确性、内容真实性和虚假性或法律效力，或对单据中规定或添加的一般或特殊条件，概不负责；银行对任何单据所代表的货物、服务或其他履约行为的描述、数量、重量、品质、状况、包装、交付、价值或其存在与否，或对发货人、承运人、货运代理人、收货人、货物的保险人或其他任何人的诚信与否、作为或不作为、清偿能力、履约或资信状况，也概不负责。"

在实务中，银行虽有义务小心合理地审核一切单据，严格要求"单单一致，单证一致"，但这种审核，只是用以确定单据表面上是否符合信用证条款。如果受益人提交的单据表面上并不符合信用证的规定，开证行是有权拒付货款的。因此，信用证交易可谓将合同的货物交易转变成了只管单据是否相符的单据交易。如果进口商付款后发现货物有缺陷，可凭单据向有关责任方提出损害赔偿要求，而与银行无关。

二、信用证业务的当事人及其权利义务关系

信用证业务所涉及的当事人可分为基本当事人和其他当事人两大类。

（一）基本当事人

信用证一般是开证行应开证申请人的请求开立给受益人的，因此，开证申请人（Applicant）、开证行（Issuing Bank）和受益人（Beneficiary）应为三大基本当事人。

1. 开证申请人

开证申请人是指向银行提出申请开立信用证的人，通常是国际贸易合同中的买方，即进口商。实务中，当交易双方约定采用信用证方式进行结算时，买方则有义务按合同规定向银

行申请开立信用证，从而成为开证申请人。

开证申请人同时受到贸易合同和信用证业务代理合同的约束，其权利和义务可归纳如下。

（1）开证申请人必须履行根据贸易合同在合理的时间内向银行申请开立信用证的义务。而且，所开立的信用证内容应与合同内容严格相符。若受益人审证时发现不符点并提出修改，开证申请人还应履行对信用证进行必要修改的义务。

（2）开证申请人应根据开证行的要求交付开证押金或进行质押，并承担在接到开证行的单到通知后立即向开证行付款赎单的责任。如果开证行因故（如破产倒闭）不能向受益人付款，开证申请人依旧负有向受益人付款的责任。

（3）在跟单信用证业务中，单据尤其是货运提单是代表物权的，买方与卖方签订合同和开立信用证的目的都是得到代表物权的单据，从而最终获得合同项下所记载货物的所有权。因此，开证申请人有得到合格单据的权利，如果受益人提供的单据与信用证不符，开证申请人有权拒付。

此外，根据信用证的欺诈例外原则（Fraud Exception Principle），只要开证申请人有确凿的证据证明受益人的欺诈行为，在不损害第三方利益和开证行未付款或承兑的前提下，即使受益人提供了符合信用证要求的全套单据，开证申请人也有权请求银行拒付，或请求法院通过支付令强制银行停止对信用证的支付。

2. 开证行

开证行是根据开证申请人的要求和指示为其开立信用证的银行。由于在国际贸易合同中，一般要求进口商开立信用证，所以开证行多为进口商所在地银行。开证行受到其与开证申请人之间的付款代理合同、与受益人之间的信用证和与通知行或指定银行之间的代理协议的三方约束，并以自己的名义对信用证下的权利和义务负责。

（1）开证行必须严格按照开证申请书的要求开立信用证。开证申请人通过填写并提交开证申请书与开证行之间建立合同关系，所以开证行必须严格按照申请人的指示准确、及时地开立信用证，并有权收取押金或取得质押。如果开证行开立了与开证申请书内容不符的信用证，那么它将承担由此而产生的一切后果。为此，开证行往往在开证申请书中规定一些免责条款，以尽量减轻因信用证与开证申请书不符而应承担的责任。UCP 600 对开证行的免责做出了相应的规定，对于开证行而言，其开立的信用证也不应违背 UCP 600 的要求。

（2）开证行一旦开出信用证，便不可撤销地受到该证的约束，而承担第一性的付款责任。换句话说，只要交单与信用证规定相符，开证行就必须承付。在有指定议付行的情况下，受益人将相符单据提交至该行，开证行的承付责任即已确立，而无须以该行执行开证行的指示为前提。在实务中，即便开证申请人倒闭或无力付款，开证行的付款责任也不能改变。而且，开证行的付款是终局性的，一经付出，不得再向受益人追索。

（3）开证行有审核和保管单据的义务。在承兑、付款前，开证行有权对受益人提交的单据进行严格仔细的审核，以确定其是否符合信用证所规定的条件。需要注意的是，开证行仅基于单据本身确定其是否在表面上构成相符交单。UCP 600 规定，银行对任何单据的形式、完整性、准确性、真实性、虚假性或法律效力等均不负责任。在审单、兑付货款期间，开证行作为受益人的受托人，有责任妥善保管单据，并对单据的残缺、改动或损坏等负责。同时，在占有单据期间，开证行不得擅自处理单据。

(4) 开证行对符合信用证规定的单据进行付款后,有权从开证申请人处获得偿付。如果开证申请人破产、无力支付或拒付,开证行则有权处理单据或货物,而且万一售得货款并不足以抵偿其垫款,开证行还有权再向进口商索取不足部分。但若因开证行错开信用证或错误地兑付了单证不符的单据,那么开证申请人有权拒绝偿付。

案例 5-1

案情:

我国某公司向外国某商进口一批钢材,货物分两批装运,支付方式为不可撤销即期信用证,每批分别结算,由中国银行开立一份信用证。第一批货物装运后,卖方在有效期内向银行交单议付,议付行审单后向出口商议付货款,中国银行也对议付行进行了偿付。我方在收到第一批货物后,发现货物品质不符合合同规定,要求开证行对第二批货物的单据拒绝付款,但遭到开证行拒绝。

分析:

开证行的拒绝是有道理的。在本案中,开证行是遵守信用证支付原则,还是按买方要求执行,成为案情分析的焦点。本案货物买卖的支付方式为不可撤销即期信用证,根据《跟单信用证统一惯例》的规定,信用证是指一项不可撤销的安排,无论其名称或描述如何,该项安排构成开证行对相符交单予以交付的确定承诺。银行关于承付、议付或履行信用证项下其他义务的承诺,不受申请人基于与开证行或与受益人之间的关系而产生的任何请求或抗辩的影响。可见,信用证一旦开出,便独立于买卖合同,银行只对信用证负责,只要卖方提交了符合信用证规定的单据,在"单单一致,单证一致"的条件下,银行就必须履行无条件付款的义务。为此,开证行拒绝对第二批货物的交单不予付款的要求是合法、合理的。

3. 受益人

受益人是指信用证所指定的有权使用该证并享受其利益的人,通常是买卖合同中的卖方,即出口商。受益人受其与开证申请人之间的贸易合同和与开证行之间的信用证的双重约束。其权利和义务可总结如下。

(1) 受益人有权决定是否接受及要求修改信用证。受益人收到信用证后,应仔细审核信用证内容,确定其是否与合同条款相符,如有不符之处,则有权要求开证申请人指示开证行修改信用证。如果开证申请人拒绝修改或修改后仍有无法接受的不符点,受益人则有权拒绝受证,甚至可据此单方面撤销合同,并提出索赔。

(2) 受益人权利的兑现须以提交相符单据为前提。受益人的行为受到贸易合同和信用证的约束,所以其应按合同条款发货、缮制相应的单据并在信用证规定的期限内向指定的银行进行提交,做到"单单一致,单证一致"。只要交单相符,受益人就有取得货款的权利。当受益人交单后,如遇开证行对相符单据拒付,则其有权向开证行提出质疑并要求赔偿损失;如系交单不符,则应在交单截止日之前及时修改单据并再次提交;如果开证行倒闭,可直接向开证申请人提出付款要求;如遇开证申请人和开证行一起倒闭,则有权行使留置权、扣货并行使停运权。

(二) 其他当事人

在实际业务中,采用信用证方式进行国际结算还可能涉及通知行(Advising Bank)、议付行（Negotiating Bank）、保兑行（Confirming Bank）、付款行（Paying Bank）和偿付行（Reimbursing Bank）等。

1. 通知行

通知行是指受开证行的委托，将信用证通知受益人的银行，一般是开证行在受益人当地的代理行或分支机构。

收到开证行开立的信用证后，通知行应合理、谨慎地审核所通知信用证的表面真实性（如核对印鉴或密押），并根据开证行的要求缮制通知书，及时、准确地通知受益人。信用证及其任何修改都可以经由通知行通知受益人，通知行通知信用证或修改的行为表明其已确信信用证或修改的表面真实性。也就是说，通知行应根据其与开证行之间的代理合同来开展业务，接受开证行的指示及时传递信用证信息并证明其真实性。此外，除非保兑，通知行不承担任何承兑或付款等责任。

UCP 600 规定，通知行也可以通过另一家银行——第二通知行，来向受益人通知信用证及修改。通知行有权向开证行收取通知信用证或修改的手续费。

2. 议付行

议付行是指根据开证行的授权指示买入或贴现受益人所提交的符合信用证要求的汇票、单据的银行。

UCP 600 规定，议付意为被指定银行在其应获得偿付的银行日或在此之前，通过向受益人预付或者同意向受益人预付款项的方式购买相符交单项下的汇票（汇票付款人为被指定银行以外的银行）及（或）单据的行为。开证行可以在信用证中明确指定一家银行作为议付行，也可以规定由任何银行自由议付。一般情况下，议付行可由通知行兼任，或者由受益人在当地的往来银行充当。只有在单证相符的前提下，议付行才能议付。议付后，议付行应将议付金额、日期、受益人发票号码等有关信息记录在信用证背面，该行为称作"背批"，其目的是防止超额或重复使用信用证。由于议付可以追索，如议付行议付后无法从开证行处获得偿付，可以向受益人追索已垫付的货款。

3. 保兑行

保兑行意指应开证行的授权或请求对信用证加具保兑的银行。具体而言，就是出口国或第三地的某家银行在开证行的请求下，在信用证上加注保兑条款，表面与开证行一样，对受益人所提示的符合信用证规定的汇票、单据负有付款、承兑的责任。可见，保兑信用证下的受益人可获得开证行和保兑行的双重独立付款保证。在实务中，保兑行通常由通知行兼任。

UCP 600 第八条 b 款指出：自为信用证加具保兑之时起，保兑行即不可撤销地受到兑付或者议付责任的约束。保兑行付款后，只能向开证行索偿。若开证行无理拒付或无力偿还，保兑行亦无权向受益人或者被指定银行追索。无论开证行发生什么变化，保兑行都不能片面撤销其保兑责任。

应该明确，被邀请保兑的银行有权决定是否对信用证进行担保，如果其决定不接受开证行的指示对信用证加具保兑，则应立即毫不延迟地通知开证行。相应的，UCP 600 规定，未经开证行授权或要求而对信用证加具保兑的银行，不是 UCP 600 所定义的保兑行，将不受 UCP 600 的保护。

4. 付款行

付款行是开证行的付款代理人，是获得开证行的授权进行信用证项下付款或承兑并支付受益人所出具的汇票的银行。通常，付款行就是开证行。当开证行在信用证中指定另一家银行作为付款行时，由于该被指定的付款行本身并未做出付款承诺，因此在开证行资信不佳的情况下，该行有权拒绝代为付款。但是，付款行一旦接受开证行的委托，并代为付款，便不得向受益人追索，而只能向开证行索偿。付款行有权根据其与开证行的代理合同或代付约定向开证行取得偿付，并收取因为付款而发生的一切费用。如果信用证条款不清，付款行有权予以公平、合理的解释，其解释对开证行亦具约束力。

5. 偿付行

偿付行是开证行在信用证中指定的代其对议付行或付款行进行偿付（清偿垫款）的银行。通常情况下，偿付行是信用证结算货币清算中心的联行或者代理行，主要为了头寸调拨的便利而设置。

偿付行相当于开证行的出纳行，受益人提交的单据正确与否并不构成其偿付的依据，因此索偿行无须向偿付行提供与信用证条款相符的证明。在指定偿付行的情况下，索偿行在向偿付行邮寄索偿书的同时，可向开证行寄单，开证行审单后若发现单证不符，有权向索偿行追回已经偿付的款项，但不得向偿付行追索。

实务中，偿付行的费用以及利息损失一般由开证行承担。然而，如果费用由受益人承担，开证行则有责任在信用证和偿付授权书中予以注明，且该费用应在偿付时从支付索偿行的金额中扣除。如果没有发生偿付，开证行仍有义务承担偿付行的费用。此外，如果偿付行未能于首次索偿时即进行偿付，则开证行不能解除其自身的偿付责任。

综上，可总结出信用证结算的基本流程，如图 5-1 所示。

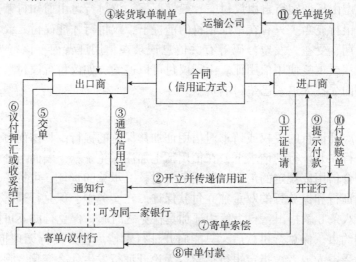

图 5-1　信用证结算流程

（资料来源：汇率网）

第二节　信用证的类型

信用证种类繁多，每种信用证都各具特色。从不同的角度可以将信用证划分出不同的种类，一份信用证可以兼具多种信用证的特征。例如，一份信用证可以同时具备即期的、加具保兑的、可转让的、可循环的特征。每一种信用证都是与进出口业务的实际需要紧密联系的，在实务中应注意根据需要进行选择。

一、按是否随附单据划分

按是否随附物权单据可将信用证分为光票信用证与跟单信用证。

（一）光票信用证

光票信用证（Clean Credit）是指开证行开立的仅凭受益人开具的汇票或简单收据付款的信用证。不附代表物权的货运单据或仅要求附带发票、垫款清单等非货运单据的，都可称为光票信用证。

由于光票信用证不要求附货运单据，所以进口商无法通过各种单据对货物的交付、质量、数量等予以控制，会承受较大的风险。同时，开证行也无法利用货运单据来防范垫款的风险。而对于出口商而言，则可以在接到信用证时立即按照信用证的要求开立汇票或收据请求银行议付或付款，利用光票信用证来达到预先支取货款的目的。可见，光票信用证下的风险承担非常不平衡，所以在国际贸易中较少使用，其主要功能也日益被旅行支票和信用卡取代。目前，光票信用证主要用于贸易总公司与各地分公司之间的货款清偿、贸易从属费用及非贸易费用的结算。

（二）跟单信用证

跟单信用证（Documentary Credit）是指开证行开立的凭跟单汇票或仅凭单据付款的信用证。此处的单据是指能够代表货物所有权的单据（如海运提单）或能证明货物已经交运的单据（如铁路运单、航空运单、邮包收据、保险单等）。

国际贸易结算中使用的绝大多数是跟单信用证。跟单信用证的核心就是单据，银行通过掌握物权单据来掌握货权，通过转移物权单据来转移物权，根据单据提供贸易信贷，保证付款。由此，在某些欧洲国家，为免付汇票印花税，即期信用证可凭发票和提单代替汇票作为付款的依据。

二、按是否有银行加具保兑划分

按是否有银行加具保兑可将信用证划分为保兑信用证和不保兑信用证。

（一）保兑信用证

保兑信用证（Confirmed Letter of Credit）是指开证行开出的，由另一家银行保证对符合信用证条款规定的单据履行付款义务的信用证。而这另一家银行则称为保兑行。这意味着保兑行在开证行的承诺之外又以自己的名义做出承付或议付相符交单的确定承诺。如此一来，信用证的受益人便获得了开证行和保兑行的双重付款保证。

通常，在国际贸易结算中，信用证受益人会考虑到信用的分级和开证行的金融地位，如遇非一流银行的开证，或中小银行的开证，抑或开证行所在国家有政治、经济风险时，则会要求开证申请人请求开证行邀请知名大银行、受益人熟悉的银行或另一家位于进口国以外的银行对信用证加以保兑。有时，开证行意识到自己资信不够，还会主动授权他行加具保兑。实务中，保兑行一般是通知行，有时根据需要也可以由出口地其他银行或第三国银行担当。

对于开证行要求加具保兑的授权或要求，另一家银行可以不予照办，但必须毫无延误地通知开证行。如果同意对信用证进行保兑，则应在信用证上进行批注或盖章，并由有权人签字确认。一经保兑，保兑行即与开证行同责，都应承担第一性的付款责任，保兑行付款后对受益人或其他前手银行均无追索权。

（二）不保兑信用证

不保兑信用证（Unconfirmed Letter of Credit）是指开证行开出的，没有另外一家银行加具保兑的信用证。也就是说，和普通信用证一样，不保兑信用证仅由开证行承担第一性的付款责任。当前国际上使用的大多是不保兑信用证，因为只要开证行信誉良好，付款便是有保证的，而加具保兑只是在特殊情况下的变通做法。

三、按交单兑付方式划分

UCP 600 第六条 b 款规定："信用证必须规定其是以即期付款、延期付款、承兑还是议付的方式兑用。"由此，受益人在交单给银行办理结算时，根据兑付方式的不同，可将信用证分为即期付款信用证、延期付款信用证、承兑信用证和议付信用证。

（一）即期付款信用证

即期付款信用证（Sight Payment Credit）是开证行或指定银行凭受益人的相符交单立即付款的一种信用证。其条款一般为"本信用证可以在开证行（或被指定银行）即期付款兑用有效"，常见"L/C is available by payment at sight"等类似词句。

此种信用证可以要求汇票，也可以不要求汇票。对于欧洲大陆一些需要对汇票征收印花税的国家，即期付款信用证有些只要求提交相符单据即可。实务中，即期付款信用证通常不要求汇票，开证行或付款行仅凭受益人提交的满足信用证条款规定的货运单据即可付款。

即期付款信用证中所指定的付款行可以是进口商所在国的开证行、出口商所在国的通知行或任何第三方银行。但是，从受益人的角度来看，付款行为出口地银行对其而言最为有利，他可以就近提交相符单据后获得相应款项，并放心使用，万一交单时出现问题，还可以很方便地与付款行协商解决。

（二）延期付款信用证

延期付款信用证（Deferred Payment Credit）是指开证行在信用证上规定货物装船后若干天或收到受益人的相符交单后若干天再行付款的信用证。它是远期信用证的一种，亦称无汇票远期信用证。通常，按不同的情况，信用证上会有以下类似词句。

"Deferred payment at ×× days after the date of B/L or shipment."（提单日或装运日后若干天延期付款。）

"Deferred payment at ×× days after presentation of documents."（交单后若干天延期付款。）

"Deferred payment on (a future date) fixed."（固定在将来某日期延期付款。）

延期付款信用证的开立往往基于买卖双方履行远期合同的需要。该类信用证不要求受益人开立汇票，因此，受益人就不可能利用远期票据来贴现市场的资金，如有资金需求则只能自行筹款或向银行借贷。

和远期承兑不同，为了预防无票而又延期付款可能会带来的风险，在延期付款信用证项下，被指定银行不宜在未经开证行授权的情况下对受益人提供融资。而受益人则最好要求由出口地的一家银行对延期付款信用证加具保兑，以确保如期收款。UCP 600 第十二条 b 款规定:"通过指定一家银行承兑汇票或承担延期付款承诺,开证行即授权该指定银行预付或购买经其承兑的汇票或由其承担延期付款的承诺。"该条款允许银行在这两种信用证项下进行提前融资,使得出口商能在此情况下获得银行的资金用以周转,同时,银行也能得到国际惯例的保护。

延期付款信用证主要适用于进出口大型机电成套设备。但这种方式对出口商而言风险较大,所以必须在进口商信誉卓著的条件下使用。

(三) 承兑信用证

承兑信用证(Acceptance Credit)是指规定开证行对受益人开立的以开证行自己为付款人或以其他银行为付款人的远期汇票,在审单无误后,履行承兑行为,并于确定的到期日付款的信用证。根据 UCP 600 的规定,信用证的付款人仅限于开证行或被指定的其他银行,所以该类信用证也被称为银行承兑信用证,通常可见"By acceptance of draft(s)at ×× days after ×××"等类似词句。

在承兑信用证项下,受益人必须签发汇票,在取得银行的承兑后,则可向当地的贴现机构要求办理贴现以收回货款,也可持有承兑汇票等待到期收款。

开证行或被指定的银行一旦对受益人开立的远期汇票进行了承兑,那么信用证项下的不可撤销的付款责任就成为票据上的无条件付款责任。也就是说,承兑前,银行对受益人的权利和义务以信用证为准。承兑后,汇票和单据分离,银行成为汇票的承兑人,即票据法规定的主债务人,应对出票人、背书人、持票人承担保证付款的责任。在这种情况下,即便出现了欺诈等纠纷,汇票的承兑人也不能拒付,因为该汇票的持票人作为善意持票人或正当持票人,其权益是可以得到票据法的保护的。

(四) 议付信用证

议付信用证(Negotiation Credit)是指开证行允许受益人向被指定银行或任何银行交单议付的信用证,在信用证上表明支付方式的栏目下选择"by negotiation"。UCP 600 第二条规定:"议付意为被指定银行在其应获得偿付的银行日或在此之前,通过向受益人预付或者同意向受益人预付款项的方式购买相符提示项下的汇票(汇票付款人为被指定银行以外的银行)及(或)单据。"由此,受益人在发运货物后可将跟单汇票或不带汇票的全套单据交给办理议付的银行,请求其垫付票款。该行经审单确认受益人已满足相符交单的要求后,即可根据受益人的申请购买汇票、单据,并在扣除从议付日到预计收款日的利息、议付费等相关费用后,将净款付给受益人。同时,议付行背批信用证,然后按信用证规定寄单给开证行,向其索偿。

根据开立汇票的不同,议付信用证可以是即期的,也可以是远期的。汇票的付款人应为开证行或其他银行,而不能是开证申请人。

根据是否限定议付行,议付信用证又可分为公开议付信用证和限制议付信用证。

公开议付信用证(Open Negotiation L/C)是指可以在任何银行办理议付的信用证。信用证中的常见文句为"This credit is available with any bank by negotiation."。此时,受益人可持相关单据就近向任何符合资质的商业银行要求办理议付结算,非常便捷。

限制议付信用证(Restricted Negotiable L/C)是指只能在由开证行于信用证中所指定的银行办理议付的信用证。信用证中的常见文句为"This credit is restricted with ××× bank by negotiation."。此时,受益人则不能自由选择议付行,对收款造成一定程度上的不便。

议付信用证的特点在于议付行审单付款后如遭遇拒付，可向受益人行使追索权，追回垫款及利息。但应注意，UCP 600 规定，保兑行的议付没有追索权。

案例 5-2

案情：

2017 年 6 月 27 日，A 银行收到国外开来的信用证，金额为 USD 28 500.00。由于开证行与该行无代理行关系，所以信用证经美国大通银行转开，并含有以下条款。

(1) 限制大通银行议付。

(2) 限期 90 天。

(3) 付款方式为开证行收到单据后授权议付行索偿。

(4) 开证行以外的银行费用由受益人承担，议付行将收取包括验单费、快邮费等费用近 USD 500.00。

此证项下的单据提交到 A 行后，A 行经过审核将单据直接寄给了开证行，寄单面函中注明：第一，我行代受益人寄单；第二，请授权索偿并告知偿付行名称。

开证行以信用证限制议付为由拒付，A 行立即回电指出：我行系代受益人寄单，按照国际惯例，单据符合信用证条款，你行应承担开证行的责任且不应收取不符点费用。开证行很快接受了 A 行的所有要求。该笔款项不但在到期日全额按时收回，而且使受益人减少了本需支付给指定银行的一大笔费用。

分析：

非指定银行可以向开证行提示单据，注意这里说的是"提示"而非"议付"。但是，在具体操作时应防范以下风险。

第一，到期日届至的风险。到期日是信用证规定的单据提交到指定银行的最迟时间。当单据被提交到非指定银行时，信用证的到期日就成为单据提示到开证行柜台的最迟时间。这样，非被指定银行不能享有到期日顺延等权利，还可能由于无法控制邮程而使单据逾期，导致被拒付。因此，非指定银行应考虑邮程对交单期限的影响。

第二，偿付行拒付或延迟收汇的风险。开证行在开证的同时，往往在偿付授权中将指定银行通知给了偿付行。当非指定银行索偿时，偿付行可能会拒付。虽然非指定银行可以在索偿的同时要求开证行向偿付行授权，但是偿付行收到开证行授权后再付款，难免会导致收款时间的延迟。

第三，单据邮寄的风险。按照 UCP 600 的规定，只要受益人将相符的单据提交到指定银行，开证行的付款责任便确立了，受益人即获得了得到偿付的权利，风险和责任转移到了开证行。即使单据在邮寄途中遗失，开证行仍必须承担信用证项下的付款责任。如果单据交由非指定银行提交，意味着开证行不承担相符单据到达该行之前的遗失、误寄及超过交单期限的责任，风险仍由受益人或非指定银行承担。

综上，无论非指定银行如何采取措施，都应听从国际商会有关专家的意见：单据由非限制议付行（非指定银行）寄来，这一点不能构成开证行拒付、退单的理由。但非指定银行办理此类业务时应尽快给开证行发出电报，以节约时间，避免风险。

四、按受益人对信用证的权利是否可以转让划分

按受益人对信用证的权利是否可以转让,可将信用证分为可转让信用证和不可转让信用证。

(一) 可转让信用证

可转让信用证(Transferable Credit)是指信用证的受益人(第一受益人)可以要求授权付款、承担延期付款责任、承兑或议付的银行(转让行),或公开议付信用证时可以要求信用证中特别授权的转让行将该信用证全部或部分转让给一个或数个受益人(第二受益人)使用的信用证。UCP 600 规定,开证行也可以担任转让行。

在国际贸易中,下列贸易方式会涉及使用可转让信用证。

其一,进出口商签约成交的是商品规格化、包装标准化、检验程序化,且批量多、金额大、货源分散于异地的合同。此时,为了使须从不同地方港口出运的合同货物与计价货币相对换,做到简便、易办、顺利装货和安全结汇,则可采用可转让信用证。

其二,若进口商委托国外代理采购大量商品,并同意分批逐步购进,为了避免给每批货物单独开立信用证,则可开立以代理商为受益人的包括全部货款金额的可转让、可分割信用证,由其转让给实际供货人,货物则可由实际供货人自行装运。

其三,一个国家生产的商品运输到另一个国家或地区去销售,需要经过国际间的多层次交换,不但商品的生产商与销售者之间相隔遥远,而且交易量大、签约复杂,需要中间商的介入。此时,中间商或经纪人为了赚取差额利润或佣金,则会要求使用可转让信用证。

UCP 600 规定,只有明确指明"可转让"的信用证方可转让。"divisible""fractionable""assignable"和"transmissible"等措辞并不等同于"transferable"。

可转让信用证业务流程如图 5-2 所示。

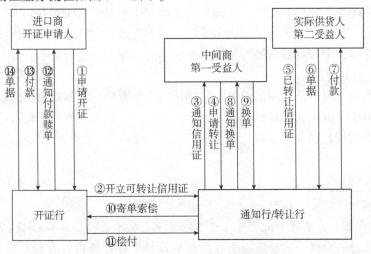

图 5-2 可转让信用证业务流程

(资料来源:长凤网)

由可转让信用证的定义及其业务流程可见,在使用可转让信用证的交易过程中,仅存在一份信用证,第一受益人和第二受益人所获得的都是一个开证行的付款保证,转让行只是将信用证转让给第二受益人,并非开立一份新的信用证。所以,一般而言,信用证的转让只能

按原证规定的条款转让。UCP 600 第三十八条规定，转让信用证必须准确转载原证的条款及条件，包括保兑（如有），但下列项目除外。

（1）信用证金额、信用证规定的任何单价、到期日、单据提示期限、最迟装运日期或规定的装运期间，这些项目中的任何一项或全部均可减少或缩短。

（2）必须投保的保险金额的投保比例可以增加，以满足原信用证或本惯例规定的投保金额。

（3）可以用第一受益人的名称替换原信用证中申请人的名称。如果原信用证特别要求开证申请人名称应在除发票以外的任何单据中出现，则可转让信用证必须反映出该项要求。

在实务操作中，开证申请人之所以同意采用信用证结算，主要是出于对信用证中列明的受益人的信任，而如果信用证被随意转让，这种对受益人的信任将不复存在，申请人会面临较大的风险。同样，银行也并无办理可转让信用证的义务，除非该银行明确同意其转让范围和转让方式。也就是说，只有在开证申请人及开证行明确表示愿意承担出现不明确的第二受益人的风险时，信用证才可被注明"可转让（transferable）"字样，进行转让。这也解释了为什么 UCP 600 第三十八条规定：第二受益人不得要求将信用证转让给任何次序位居其后的其他受益人（第一受益人不属于此类其他受益人之列）。也就是说，可转让信用证只能转让一次。

此外，UCP 600 第三十八条还规定：第一受益人有权以自己的发票和汇票（如有），替换第二受益人的发票和汇票（如有），其金额不得超过原信用证的金额。在如此办理单据替换时，第一受益人可在原信用证项下支取自己的发票与第二受益人发票之间产生的差额（如有）。由第二受益人或代表第二受益人的交单必须交给转让行。这些都考虑到了可转让信用证操作中第一受益人作为中间商需要替换单据，以保障其利益的特殊性。

针对第一受益人在替换单据的过程中可能会出现的一些问题，UCP 600 明确表示：如果第一受益人应当提交其发票和汇票，但却未能在收到第一次要求时照办，或第一受益人提交的发票导致了第二受益人提示的单据中本不存在的不符点，而其未能在收到第一次要求时予以修正，则转让银行有权将其从第二受益人处收到的单据向开证行提示，并不再对第一受益人负责。

需要注意的是，可转让信用证业务中的转让行仅为寄单行，不对第二受益人的交单垫款融资，也不对第一受益人替换发票的行为立即支付差价，而是在收到开证行的付款以后才会支付第二受益人的货款和第一受益人的差价利润。

案例 5-3

案情：

某年 1 月 30 日中国银行寄出某可转让信用证下全套单据，金额共 USD 1 223 499.12，单寄新加坡某转让行，由新加坡的第一受益人换单后将单转寄德国的原始开证行要求付款。2 月 14 日，中国银行收到新加坡银行转来的德国银行的拒付电。拒付原因有两点。第一，动物健康证缺少名称；第二，正本提单弄混。中国银行查信用证及单据留底，认为信用证对动物健康证名称规定为英文名称，仅在括号内显示德文名称。提交的单据未显示括号内的德文名称，但显示了括号外的英文名称。因此，即使不符也是非实质上的不符，德国银行借此拒付理由不充分。此外，单据留底记录表明，提单提交新加坡银行时完整无缺，没有问题，单据是否为新加坡银行搞混不得而知。因此正本提单即使搞混也不是中国银行的责任。据此,中国银行向新加坡银行发出反拒付电报,新加坡银行在回电中声明已将中国银行电文内容转达德国开证行听候回复,同时声明作为转让行,其本身对单据的拒付和最终的付款与否不负责任。

其后,中国银行通过新加坡银行再次发出反拒付的电文,要求开证行付款,但从新加坡银行得到的回电都说正在与德国开证行联系,开证行坚持不符点成立,拒绝付款。鉴于通过新加坡银行无法解决问题,中国银行曾几次直接给德国开证行发电,催促付款。但德国开证行在回电中声明,既然它的信用证是开给新加坡的转让行的,中国银行无权直接与开证行联系。此后,中国银行也就无法与德国银行进行交涉。最终,此业务通过部分退单、部分无单放货的方式解决。作为出口商的我国外贸公司也丧失了信用证项下收款的保障。

分析:

本案例中,中国银行提交的符合要求的单据经新加坡转让行再寄往开证行后发生了单证不符而遭到拒付的情况。虽说不符点有二,但是争论的焦点在于"正本提单弄混"这一项。由于在可转让信用证中,只存在一份信用证,第一受益人和第二受益人所获得的都是同一个开证行的付款保证,转让行只是将信用证转让给第二受益人,并非为之开立一份新的信用证,因此不对信用证承担付款责任。由此可见,可转让信用证因需通过转让行换单传递,其中存在较大的隐患,所以在实务操作中,使用可转让信用证时要十分谨慎。

(二) 不可转让信用证

不可转让信用证(Non-transferable Credit)是指信用证项下的权利只能由受益人本人享有,不能以转让的形式给他人使用。若受益人不能执行信用证条款,信用证便只能作废。一般而言,凡未明确表明"可转让(transferable)"的信用证,都是不可转让信用证。

五、按信用证之间的相互关系划分

按照信用证之间存在的关联性,可有背对背信用证和对开信用证之说。

(一) 背对背信用证

背对背信用证(Back to Back Credit)是指受益人收到进口方开来的原始信用证后,以此证作保,要求原通知行或其他银行以原始信用证条款为依据,另外开立的一张以其为开证申请人,开给本地或第三国另一受益人的新的信用证。在国际贸易中,背对背信用证的开立,通常是为了满足中间商经营进出口业务的需要,或是当两国不能直接办理进出口贸易时,通过第三者转售时的需要。

背对背信用证是在原信用证的基础上开立的,所以其条款内容与原证相似,除开证人、受益人、金额、数量、装运期、交单期、有效期等可有变动以外,其他条款一般均与原证相同。新证开立后,原证依然有效,由新证开证行代原受益人(中间商)保管,原证开证行与原开证人同新证毫无关系。背对背信用证开证行在对其受益人付款后,便立即要求原证受益人(中间商)提供符合原证条款的商业发票与汇票,以便替换出新证受益人提供的商业发票和汇票,然后再附上货运单据寄交原证的开证行进行收汇。背对背信用证的业务流程如图 5-3 所示。

国际结算

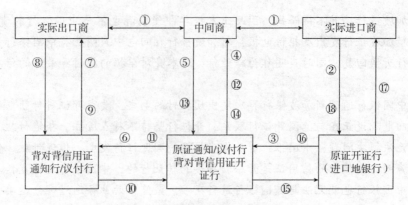

图 5-3 背对背信用证业务流程

①中间商在核计利润的情况下,分别与实际进口商和实际出口商签订贸易合同。
②实际进口商向其所在地银行申请开立信用证。
③进口商所在地银行开出信用证,即原证。
④通知行向中间商通知原证。
⑤中间商(原证受益人)在充分计算利润、时间差等因素后,以原证为依据申请开立背对背信用证。
⑥原信用证通知行开出背对背信用证。
⑦背对背信用证通知行将信用证通知给实际出口商。
⑧实际出口商根据合同和信用证条款按时发货后交单议付。
⑨背对背信用证议付行审单议付。
⑩背对背信用证议付行向背对背信用证开证行(原证通知行)寄单索偿。
⑪背对背信用证开证行审单偿付。
⑫背对背信用证开证行将审核无误的实际出口商的交单通知给中间商。
⑬中间商换单议付。
⑭原证通知行(背对背信用证开证行)审单议付差价。
⑮原证通知行向原证开证行寄单索偿。
⑯原证开证行审单偿付。
⑰原证开证行通知实际进口商付款赎单。
⑱实际进口商付款赎单。

可见,在背对背信用证业务中,实际出口商与实际进口商之间的信息是相互隔绝的,从而保全了中间商的商业秘密,保障了其正当利润的获取。

虽然背对背信用证和可转让信用证都适用于中间贸易,但两者并不完全相同,二者的区别如下。

第一,背对背信用证的开立并非原信用证申请人和开证行的意旨,而是受益人的意愿,原证申请人和开证行与背对背信用证无关;可转让信用证的开立是开证申请人的意旨,经开证行同意并在信用证上加列"transferable"字样,方可开出可转让信用证。

第二,背对背信用证和原信用证是两个完整、独立的信用证,背对背信用证的开证行与其原证的开证行是两家银行,背对背信用证的开证行与原证的开证行都有第一性的付款责任;可转让信用证与原证共用同一家开证行,也就是说,可转让信用证第一受益人和第二受益人获得的都是同一开证行的付款保证。

第三，背对背信用证的第二受益人得不到原始信用证开证行的付款保证；可转让信用证的第二受益人则可以得到。

第四，开立背对背信用证的银行就是该证的开证行；按照第一受益人的指示开立变更条款的新的可转让信用证的转让行只负责换开新证，并不承担本该开证行承担的保证付款的责任。

案例 5-4

案情：

2000年，内地某公司（卖方）与香港某进出口公司（买方）签订一份出口合同，支付方式为信用证。在规定的时间内，香港进出口公司按合同规定开立了以卖方为受益人、金额为10万美元的背对背信用证，开证行为A银行。卖方收到信用证后，装运货物，并备好信用证下所要求的全套单据交国内B银行审核。B银行在审核单据时，发现提单"Precarriage"一栏显示船名为ASIMONT0161-022S，"Place of receipt"一栏空白，"Vessel No."一栏显示船名为EVERREFINE0720RW-010，"装货港"为上海，"卸货港"为印度CALCUTFA。于是，B银行向卖方提出：提单载货船名不明确，要求卖方修改提单，或在提单作装船批注时注明在装货港所载船名。卖方认为香港进出口公司为老客户，信誉良好，指示银行寄单。此后，A银行提出修改卸货港，修改通知在B银行寄单之后到达，即使卖方接受修改，也无法做到。但A银行坚持修改卸货港。若干天后，B银行收到A银行不符点通知电：提单显示两个船名，但"已装船批注"未标明货物装载船名，并依此拒付。买卖双方几经交涉未果，卖方遂提出仲裁。基于双方的友好合作关系，最终达成协议：修改提单，扣款1万美元作为付款条件。

分析：

从表面上来看，本案是一起因卖方提交的提单不符合信用证规定而遭银行拒付的事件，最终买卖双方协商解决。实际上，A银行以B/L不符提出拒付只不过是一个借口而已，因为本案信用证属于背对背信用证，A银行之所以坚持修改卸货港是因为原信用证开证行要求修改信用证。A银行在卖方未能修改B/L卸货港的情况下，唯恐遭原开证行拒付，因而严格审单，以B/L不符提出拒付。

本案中，A银行根据当时通行的UCP 500（国际商会第500号出版物）规定行事，自然有权拒付，而且UCP 600与UCP 500对背对背信用证的操作规定没有差异。而双方最终达成协议，是因为A银行从原开证行处得到了担保。

可见，本案中的卖方遭受损失，最根本的原因在于没有认清背对背信用证的性质。在背对背信用证下，第一受益人对卖方的付款要受到原证开证行的制约。在直接贸易中，若没有市场疲软或市价下跌的情况，鉴于买卖双方的良好关系，买方可以考虑接受存有不符点的单据。本案中的卖方正是因为考虑到香港进出口公司资信良好，才忽略了该笔贸易为转口贸易，该信用证为背对背信用证。

（资料来源：《国际结算》，苏宗祥、徐捷著，中国金融出版社，2015年）

（二）对开信用证

对开信用证（Reciprocal Credit）是指两张信用证的开证申请人互以对方为受益人而开立的信用证。为了达到贸易平衡，在对等贸易中，交易双方互为买卖双方，各自为自己的进口部分向对方开立信用证。

在对开信用证中，第一张信用证的受益人就是第二张信用证（也称回头证）的申请人；同时，第一张信用证的申请人就是回头证的受益人。实务中，第一张信用证的通知行，往往就是第二张信用证的开证行。两张信用证的金额大致相等，其条款一般表示为"This credit is reciprocal credit against ×× bank credit no. ×× favoring ×× covering shipment of ××"。

对开的两张信用证可以同时互开，也可以先后开立。在生效条款的规定上，一般有两种情况：其一，两证可以分别生效，即先开先生效、后开后生效；其二，两证可以同时生效，即第一张信用证虽然先开立，但暂不生效，须待对方开来回头证时，两证才同时生效。相比之下，使用两证同时生效条款的占多数。在国际贸易中，对开信用证主要用于来料加工、补偿贸易、来件装配和易货贸易等。

六、其他类型的信用证

除以上提到的常见类别的信用证之外，在国际结算中，还会用到下列信用证。

（一）循环信用证

循环信用证（Revolving Credit）是指按照信用证条款，信用证的部分或全部金额被使用后，仍可恢复到原金额再被利用，直至达到规定的次数或规定的总金额为止的信用证。在国际贸易中，买卖双方订立长期合同、分批交货时，进口商为了节省开证费用和减少手续，常会选择使用循环信用证方式进行结算。同时，对于出口商而言，也可以减少逐笔催证和审证的手续，确保收回全部货款。

循环信用证有按时间循环和按金额循环两种。按时间循环是指信用证的受益人在一定时间内（如一个月）可支取信用证规定的金额，支取后在下次的一定时间内仍可再次支取。按金额循环是指信用证的受益人在一定的金额使用完毕后，仍可在信用证规定的条件下，恢复支取一定的金额，直到该证的总金额用完为止。

此外，不论是按时间循环还是按金额循环，凡是上次未用完的信用证余额，可以移到下一次一并使用的被称为积累循环信用证（Cumulative Revolving Credit）；而凡是上次未用完的信用证余额不能移到下一次一并使用的则被称为非积累循环信用证（Non-cumulative Revolving Credit）。因此，在积累循环信用证下，可使用的信用证金额可能超过每期信用证提供的金额。信用证未表明是否可积累时，一般被视为不可积累。

当用完信用证规定的每期金额再恢复到原金额循环使用时，具体的恢复方式有三种。

第一种，自动循环。每期金额用完后，不必等待开证行的通知，信用证即可按所规定的方式自动恢复到原金额以供使用。

第二种，半自动循环。每次支款后的若干天内，如开证行未提出停止循环使用的通知，则自上述若干天的次日起信用证即可自动恢复至原金额以供使用。

第三种，被动循环。每期用完一定金额后，必须等待开证行的通知到达后，信用证才能被恢复到原金额以供使用。

（二）预支信用证

预支信用证（Anticipatory Credit）是指在信用证上列出特别条款，授权议付行或保兑行在受益人装货交单前允许其支取部分或全部货款的一种信用证。

这里的"特别条款"即由开证申请人要求开证行在信用证上加列的预支条款。据此，开证行授权出口地银行向受益人做出议付，受益人提交单据前开立光票即可支取全部或部分货款。银行预支后会要求受益人将信用证正本交出，以控制受益人，使其必须向该银行交单。待受益人在指定日期补交单据议付时，出口地银行从货款金额中扣除预付款本息后，再将余额支付给受益人。如果受益人预支款项后，未能装运货物，无法或不向该银行交单，则此垫款银行可向开证行提出还款要求，由开证行偿还其垫款本息。此后，开证行可立即向开证申请人追索款项。

预支信用证实际上是进口商利用开证行的信用给出口商提供融资的一种方式。根据受益人可预支金额的不同，预支信用证可分为全部预支信用证（Clean Payment Credit）和部分预支信用证（Partial Payment in Advance Credit）两种。由于银行和申请人在全部预支信用证项下要承担较大的风险，所以现在很少使用。在部分预支信用证项下，根据允许预支货款的条件，可将其分为红条款信用证和绿条款信用证。

开证行在信用证中列入一个条款，授权议付行向受益人预先支付信用证金额的一定百分比。因为在过去，为了引起有关当事方对此特殊预付办法的注意，该条款以粗体红字出现，所以含有此条款的信用证则被称为红条款信用证。在实务中，红条款信用证可分为开证行垫款预付和议付行垫款预付两种，常在东南亚和非洲的茶叶交易与澳大利亚及新西兰的羊毛交易中使用。

信用证规定受益人可在出口之前开具汇票和仓单作为担保，请求议付行预支垫款，即称为绿条款信用证。绿条款信用证要求受益人在货物装运前以提供预支款项的银行的名义，将用预支资金所采购的契约货物存入仓库，并将存仓单据交由垫款银行持有；银行凭受益人开立的汇票及货物存仓单方能向受益人垫款，以保证该预支金额依信用证规定使用，减少资金被挪用的风险。可见，绿条款信用证较红条款信用证更为严格。如果受益人届时不能向垫款银行交单，则银行可以通过处理上述的存仓单，收回所垫付的款项。一般来说，凡采用绿条款，则信用证上预支金额较大。目前，绿条款信用证在国际贸易中使用得越来越少。

（三）备用信用证

备用信用证（Standby L/C）又称保证信用证、担保信用证，是开证行对受益人预先开出以备将来使用的信用证。它是一种特殊形式的信用证，是开证行根据开证申请人的请求对受益人开立的承诺承担某项义务的书面凭证。其特点是，开证后当时并不使用，可能在将来使用，有时只是作为一种银行的保证而不一定使用。换句话说，在将来某个时期，如果开证申请人未能履行义务，受益人只要凭备用信用证的规定并提交开证人违约的证明，即可取得开证行的偿付。所以，备用信用证提供的是银行信用，对受益人来说，是备用于开证申请人违约时，能够获得补偿的一种方式。

在国际贸易实务中，如果受益人认为开证申请人的资信不足以为其提供足够的安全保障，则可要求开立备用信用证，由银行来保证开证申请人履约的承诺。此类信用证一般用于投标、履约、还款、预付、赊销等业务。本书的第七章第一节对备用信用证做了详细的论述，此处不再赘述。

第三节　信用证结算实务

在国际贸易，尤其是国际货物贸易中，如果买卖双方在合同中约定采用信用证方式进行结算，则需要经历具体内容互有差异，或各有侧重的诸多环节。鉴于信用证有不同的类型，其业务程序也各有特点，在此仅选取最具代表性的即期付款跟单信用证为例，来介绍信用证结算实务。

一、信用证的开证形式及主要内容

（一）信用证的开证形式

根据通知受益人的方式，信用证的开证形式可以分为信开信用证和电开信用证两种。

1. 信开信用证

信开信用证（Credit Opened by Mail）是指以信函的形式开立的信用证。开证行按照开证申请书缮制信用证格式，然后将完整的正本信用证邮寄给通知行，请该行通知受益人。这是银行最为传统的开证形式。在此方式下，开证行与通知行之间事先应建立代理关系，并互换签字样本和密押，以便通知行验核信用证真伪；通知行如发现信用证有不完整、不清楚之处，应向开证行查询。通常，装运日期较长或金额较小的信用证会采用信开邮寄的方式。

2. 电开信用证

电开信用证（Credit Opened by Teletransmission）是指以加注密押的电报或电传或SWIFT形式开立的信用证。开证行将信用证内容通过上述电子方式传递至通知行以后，经通知行核押相符，便将此电开信用证通知受益人。电开信用证可分为简电信用证和全电信用证两类。

（1）简电信用证。

简电信用证（Brief-advice Credit）又称预先通知信用证（Preliminary Advice Credit），是指开证行将信用证的主要内容（包括信用证金额、货物数量、装运期、有效期等）以电讯方式传递给通知行，由其预先通知出口商，并注明"详情后告"，之后再将信用证证实书（Confirmation）传递给通知行，由其通知受益人。

之所以需要用到简电信用证来进行预先通知，主要是与开证申请人的保证金未到位或者外汇额度未批准但又要使受益人的备货有所依据有关。受益人收到简电信用证之后，因其由银行开立并传递，所以可以放心大胆地组织货物。需要强调的是，出口商一定不能据简电信用证装运发货，因为简电信用证并不是有效的信用证文件，银行也不能凭此付款/承兑/议付，必须等待有效文件——证实书寄到后，出口商才能据以装运货物，银行也才可付款/承兑/议付。为保护受益人，UCP 600 第十一条 b 款规定："只有准备开立有效信用证或修改的开证行，才可以发出开立信用证或修改预先通知书。"发出预先通知的开证行应不可撤销地保证不延迟地开立或修改信用证，并且条款不得与预先通知书相矛盾。

（2）全电信用证。

全电信用证（Full Telex Credit）是指开证行以电讯方式开立的完整的、有效的信用证，电报全文就是整个信用证的全部内容，无须再另寄证实书。有时电文中可见"This cable is the operative Credit instrument and no mail confirmation will follow."或类似语句。如果开证行仍然寄来证实书，则视该证实书无效。

通知行接到全电信用证后将全部电文复印，复印本通知给出口商，原电留存，或凭来电缮制电开信用证通知书，照录全部电文，注明开证行全称和地址，并通知出口商。全电信用证可视为有效的信用证文件并可据以出运货物和议付单据。

目前，世界各国和地区大多数的银行已加入了 SWIFT 组织，并采用该组织的电讯业务信息系统。采用 SWIFT 系统开出的信用证，必须遵照 SWIFT 使用手册的规定，采用其规定的代号，而且信用证必须遵守国际商会制定的 UCP 600 的规定。

一份 SWIFT 电文，由报头（Header Block）、正文（Text Block）、报尾（Trailer Block）

组成。SWIFT 项下开立跟单信用证的 MT 格式一般有 17 种。

MT700/701 格式：开立信用证时使用。

MT705 格式：信用证预先通知用。

MT707 格式：信用证修改用。

MT710/711 格式：通知由第三家银行开立跟单信用证用。

MT720/721 格式：转让跟单信用证用。

MT730 格式：确认收妥跟单信用证，并证实已通知受益人用。

MT732 格式：发报行通知收报行有关单据已被开证申请人接受用。

MT734 格式：发报行通知收报行单证不符的拒付通知用。

MT740 格式：发报行授权收报行偿付信用证项下款项，即偿付授权用。

MT742 格式：发报行向收报行索偿用。

MT750 格式：发报行通知收报行有关单据不符点，即"电提"用。

MT752 格式：发报行授权收报行在单据没有其他不符点的情况下，可以付款/承兑/议付。该报文是对 MT750 的答复。

MT754 格式：发报行通知收报行单证相符，已对有关单据进行付款/承兑/议付，并已按批示寄单，即"通知电"。

MT756 格式：发报行通知收报行，已进行了偿付/付款。

其中，信用证结算实务中常见的为 MT700/701 和 MT707 格式。SWIFT 信用证 MT700 报文格式各代号及其栏目名称的简要介绍如表 5-1 所示。

表 5-1　SWIFT 信用证 MT700 报文格式各代号及其栏目名称

M/O	代号（Tag）	栏目名称（Field Name）
M	27	报文页数（SEQUENCE OF TOTAL）
M	40A	跟单信用证类型（FORM OF DOCUMENTARY CREDIT）
M	20	跟单信用证号码（DOCUMENTARY CREDIT NUMBER）
O	23	预先通知号码（REFERENCE TO PRE-ADVICE）
O	31C	开证日期（DATE OF ISSUE）
M	40E	适用规则（APPLICABLE RULES）
M	31D	有效期和提示地点（DATE AND PLACE OF EXPIRY）
O	51A	开证人申请的银行（APPLICANT BANK）
M	50	开证申请人名称及地址（APPLICANT）
M	59	受益人名称及地址（BENEFICIARY）
M	32B	信用证的币种及金额（CURRENCY CODE, AMOUNT）
O	39A	信用证金额允许浮动的范围（PERCENTAGE CREDIT AMOUNT TOLERANCE）
O	39B	信用证金额最高限额（MAXIMUM CREDIT AMOUNT）
O	39C	信用证附加金额（ADDITIONAL AMOUNTS COVERED）
M	41A	指定的有关银行及信用证的兑付方式（AVAILABLE WITH…BY…）
O	42A	汇票付款人（DRAWEE）

续表

M/O	代号（Tag）	栏目名称（Field Name）
O	42C	汇票付款日期（DRAFT AT…）
O	42M	混合付款条款（MIXED PAYMENT DETAILS）
O	42P	迟期付款条款（DEFERRED PAYMENT DETAILS）
O	43P	分批装运条款（PARTIAL SHIPMENTS）
O	43T	转运条款（TRANSSHIPMENT）
O	44A	装船、发运和接收监管的地点（LOADING ON BOARD/DISPATCH/TAKING IN CHARGE AT/FROM…）
O	44B	最终目的地/运往…/交货地（PLACE OF FINAL DESTINATION/FOR TRANSPORTATION TO…/PLACE OF DELIVERY）
O	44C	最迟装运日（LATEST DATE OF SHIPMENT）
O	44D	装运期（SHIPMENT PERIOD）
O	44E	装货港/起飞航空港（PORT OF LOADING/AIRPORT OF DEPARTURE）
O	44F	卸货港/目的地航空港（PORT OF DISCHARGE/AIRPORT OF DESTINATION）
O	45A	货物/劳务描述（DESCRIPTION OF GOODS AND/OR SERVICES）
O	46A	单据要求（DOCUMENTS REQUIRED）
O	47A	附加条款（ADDITIONAL CONDITIONS）
O	71B	费用负担（CHARGES）
O	48	交单期限（PERIOD FOR PRESENTATION）
M	49	保兑指示（CONFIRMATION INSTRUCTIONS）
O	53A	偿付行（REIMBURSING BANK）
O	57A	通知行（ADVISING BANK）
O	72	附言（SENDER TO RECEIVER INFORMATION）
O	78	开证行对付款行、承兑行、议付行的特殊指示（INSTRUCTION TO THE PAYING/ACCEPTING/NEGOTIATING BANK）

注：以上表格中的"M"为"Mandatory"，指电文中该项目的内容必须填写；"O"为"Optional"，指电文中该项目的内容可以选择不填写。

（二）信用证的主要内容

目前，各国银行所使用的信用证开证格式虽然不尽相同，但基本上是参照《标准跟单信用证格式》（ICC 516）来缮制的。信用证的内容则通常视交易双方的实际需要和信用证当事人的意愿而定，但是无论如何约定，信用证上的记载事项必须明确、完整，否则会导致当事人之间的纠纷。一般来说，即便文字语句存在差别，信用证的基本内容在各种情况下也是大致相同的，主要包括以下几个方面。

1. 关于信用证本身的说明

描述信用证本身情况的条款包括以下四条。

(1) 信用证的编号、开证日期、到期日和到期地点、交单期限、页数等。

(2) 信用证的类型：在众多类型的信用证中明确选取一种并具体订明，此外还应相应说明信用证能否转让、是否经另一家银行保兑、如何偿付等问题。

(3) 信用证的承付方式：包括即期付款、延期付款、承兑或议付等。

(4) 信用证的支付金额及币别。

2. 信用证的当事人

信用证的当事人包括必须记载的当事人和可能记载的当事人。

(1) 必须记载的当事人：开证申请人、开证行、受益人、通知行。

(2) 可能记载的当事人：保兑行、议付行、付款行、偿付行等。

3. 对汇票的说明

凡需要汇票的信用证，通常要对汇票的出票人、付款人、付款期限、出票条款及出票日期等进行规定。非常重要的一点是，汇票的受票人不应为开证申请人。

4. 对货物的要求

对货物的要求主要包括货物的名称、数量、包装与价格等。对货物的描述应尽可能简洁明了，不应罗列过多的细节。相关的贸易术语，例如 CIF Rotterdam、CFR New York、FOB Hamburg 等，应作为信用证条款和条件的一部分加以规定，并且最好包括在货物描述中。

5. 对运输的要求

信用证中关于运输方面的内容主要包括装卸地点、装卸期限、运输方式、能否分批装运、能否转运等问题。通常情况下，货物运输期间的保险由谁购买、投保的险别和金额等内容也可包含于此。

6. 对单据的要求

信用证条款中应列明需要提交的单据，分别说明单据的名称、份数和具体要求（正本还是副本、出单人、相关内容等）。通常要求受益人提交商业发票、运输单据、保险单据以及包装单据、商检证书和产地证等。

7. 特殊要求

根据具体交易的需要，有时在信用证中会酌情增加一些特殊条款，常见的有：要求通知行加保兑；限制由某银行议付；指定某国籍船只装运、装运船只不允许在某港口停靠或不允许选取某条航线；佣金条款等。但这些条件应当是要求受益人提交相应单据或者在某特定单据上必须有所说明。否则，这样的条款将被视为"非单据条款"而不被理会。

此外，多数信用证还列明了开证行对受益人及汇票持有人保证付款的责任条款，根据国际商会《跟单信用证统一惯例》开立的文句，以及开证行的签字和密押等。

案例 5-5

案情：

我国 A 公司接到伊朗银行开来的信用证，在特别条款中规定："装运须由不超过 15 年船龄的船只运载。"A 公司在装运后向船公司要求出具上述证明文件时，遭到拒绝。A 公司经与议付行商议后认为可以不提交此证明，议付行随即向开证行寄单索偿。伊朗银行以缺少船龄证明文件，构成单证不符为由拒付。A 公司复电反驳称：来证虽然对船龄的情况有所要求,但未明确提交何种单据,因此受益人无义务提供此项证明。UCP 600 第十四条也有相关规定:如果信用证中包含某项条件而未规定需提交与之相符的单据,银行将认为未列明此条件,并对此不予置理。开证行自知理亏,付款结案。

分析:

本案是典型的"非单据条款"问题。伊朗银行来证只提出对船龄的要求,而未明确规定提供何种证明文件,A 公司以"非单据条款"对待处理是完全合理的。但是,如果来证提出要提交船龄证明书,则 A 公司将处于被动境地。

跟单信用证样本如图 5-4 所示。

中国银行
BANK OF CHINA

ORIGINAL

| Irrevocable Documentary Credit | Number |

SWIFT:
CABLE:
TELEX:
Place and date of issue:

Date and place of expiry

Applicant

Beneficiary

Advising Bank   Ref. nr

Amount

Credit available with

Partial shipments   Transhipment
☐allowed ☐not allowed   ☐allowed ☐not allowed

☐by sight payment ☐by acceptance ☐by negotiation
☐by deferred payment at
against the documents detailed herein
☐and beneficiary's draft for   % of invoice value
at
on

Loading on board/dispatch/taking in charge at/from

not later than
for transportation to:

Documents to be presented within ☐ days after the date of issuance of the transport document(s) but within the validity of the credit.

We hereby issue the Documentary Credit in your favour. It is subject to the Uniform Customs and Practice for Documentary Credits(1993 Revision, International Chamber of Commerce, Paris, France. Publication No. 500) and engages us in accordance with the terms thereof. The number and the date of the credit and the name of our bank must be quoted on all drafts required. If the credit is available by negotiation, each presentation must be noted on the reverse of this advice by the bank where the credit is available.

Reimbursement:
                                                          Yours faithfully,
                                                       For BANK OF CHINA

This document consists of ☐ signed page(s)   Authorized Signatures

图 5-4 跟单信用证样本

案例 5-6

采用 SWIFT 格式，依据 UCP 600 规定所开立的跟单信用证样例

FROM: CITIBANK INTERNATIONAL, LOS ANGELES, U.S.A.
开证行：花旗银行 美国洛杉矶
TO: BANK OF CHINA QINGDAO BRANCH, QINGDAO, CHINA
通知行：中国银行青岛分行 中国青岛

27:	SEQUENCE OF TOTAL	1/1
27:	电文序列	1/1
40A:	FORM OF DOCUMENTARY CREDIT	IRREVOCABLE
40A:	跟单信用证格式	不可撤销
20:	DOCUMENTARY CREDIT NUMBER	CRED1523349
20:	跟单信用证号	CRED1523349
31C:	DATE OF ISSUE	070906
31C:	开证日期	070906
40E:	APPLICABLE RULES	UCP LATEST VERSION
40E:	适用规则	UCP 最新版本
31D:	DATE AND PLACE OF EXPIRY	071102　U.S.A.
31D:	有效期和有效地点	071102 美国
50:	APPLICANT	UNITED OVERSEAS TEXTILE CORP.
		220E 8TH STREET A682
		LOS ANGELES
		U.S.A.
50:	开证申请人	美国大华纺织公司
		220 栋，8 号街，682 室
		洛杉矶
		美国
59:	BENEFICIARY	QINGDAO QINGHAICO., LTD.
		186 CHONGQIN ROAD
		QINGDAO 266002 CHINA
59:	受益人	青岛青海有限公司
		重庆路 186 号
		中国青岛 266002（邮编）
32B:	CURRENCY CODE, AMOUNT:	USD 58 575.00
32B:	货币代码和金额	58 575.00 美元
39A:	PRECENTAGE CREDIT AMOUNT TOLERANCE	10/100
39A:	信用证金额上下浮动百分比	10/100（10%）
41A:	AVAILABLE WITH...BY...	CITIUS33LAX BY DEFERRED PAYMENT
41A:	兑付方式	花旗银行洛杉矶分行以延期付款方式兑付
42P:	DEFERRED PAYMENT DETAILS	AT 90 DAYS AFTER B/L DATE
42P:	延期付款细节	提单签发日后 90 天

43P: PARTIAL SHIPMENTS   NOT ALLOWED
43P: 分批装运   不允许
43T: TRANSSHIPMENT   NOT ALLOWED
43T: 转运   不允许
44E: PORT OF LOADING/AIRPORT OF DEPARTURE   QINGDAO PORT, CHINA
44E: 装运港/始发航空站   中国 青岛港
44F: PORT OF DISCHARGE/AIRPORT OF DESTINATION   LOS ANGELES PORT, U.S.A.
44F: 卸货港/目的航空站   美国 洛杉矶港
44C: LATEST DATE OF SHIPMENT   071017
44C: 最晚装运期   071017
45A: DESCRIPTION OF GOODS AND/OR SERVICES
　　+TRADE TERMS: CIF LOS ANGELES PORT, U.S.A.   ORIGIN: CHINA
　　+71 000M OF 100% POLYESTER WOVEN DYED FABRIC
　　AT USD 0.75 PER M
　　WIDTH: 150 CM, >180 G/M^2
45A: 货物/服务描述
　　+贸易术语: CIF 洛杉矶港, 美国   原产地: 中国
　　+71 000 米 100% 涤纶染色机织布料
　　单价为 0.75 美元/米
　　幅宽: 150 厘米, 克重: 不小于 180 克/平方米
46A: DOCUMENTS REQUIRED
　　+SIGNED COMMERCIAL INVOICE IN THREEFOLD
　　+FULL SET OF CLEAN ON BOARD OCEAN BILL OF LADING MADE OUT TO THE ORDER AND BLANK ENDORSED, NOTIFY: APPLICANT (FULL ADDRESS) MARKED FREIGHT PREPAID
　　+SIGNED DETAILED PACKING LIST
　　+CERTIFICATE OF ORIGIN
　　+HANDSIGNED INSURANCE POLICY/CERTIFICATE COVERING MARINE INSTITUTE CARGO CLAUSES A (1.1.1982), INSTITUTE STRIKE CLAUSES CARGO (1.1.1982), INSTITUTE WAR CLAUSES CARGO (1.1.1982) FOR 110PCT OF THE INVOICE AMOUNT
46A: 单据要求
　　+签署的商业发票,一式三份
　　+全套清洁的已装船提单,空白抬头(TO ORDER),空白背书,通知开证申请人(完整地址),注明运费预付
　　+签署的装箱单
　　+原产地证书
　　+手签的保险单或保险凭证,遵照英国伦敦保险协会货物条款,按照发票总金额的 110% 投保 ICCA, ICC 罢工险、ICC 战争险
47A: ADDITIONAL CONDITION   10PCT MORE OR LESS IN AMOUNT AND
　　　　　　　　　　　　　　　　　　 QUANTITY ALLOWED

47A：附加条款　　　　　　　　　　　金额和数量允许有上下10%的变动幅度
71B：CHARGES　　　　　　　　　　ALL CHARGES AND COMMISSIONS OUTSIDE U. S. A. ARE FOR BENEFICIARY'S ACCOUNT
71B：费用　　　　　　　　　　　　　发生在美国以外的全部费用和佣金由受益人承担
48：PERIOD FOR PRESENTATION　　WITHIN 15 DAYS AFTER SHIPMENT BUT WITHIN THE VALIDITY OF THIS CREDIT
48：交单期限　　　　　　　　　　　装运期后15天，但必须在信用证有效期内
49：CONFIRMATION INSTRUCTIONS　WITHOUT
49：保兑指示　　　　　　　　　　　没有
78：INSTRUCTIONS TO THE PAYING/ACCEPTING/NEGOTIATING BANK
　　AT MATURITY DATE, UPON RECEIPT OF COMPLYING DOCUMENTS C/O OURSELVES, WE WILL COVER THE REMITTING BANK AS PER THEIR INSTRUCTIONS
78：对付款行/承兑行/议付行的指示
　　在到期日，我行在收到相符单据后，根据偿付行的指示偿付货物

二、信用证结算的主要业务环节

尽管不同国际贸易背景下所涉及的信用证种类不同，业务程序也不尽相同，但是，买卖双方如在合同中规定要采用信用证方式实现既成债权债务的清偿，便都需要经过进口商申请开证、开证行开立信用证、信用证的通知和保兑、信用证的审核与修改、交单议付与寄单索汇、付款赎单等几个主要的业务环节。现按信用证结算的流程介绍如下。

（一）进口商申请开证

进口商须在合同所要求的或合同签订后的合理期限内，向当地信誉良好的商业银行申请开立以出口商为受益人的信用证。进口商应在确认本次交易符合国家的贸易管制政策和外汇管制条款之后，向其所在地银行提出开证申请。一般会在自己的开户行中进行选择，以减少可能产生的费用。提出开证申请时，进口商作为开证申请人需填写由银行提供的、设计印制好的、内容完整、措辞严密简明的开证申请书（Application for Issuing Letter of Credit），样本如图5-5所示。

开证申请书既是开证行开立信用证的依据，又是开证行与开证申请人之间法律性的书面契约，它规定了开证申请人与开证行的责任。因此，在填写开证申请书时应以贸易合同中的有关条款为主要依据，开证申请人填制完成以后，最好连同合同副本一并提交银行，以供其参考、核对。由于信用证是一种自足性文件，一经开立则独立于合同，所以在填写开证申请书时应注意审慎核查合同的主要条款，并将其列入申请书。也就是说，开证申请书中所列的内容应与买卖合同条款相关条款完全吻合，且应符合《跟单信用证统一惯例》的要求。

开证申请人申请开证时，一般还需要向开证行交付一定比例的保证金，习惯上称之为押金。押金的数额往往视开证申请人的资信情况而定。

此外，申请人应承诺偿付开证行在信用证项下作成的任何付款和应付的有关费用，包括开证行接到法庭发出禁付令时开证行仍有责任付款的申请人偿还义务。

一旦信用证依开证申请书开出，并通知给受益人后，开证行与受益人之间的契约关系便

不再体现为开证申请书，而是信用证。

IRREVOCABLE DOCUMENTARY CREDIT APPLICATION

TO: THE CHARTERED BANK **DATE:** 120407

- [ ] Issue by airmail   [ ] With brief advice by teletransmission
- [ ] Issue by express delivery
- [x] Issue by teletransmission (which shall be the operative instrument)

Credit No. STLCA000002

Date and place of expiry 120615 in the beneficiary's country

Applicant
Carters Trading Company, LLC
P.O.Box8935, New Terminal, Lata. Vista,
Ottawa, Canada

Beneficiary (Full name and address)
GRAND WESTERN TRADING CORP.
Room2501, Jiafa Mansion, Beijing West road,
Nanjing 210005, P.R.China

Advising Bank
Nanjing Commercial Bank
No.19 Lane 32 I Sen Rd, Nanjing 210014, P.R.China

Amount
[USD] [450000]
U.S.DOLLARS FOUR HUNDRED AND FIFTY THOUSAND ONLY

Parital shipments: [ ] allowed [x] not allowed
Transhipment: [ ] allowed [x] not allowed

Credit available with Nanjing Commercial Bank
By [ ] sight payment [ ] acceptance [x] negotiation
[ ] deferred payment at Select

Loading on board/dispatch/taking in charge at/from
NANJING

not later than 120520
For transportation to: TORONTO

[ ] FOB [ ] CFR [x] CIF
[ ] or other terms

against the documents detailed herein
[x] and beneficiary's draft(s) for 100 % of invoice value
at ---- sight
drawn on ISSUE BANK

Documents required: (marked with X)

1.(X) Signed commercial invoice in 6 copies indicating L/C No. and Contract No. Contract001
2.(X) Full set of clean on board Bills of Lading made out to order and blank endorsed, marked "freight [ ] to collect / [X] prepaid [ ] showing freight amount" notifying THE APPLICANT
   ( ) Airway bills/cargo receipt/copy of railway bills issued by ___ showing "freight [ ] to collect/ [ ] prepaid [ ] indicating freight amount" and consigned to ___
3.(X) Insurance Policy/Certificate in 3 copies for 110 % of the invoice value showing claims payable in CANADA in currency of the draft, blank endorsed, covering ALL RISKS AND WAR RISKS
4.(X) Packing List/Weight Memo in 3 copies indicating quantity, gross and weights of each package.
5.( ) Certificate of Quantity/Weight in ___ copies issued by ___
6.( ) Certificate of Quality in ___ copies issued by [ ] manufacturer/ [ ] public recognized surveyor ___
7.(X) Certificate of Origin in 3 copies issued by MANUFACTURER
8.( ) Beneficiary's certified copy of fax/telex dispatched to the applicant within ___ hours after shipment advising L/C No., name of vessel, date of shipment, name, quantity, weight and value of goods.

Other documents, if any
SHIPPING ADVICE IN 3 COPIES INDICATING L/C NO. AND CONTRACT NO.

Description of goods:
02009 WOMEN'S T-SHIRT
20PCS PER CARTON, COLOR: BLACK, FABRIC CONTENT: 100% COTTON
QUANTITY: 15000 PC
PRICE: USD30/PC

Additional instructions:
1.(X) All banking charges outside the opening bank are for beneficiary's account.
2.(X) Documents must be presented within 21 days after date of issuance of the transport documents but within the validity of this credit.
3.(X) Third party as shipper is not acceptable, Short Form/Blank B/L is not acceptable.
4.( ) Both quantity and credit amount ___ % more or less are allowed.
5.( ) All documents must be forwarded in ___
 ( ) Other terms, if any

图 5-5　开证申请书样本

（二）开证行开立信用证

开证行在收到开证申请书后，为规避业务风险，通常应进行下列操作。

首先，开证银行应严格审查开证申请人所提交的申请开证相关文件，包括开证申请书、开证申请人的资信证明和进口开证应提供的其他有效文件。

其次，开证行需要审查该笔业务的贸易背景，核实其是否真实合法，对于无贸易背景的、热门商品的及无货权凭证的信用证开立请求，要特别审慎对待。

再次，开证行需落实开证抵押的方式。一般而言，开证抵押有三种方式：收取保证金、以出口信用证作抵押，凭其他银行保函开立信用证。

一旦开证行决定接受申请人的开证申请，就必须在合理的工作日内严格按照开证申请书的内容和要求开立信用证，并交由通知行通知给受益人。同时还应保证所开立的信用证符合相关惯例，且是有效并可供受益人使用的。此外，开证行还应负有挑选代理行承担通知、承付、议付和保兑信用证，对修改信用证的要求迅速答复，以及按照 ISBP 审核单据和承付信用证的责任。诚然，开证行有权在"单证不符、单单不符"的情况下拒绝收单，但是一旦其审单并决定承付，便有义务抵制申请人利用其作为拒付工具的企图。

开证行在开立跟单信用证时应注意以下几个方面。

第一，开证行应根据本身的代理行协议，选择自己在受益人所在地的联行或代理行为国外通知行，以便及时验核信用证的真实性和通知信用证。

第二，开证之前每笔信用证都应在信用证开证登记本上进行登记和编号。所登记的内容包括信用证号码、开证日期、开证货币及金额、通知行、开证申请人、合同号码等。

第三，开证行应根据申请人对开证方式的要求和开证申请书的内容，选择正确的开证方式，并缮制信用证。

第四，完成信用证的缮制后，开证行应将其内容和开证申请书上的相应内容逐一进行比对审核，确保其内容完整无误。经部门经理核签后，方可发出。

（三）信用证的通知和保兑

通知行收到开证行发来的信用证后，根据自身的意愿可进行两种选择。

其一，愿意作为通知行向受益人通知信用证。此时，通知行收到国外开证行的来证后，应签收登记并立即核验印鉴或密押，以确定信用证的表面真实性。一经核实无误，留存其副本或复印件备查，尽快将信用证通知给受益人。如存在疑问，则必须毫不迟疑地告知开证行说明自己无法鉴别。如果仍然决定要通知受益人，则必须告知受益人未能鉴别该证的真实性。

其二，不愿意通知信用证。此时，通知行必须毫不延误地告知开证行，不必说明拒绝通知的理由。

在实务中，有时开证申请人会应受益人的提请，向开证行提示通知行的名称，但该通知行并非开证行的代理行。此时，为了有效地传递信用证，尊重申请人的指示，开证行在选择自己的代理行的同时，嘱咐其再通过开证申请人指示的通知行将信用证传递给受益人。如此，信用证上便出现了"advise through"另一家银行传递信用证的情况，这意味着开证行授权第一通知行通过第二通知行（Second Advising Bank）向受益人传递信用证。这种情况下，第二通知行的责任与第一通知行的责任是完全相同的。

此外，如果开证行还要求通知行对信用证加以保兑，那么，和之前提到的通知行可以自行决定是否通知一样，它也可以自行决定是否对信用证加具保兑。如果通知行愿意加上保兑，就在信用证上注明"We hereby confirm the credit"（我行保兑此证）或在通知书上另行附上明确保兑之意的文字，并可对该行的保兑范围加以限定。此时，通知行亦为保兑行。如果通知行不愿保兑，则必须毫不延迟地通知开证行。

（四）信用证的审核与修改

由于信用证是开证行依据进口商所提交的开证申请书开立的，而开证申请书中的条款又以合同条款为基础，所以，受益人受到合同和信用证这两个契约的共同约束。因而，能否同时满足这两者的要求，就成为出口商能否顺利回收货款的关键。在实务中，出口商收到信用证后，往往会与通知行协作，及时认真细致地对信用证进行审核，以便尽早发现问题与错误，提示修改或采取相应的补救措施。

1. 信用证的审核

可以预见，如果信用证条款与合同不符，或者信用证中存在一些"软条款"，那么，即便出口商严格按合同要求提交了货物和相关单据，也会在议付货款时有遭遇银行"拒付"的风险。因此，出口商（受益人）收到信用证后，必须严格根据合同对信用证进行审核，及时发现信用证中可能存在的与合同不符的条款和"软条款"。

出口商主要根据国内的有关政策规定、交易双方达成的买卖合同、UCP 600、ISBP、国际商会其他出版物以及实际业务中出现的具体情况等，来对信用证进行审核。审核的要点如下。

（1）信用证的付款保证是否可靠。

信用证作为国际贸易中一个重要的结算方式，出口商使用该业务的主要目的就是顺利回收货款，所以信用证的付款保证是否真实有效应放在审核的首位。根据信用证结算的原理，开证行承担着第一性的付款责任，所以开证行的政治背景、资信状况等都应核实清楚。如果开证行资信优良，则其付款承诺相对可靠，无须要求其对所开出的信用证加具保兑；如果开证行资信欠佳，则应由第三方银行对该信用证加以保兑，以降低回收货款的风险。其次，要确定该信用证是否为通知行正式通知的有效信用证，并尤其注意鉴别印鉴、密押等的真伪，如果是由开证申请人或其他单位个人直接寄送的，最好不予接受。此外，要辨别信用证是否生效，是否为有条件生效的信用证，是否为简电本等，以消除交单议付时的潜在风险，获得可靠的付款保证。

（2）信用证的种类。

出口商应审核信用证上是否按贸易合同的规定写明了信用证的类型。无论是哪种类型的信用证，根据 UCP 600 的规定，都应该标注有"Irrevocable"（不可撤销）字样。当合同规定开出的是保兑信用证时，则需注明"Confirmed"；如为可转让信用证，则应注明"Transferable"。

（3）开证申请人和受益人信息。

信用证上申请人和受益人的信息，包括名称、地址等，应该完整准确，并与贸易合同和其他单据文件上的名称和地址保持一致，以免给发货、收汇带来不便。

（4）信用证上的支付金额、货币种类。

信用证中所使用的应该是可以自由兑换的货币，且金额的单价、总值、大小写、货币单位等都应该与贸易合同、形式发票等保持一致。如果合同上允许交货数量有一定的伸缩幅度,则信用证上所规定的支付金额也应允许有相应的增减幅度。

(5) 信用证付款方式和对所提交单据的要求。

信用证上应该明确标明其付款方式:即期付款、延期付款、承兑或议付。在核实付款方式的同时,还要仔细审核来证所提到的对所交单据的要求,主要包括议付时应提交给银行的单据种类、份数、格式及填制方法等,尤其要注意对出单单位的资格要求、单据的各种背书转让条件规定、对单据的要求是否与合同相符,以及是否符合国际商业惯例、相关国际法规和我国的有关法令政策。

(6) 信用证上的各项期限。

信用证上对各项贸易、结算活动环节的时间安排是否科学合理,直接决定出口商能否顺利安排发货、交单议付以及回收货款。

1) 信用证的开证日期和有效期。

通常贸易合同中会规定信用证的最迟开立日期,所以在收到信用证后,应对开证日期和地点的正确完整性进行审核。如有不妥,应及时要求对方进行澄清并保留向开证申请人提出索赔的权力。信用证的有效期通常与交易的具体情况有关,不宜太长,也不宜太短。太长会造成额外的银行费用,太短则不利于出口商备货发货,从而引起信用证展期的麻烦。同时,信用证的有效期与装运期之间需要有一定的合理间隔,给出口商留出制单结汇的时间,不要出现所谓"双到期"(装运期和有效期是同一天)的情况。在实务中,信用证的有效期一般为货物装运后15天或者21天,如果最后一天为法定节假日,则顺延至下一个营业日。

2) 信用证规定的装运期和交单期。

由于在不按信用证规定的装运期发货的情况下,运输单据上的时间会成为银行审单时的不符点,从而导致银行拒付,所以出口商一定要对装运期进行严格审核。通常,信用证上规定的装运期必须与合同上的要求保持一致。如果信用证到达太晚而导致出口商无法按期装运货物,则应及时联系开证申请人进行修改。对于允许分批装运的货物,尤其要注意每期装运的时间是否留有合适的间隔,能否做到按信用证规定的各时段发货,因为按照国际惯例,任何一批未按期出运,信用证中的该期及以后各期均告失效。

在实务中,信用证亦会对出口商发货后的交单期进行规定,通常规定为提单日后若干天(以7~15天为宜),如果超期交单或单据有错漏,银行有权拒绝付款。对于信用证上没有明确交单期限要求的情况,根据UCP 600 第十四条 c 款规定,受益人或其代表须在不迟于装运日后的21个公历日内提交,且无论如何不得迟于信用证的到期日。所以,出口商应针对自己的实际情况,考虑信用证上所规定的交单期是否现实,如有不妥,应及时与开证申请人交涉。

(7) 信用证的到期地点和交单地点。

信用证的到期地点是指在有效期内交单有效的地点,出口商在审核信用证时要注意其是否在国内。因为如果信用证在国外到期,则交单时相关单据必须寄往国外,出口商不容易掌握单据到达国外银行的时间,且存在丢失的风险;而在国内交单付款则更为安全便捷。关于交单地点,UCP 600 规定 "信用证兑用的银行地点就是交单地点"。在限制议付信用证中,因为由指定银行进行承付或议付单据,所以指定银行所在地即为信用证规定的交单地点。在公开议付信用证下,因该证可在任何银行兑用,所以任何银行所在地均视为交单地点。此外,不管何种类型,是否有指定银行,所有的信用证都是可以在开证行兑用的,因此,在任何情况下,开证行所在地都可视为信用证交单地点。出口商在审核信用证时,应根据自身的实际情况，考虑交单地点是否合理便捷。

（8）信用证中对货物本身及装运要求的描述。

对货物本身描述的审核主要包括检查核实来证中所提及的商品名称、规格、质量、数量、包装、价格等是否与合同保持一致。

对装运要求的审核主要涉及检查核实来证是否对货物的装运港、卸货港、目的地、船龄、货运保险等做出了与合同相符的明确规定，尤其要注意信用证中与分批/分期装运、转船等内容相关的条款是否符合合同规定。对于任何无把握做到的要求，均应及时通知对方进行调整。

（9）信用证的其他条款和特殊条款。

除上述内容外，对信用证的审核还应该注意以下方面。

1）信用证上是否明确注明受 UCP 600 的约束。

2）信用证项下的有关费用由哪一方支付的条款是否指示明确。

3）信用证中有无特殊条款，是否存在陷阱。例如：1/3 正本提单直接寄送进口商的条款。

4）信用证上已经印就的内容，特别是来证空白处、边缘处加注的字句和戳记。这些内容大多是对信用证条款的重要补充或修改，如不加注意，就有造成事故损失的可能。

2. 信用证的修改

信用证受益人对来证进行全面审核之后，如果发现证中存在与本国对外贸易政策不符、与合同规定不符，或是存在不能接受、无法办到的条款和规定，为了不影响合同的履行和安全收汇，可依据合同规定及时通知开证申请人对信用证相关条款作必要的修改。信用证修改流程如图 5-6 所示。

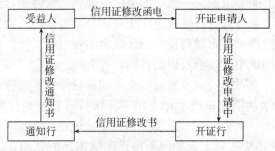

图 5-6　信用证修改流程

UCP 600 第十条对信用证的修改做出了以下规定。

第一，除可转让信用证另有规定以外，凡未经开证行、保兑行（如有）以及受益人同意的信用证，既不能修改也不能撤销。

第二，自发出信用证修改书之时起，开证行就不可撤销地受其发出修改的约束。保兑行可将其保兑承诺扩展至修改内容，且自其通知修改之时起，即不可撤销地受到该修改的约束。然而，保兑行亦可选择仅将修改通知受益人而不对其加具保兑，但必须毫不延迟地将此情况通知给开证行和受益人。

第三，在受益人向通知修改的银行表示接受该修改内容之前，原信用证（或包含先前已被接受修改的信用证）的条款和条件对受益人仍然有效。受益人应发出接受或拒绝接受修改的通知。如受益人未提供上述通知，当其提交至被指定银行或开证行的单据与信用证以及尚未表述接受的修改的要求一致时,则该事实即视为受益人已做出接受修改的通知,并从此时起,该信用证已被修改。

第四,通知修改的银行应当通知向其发出修改书的银行任何有关接受或拒绝接受修改的通知。

第五,不允许部分接受修改,部分接受修改将被视为拒绝接受修改的通知。

第六,修改书中做出的除非受益人在某一时间内拒绝接受修改,否则修改将开始生效的条款将被不予置理。

对于如何通知对信用证的修改,UCP 600中做出了这样的描述:对信用证的修改亦可通过通知行通知给受益人,通知行一旦将信用证的修改信息通知给了受益人,即表明其认可了修改内容表面上的真实性且准确地反映了所收到的修改条款及条件。和通知信用证一样,对信用证进行修改的通知也可以通过第二通知行来进行。但是,需要注意的是,如果一家银行利用另一家通知行或第二通知行的服务将信用证通知给受益人,则它也必须利用同一家银行的服务来通知对该信用证的修改。

在实务中,除了受益人可能会在审证之后提出修改信用证某些条款的要求以外,进口商如果遇到本国新近的法律法规调整,或者国内外政治、经济、市场行情的变化,也会提出修改信用证某些条款的要求,以便顺应国法,保障自己的利益。在少数情况下,还会遇到开证行因发现其开出的信用证发生差错或存在内容上的疏漏,而提出的改证要求。无论是哪一方提出对信用证进行修改,都应该遵循相关法律法规以及惯例的规定来进行。一份信用证如果有多处需要修改,则应一次提出,尽量避免因考虑不周而一改再改,从而节省双方的精力和费用,减少对外界造成的不良影响。

案例 5-7

案情:

某公司对美国出口女士上衣一批,合同规定绿色的100件,红色的300件。但是国外来证规定:绿色的300件,红色的100件。该公司认为是银行误开,于是依然按照合同备货、发运、制单。当将单据递交银行时,议付行审核后,因单证不符而拒绝议付。此时,该公司才联系美国客户提出修改信用证的要求。但为了避免迟期提单,只好冒风险表提寄单,结果导致货款迟收了三个月,蒙受了利息和实价的损失。

分析:

本案例中,该公司的主要失误体现在两个方面。其一,对于信用证条款与合同所述存在的明显不符点,没有提出修改,也没有向进口商核实,而自作主张地认为是银行误开。其二,单据的缮制与信用证要求存在明显的差异,却没有引起注意。可见,本案例所反映的主要问题在当事人没有正确理解信用证项下单证相符的重要性,以及信用证应以合同为基础开立的基本原则。在实务中,一旦发现信用证与合同规定不符,就应意识到会给自己发货和交单都带来不便,应立即做出正确的行动:要求修改信用证,或向开证申请人提出要求,要求其接受瑕疵单据,并待其向银行做出保证后再制单向银行提交。

(五) 交单议付与寄单索汇

1. 交单议付

当信用证经过严格审核、修改,确认无误之后,受益人便可按照信用证的要求在规定的期限内进行备货、租船订舱、报关报检以及装运工作，同时缮制并取得信用证所要求提交的全套单据，在信用证规定的交单期和信用证有效期内，连同信用证正本一起送交保兑行、开证行或信用证指定的银行办理议付，以获得货款。

根据 UCP 600 第二条的定义，议付意指被指定银行在其应获得偿付的银行日或在此之前，通过向受益人预付或者同意向受益人预付款项的方式购买相符提示项下的汇票（汇票付款人为被指定银行以外的银行）及（或）单据。换句话说，只要受益人提交了符合信用证规定的全套单据，银行便会在单证一致的前提下，扣除预付款的利息和手续费后，购进受益人出具的汇票和全套单据，将货款即时垫付给受益人，使之获得资金融通的便利。可见，在此环节中，能否顺利议付拿到货款，出口商所提交的单据质量高低起着决定性的作用。UCP 600 第二条规定：提示意指信用证项下单据被提交至开证行或被指定银行，抑或按此方式提交的单据；相符提示意指与信用证中的条款及条件、本惯例中所适用的规定及国际标准银行实务相一致的提示。在此，相符提示亦可理解为相符交单。由于相符交单是垫付货款的银行在日后能够获得偿付的前提，所以银行在购进受益人所提交的单据时，会严格审单。UCP 600 第十四条规定了审核单据的标准，并明确指出：按照指定行事的被指定银行、保兑行（如有）以及开证行必须对提示的单据进行审核，并仅以单据为基础，以决定单据在表面上看来是否构成相符提示（交单）。

此处，有两点需要注意。其一，单据的审核仅以单据为基础。也是就说，银行对单据的审核不能越过单据本身去考虑基础合同或其他交易或货物实情，这也是信用证独立性原则的体现。其二，单据的审核仅强调"表面上"是否构成相符交单。换句话说，银行不负责调查审核单据所代表的货物是否与基础合同上的相符，货物是否真实存在、真实运出，单据是否伪造、内容是否真实等问题，仅审查核实单据直接呈现在审核者面前的表面的内容。

在实际操作中，银行审核信用证项下单据的标准可以归纳为四点：单证相符、单单相符、符合法律、符合常规。

单证相符，就是以信用证及其修改（如有，并被受益人接受）条款为依据，逐一审查其规定受益人提交的单据，要求这些单据的种类、份数、具体内容以及交单的行为都符合信用证及其修改（如有）条款的规定。此谓纵审。

单单相符，就是以商业发票为中心，审核各项商业和金融单据，要求同一份信用证项下的所有单据的相关内容一致或不矛盾。此谓横审。

符合法律，是指对于已经有相关法律对单据进行规定的，信用证上可不再另加规定或重复提及。即便如此，在审核单据的时候，还是要遵照相关法律要求来进行。

符合常规，是指对于在国际贸易中的常规性要求，即便信用证上没有提及，审核信用证项下的单据时也不能忽略。

根据 UCP 600 的规定，按照指定行事的被指定银行、保兑行（如有）以及开证行，自其收到提示单据的翌日起算，应各自拥有最多不超过 5 个银行工作日的时间以决定提示是否相符。也就是说，银行应该在最多 5 个工作日内对受益人所提交的单据审核完毕，如果确定单据表面符合信用证的条款和条件，就应该按照授权办理议付。如果审单发现存在不符点，银行可以要求受益人修改单据；无法修改的，银行应该电提或者表提不符点。电提是指银行审单后根据出口商的要求，暂时不向开证行寄单，而是电告开证行单据存在的不符点，并请开证行与进口商联系是否接受不符点。如接受，则银行方可履行议付并寄单索偿。表提是指银行审单发现不符点后，仍将单据寄交开证行，但是会在面函上声明不符点，并请开证行联系征求进口商的意见。如果进口商愿意接受并同意付款,银行便可按付款指示付款;如果进口商不接受不符点,则开证行将原样退回单据。

总而言之,在信用证业务中,如果发现单据存在不符点,受益人应及时在规定的期限内进行修改或换单,抑或积极与开证申请人和银行联系改证。万一因时间等条件限制而无法更改错误,受益人可考虑上述电提和表提措施。

2. 寄单索汇

在确认受益人满足"相符交单"的要求,或者经过修改、补充满足"相符交单"的要求后,接受出口商交单的银行便可议付货款,并寄单索汇。

通常,信用证项下的寄单方式有一次寄单和分次寄单两种方式。一次寄单是指将全套单据放入一个信封一次性寄出;分次寄单是指将全套单据分为若干份,分别寄出。在实务中,多采用分次寄单以避免寄送过程中的事故风险。开证行若指定了偿付行,银行在寄单时应当一方面把单据寄交开证行,另一方面直接向偿付行索偿;若未指定偿付行,则银行可将单据一次或分次寄交开证行并同时向开证行进行索偿。

在索偿时,应透彻理解信用证中的偿付条款。通常,信用证偿付条款中所规定的偿付方式有四类。

其一,单到付款。单到付款是指议付行向开证行寄单、索偿,开证行审单无误后付款。

其二,主动借记。主动借记是指开证行或其总行在议付行开有账户,信用证规定议付行在办理议付后可立即借记其账。

其三,授权借记。授权借记是指开证行虽然在议付行开有账户,但信用证规定,必须在开证行收到正确的单据并授权其账户借记时,议付行才能借记其账户。

其四,向偿付行索偿。向偿付行索偿是指当开证行在信用证中指定了第三家银行代为偿付时,议付行在议付信用证后,向开证行寄单的同时,向偿付行发出索偿书索偿。通常,偿付行应为开证货币发行国的银行。

开证行收到寄来的全套单据后,同样应在 5 个银行工作日内依据信用证条款全面审核完毕。如交单相符,即偿付款项给指定银行;若交单不符,则开证行有权在规定的期限内拒绝接受不符单据,拒绝对外支付信用证金额。当开证行决定拒绝付款时,必须给予交单人一份单独的拒付通知,一次性提出每个不符点,并不得以不正当的理由苛求交单人提交的单据。

(六)付款赎单

开证行接受相符交单并偿付后,应立即通知开证申请人(买方)付款赎单。开证申请人接到开证行的付款赎单通知后,应立即到开证行审查单据,如果发现不符点,开证申请人有权拒付,但是拒付的理由只能是单证之间或是单单之间存在表面不符的情况,而不能以单据的真实性、有效性以及货物本身存在的问题提出拒付。也就是说,即便提出的货物与单据不符,申请人也无权要求开证行进行赔偿。开证申请人拒付后,开证行须自行承担损失,对已经偿付的款项,并无追索的权利。如审单发现单据无误,开证申请人应马上付清所有应付款项,以赎回全套单据,在货物已经到达的情况下,凭提单提货。至此,该项交易的结算过程即告结束。

三、信用证项下的融资业务

在国际贸易结算环节中,买卖双方除了追求安全提货收汇,还希望能在贸易过程中谋求资金融通。因而,随着信用证业务的不断发展,它除了被当作一种安全有效的结算工具外,还可以被企业用来作为融资的工具,为国际贸易提供综合性服务。目前,与信用证结算方式相对应的国际贸易融资业务主要有以下几种。

(一) 授信开证 (Issuing of L/C with Credit Limits)

授信开证是指银行为客户在授信额度内减免保证金对外开立信用证。具体而言,是指开证行通常会为具有进口业务经营资格、业务情况及收付汇情况良好、资信可靠、有充足的偿债能力且能够提供银行可接受的可靠担保、抵押、质押的进口商提供开证授信额度,在未向其收取全额保证金的情况下,根据有关规定,为其提供开立进口信用证的业务。

(二) 进口押汇 (Import Bill Advance)

进口押汇是指开证行在收到信用证项下全套相符单据时,向开证申请人提供的,用以支付该信用证款项的短期资金融通。进口押汇通常是与信托收据配套操作的。也就是说,开证行凭开证申请人签发给银行的信托收据释放信用证项下单据给申请人,申请人在未付款的情况下先行办理提货、报关、存仓、保险和销售,并以货物销售后回笼的资金支付银行为其垫付的信用证金额和相关利息。开证行与开证申请人由于信托收据形成信托关系,银行保留单证项下货物销售收入的受益权,开证申请人拥有单证法律上的所有权,能够处分单证项下的货物。

(三) 提货担保 (Shipping Guarantee)

提货担保是指在信用证结算的进口贸易中,当载货船舶早于货运单据到达卸货港时,开证行应进口商的申请,为其向承运人或其代理人出具的承担由先行放货引起的赔偿责任的保证性文件。在提货担保中,开证行担保进口商在取得正本单据后,将以正本单据换回原提货担保函,并保证承担承运人因先行放货而可能遭受的损失及有关费用。由于进口商在向开证行付款之前便取得了货物,因此提货担保实质上就是开证行对进口商提供的资金融通。

(四) 出口押汇 (Bills Purchase)

出口押汇是指企业(信用证受益人)在向银行提交信用证项下单据议付时,银行(议付行)根据企业的申请,将企业提交的全套单证相符的单据作为质押进行审核,审核无误后,参照票面金额将款项垫付给企业,然后向开证行寄单索汇,并向企业收取押汇利息和银行费用并保留追索权的一种短期出口融资业务。

(五) 打包放款 (Packing Loan)

业界关于打包放款的界定有不同的主张,通常所谓打包放款,是指与信用证有关的贸易融资形式之一,是出口商收到进口商开来的信用证后,因需要资金支付材料费用、生产费用、装运费用等而将信用证交到银行,以信用证为还款保证,向银行申请出口货物装运前融资,当货物装运后,客户把出口单据交贷款银行做议付,将所得款项偿还打包款。这种做法是出口商所在地银行给予出口商的一种"装运前融资",融通银行须承担融资预支款的风险。银行为了减少风险,有时在预支款时要求出口商提供抵押品并办理有关手续。打包放款的贷款金额一般是信用证金额折人民币的60%~80%,期限一般不超过4个月,利率为流动资金贷款利率。也有的将打包放款称为信用证抵押贷款,是指出口商收到境外开来的信用证,在采购这笔信用证有关的出口商品或生产出口商品时,资金出现短缺,用该笔信用证作为抵押,向银行申请本、外币流动资金贷款,用于出口货物加工、包装及运输过程出现的资金缺口。

案例 5-8

案情:

某年,我国内地 CRY 公司与香港地区 TSA 公司签订一份进出口合同,合同规定 TSA 公司用渣打银行开立的以 CRY 公司为受益人的信用证购买其生产的塑料制品。CRY 公司以信用证为抵押,请求上海银行提供 30 万美元贷款用于购买塑料原料。上海银行向其提供款项后,眼看出口来证的期限即将到来,却始终未见该证的受益人 CRY 公司前来交单办理出口议付手续。经调查才发现,CRY 公司早已将信用证项下的货物装运给 TSA 公司,并将单据瞒过上海银行自行寄交给了 TSA 公司,而 TSA 公司则以 CRY 公司应归还其以前的欠款为由扣下了该出口货款。至此,尽管出口来证的正本在上海银行作为抵押,但实际上已经没有了任何作用。由于 CRY 公司濒临破产,上海银行不得不承受损失。

分析:

上述案例中,出口产品的生产技术非常简单,借款公司 CRY 也有一定的生产能力,本不应该有还贷的风险。但是,由于种种原因,叙作打包放款业务的上海银行仍然遭受了损失。可见,信用证打包放款的确存在能被某些客户利用的漏洞。尤其是本案中出口商虽将信用证正本交予上海银行作为抵押,但是却自行将单据寄给了进口商,这就使上海银行贷了款却得不到单据。加之出口商经营不善,致使贷款不能按期全部归还,甚至难以收回。由此可见,上海银行在叙作打包放款业务之前,一定要先对提出申请的出口商的资信进行详细的调查,如果其经营良好、履约能力强,能够按质、按量、按期完成交货任务,方可接受其贷款请求。显然,在此案例中,上海银行并没有了解到出口商濒临破产的事实就贸然放款,此举成为导致其无法收回贷款的重要原因。

(六)票据贴现(Discount)

票据贴现是银行为票据持票人办理的票据融资行为。银行在票据到期前,从票面金额中扣除贴现利息及有关手续费用后,将余额支付给票据持有人。在远期信用证项下,银行于到期日前,从已经承兑过的汇票票面金额中扣减贴现利息及相关手续费后,将余额支付给出口商。待票据到期时,银行再持票向最初签发票据的债务人(通常是国外进口商)兑取票款。此项业务能使出口商立即获取现款,实现加速资金周转的便利。需要注意的是,贴现票据必须是已承兑的远期汇票,承兑人通常是进口商或开证行。

(七)福费廷(Forfeiting)

福费廷或称无追索权的融资,又称买断或包买票据,英文名称为 Forfeiting,但 Forfaiting 也有使用,源于法语的 à forfait,本来是"放弃权利"之意。"福费廷"是对其的中文音译。福费廷业务,是指银行从出口商那里无追索权地买断由开证行承兑的远期汇票或由进口商所在地银行担保的远期汇票或本票的一种贸易融资方式。其特点是远期票据应产生于销售货物或提供技术服务的正当贸易;叙作包买票据业务后,出口商放弃对所出售债权凭证的一切权益,将收取债款的权利、风险和责任转嫁给包买商,而银行作为包买商也必须放弃对出口商的追索权;出口商在背书转让债权凭证的票据时均加注"无追索权"字样,从而将收取债款的权利、风险和责任转嫁给包买商。

四、《跟单信用证统一惯例》

跟单信用证经过几个世纪的发展,逐渐成为国际贸易中的一种主要结算方式和重要融资方式，它便利了国际结算，推动了国际贸易的发展。但是，在信用证的使用初期，由于国际贸易双方和各国银行分属不同的国家，习惯和法律各不相同，对信用证各有关当事人的权利、义务，以及条款的定义、术语等缺乏统一、公认的标准，加之语言有异，信用证当事人之间时常发生争议和纠纷。为了调和各当事人之间的矛盾，推动国际贸易和国际结算的进一步发展，在信用证产生后不到一个世纪的时间里，国际商会为推动和规范信用证的运作，于1929年制定通过了《跟单信用证统一惯例》的第一版本——国际商会第74号出版物，并进行了多次修订，使跟单信用证业务摆脱了无章可循的状况。

《跟单信用证统一惯例》是国际商会出台的一套非官方出版物，经历多次修订之后，内容日益充实完善。2006年11月，国际商会在全球范围内正式发布了其第600号出版物——《跟单信用证统一惯例》(2007年修订)，简称UCP 600，并于2007年7月1日起全面取代实施长达13年的UCP 500，成为有关信用证领域的最新国际惯例。

UCP 600共由39个条款组成，基本按照业务环节的先后进行归纳与排列：第一至五条为总则部分，包括UCP的适用范围、定义条款、解释规则、信用证的独立性等；第六至十三条明确了有关信用证的开立、修改，各当事人的关系与责任等问题；第十四至十六条是关于单据的审核标准、单证相符或不符的处理规定；第十七至二十八条属于单据条款，包括商业发票、运输单据、保险单据等；第二十九至三十二条规定了有关款项支取的问题；第三十三至三十七条属于银行的免责条款；第三十八条是关于可转让信用证的规定；第三十九条是关于款项让渡的规定。

相比UCP 500，UCP 600集中归结了信用证业务中的相关概念和某些词语的特定解释，对兑付（Honor）、议付（Negotiation）、相符交单（Complying Presentation）、银行日（Banking Day）等做出了新的定义，使得该惯例的语言更为清晰和准确。其次，UCP 600对审核单据的标准和时间、拒付单据后的处理、可转让信用证以及单据传递过程中的遗失责任等方面分别进行了修改或补充。此外，UCP 600还新增了信用证下的融资许可，同时取消了许多无实际意义的条款，如"可撤销信用证""风帆动力批注""货运代理提单"等。

《跟单信用证统一惯例》既是跟单信用证业务的指导性文件，又是一项业务操作细则，具有重要的现实意义。它虽然不是一项国际性的法律规章，不具有强制执行的效力，但是，目前已被全世界绝大多数国家和地区的银行接受。在开证行选择遵循UCP 600的情况下，除非信用证另有规定，UCP 600的条款对信用证所有当事人均有约束力。在我国对外出口业务中，如果采用信用证方式进行结算，国外来证绝大多数会加注："除另有规定外，本证根据国际商会《跟单信用证统一惯例》(2007年修订)，即国际商会第600号出版物办理。"

本章小结

本章主要阐述信用证这个国际结算的重要方式，对信用证的定义、特点、当事人的权责、种类和流程、融资方式、相关国际惯例等进行了较为详尽的讲解。

信用证是银行一种有条件的付款承诺。具体而言，信用证是银行（开证行）根据申请人的要求和指示，向受益人开立的，在一定期限内凭规定的符合信用证条款的单据，即期或在一个可以确定的将来日期承付一定金额的书面承诺。信用证是一种自足性文件，信用证业务是纯单据业务，涉及开证申请人、开证行和受益人这三大基本当事人，其中开证行承担第一性的付款责任。

信用证种类繁多，各具特色。因此，从不同的角度可以将信用证划分为不同的种类，一份信用证可以兼具多种信用证的特征。每一种信用证都是与进出口业务的实际需要紧密联系的，在实务中应注意根据需要进行选择。尽管不同国际贸易背景下所涉及的信用证种类不同，业务程序也不尽相同，但是，买卖双方如在合同中规定要采用信用证方式实现既成债权债务的清偿，便都需要经过进口商申请开证、开证行对外开证、信用证的通知和保兑、信用证的审核与修改、交单议付与寄单索汇、付款赎单等几个主要的业务环节。

在国际贸易结算环节中，买卖双方除了追求安全提货收汇外，还希望能在贸易过程中谋求资金融通。因而，随着信用证业务的不断发展，它除了被当作一种安全有效的结算工具外，还可以被企业用来作为融资的工具，为国际贸易提供综合性服务。目前，与信用证结算方式相对应的国际贸易融资业务主要有授信开证、进口押汇、提货担保、出口押汇、打包放款、票据贴现和福费廷等。

《跟单信用证统一惯例》既是跟单信用证业务的指导性文件，又是一项业务操作细则，具有重要的现实意义。它虽然不是一项国际性的法律规章，不具有强制执行的效力，但是，目前已被全世界绝大多数国家和地区的银行接受。在开证行选择遵循 UCP 600 的情况下，除非信用证另有规定，UCP 600 的条款对信用证所有当事人均有约束力。深入研究和切实按照现行惯例中的有关规定办理信用证业务，有着十分重要的实践意义和经济意义。

关键名词解释

信用证　开证行　开证申请人　受益人　议付行　通知行　跟单信用证　可转让信用证　背对背信用证　循环信用证　预支信用证　单证一致　相符交单　授信开证　进口押汇　提货担保　打包放款　出口押汇　UCP 600

思考题

1. 什么是信用证？它具备哪些基本特点？
2. 与其他结算方式相比，信用证结算有哪些优点？
3. 请作图说明信用证结算的业务流程。
4. 可转让信用证与背对背信用证的主要区别有哪些？
5. 信用证的审核和修改分别需要注意哪些问题？

案例分析

案情：

2016 年 4 月 11 日，我国内地 JS 公司与香港 GT 公司达成一份出口合同：合同号 No. 94JS-GT102，4 950dz of 45×45/110×70 T/C yarn-dyed shirt with long sleeve（涤棉长袖衬衫），5% more or less are allowed，单价 USD 28.20/dz CFR Hong Kong，总金额 USD 139 590.00，2016 年 8 月底之前装运，付款方式为 by 100% irrevocable L/C to be available by 30 days after date of B/L（不可撤销信用证的提单日后 30 天远期信用证付款）。

经 JS 公司催促，JS 公司于 5 月底收到由意大利商业银行那不勒斯分行（Banca Commercial Italy，Naples Branch）开来的编号为 6753/80210 的远期信用证，信用证的开证申请人为意大利的 CIBM SRL，并将目的港改为意大利的那不勒斯港，最迟装运期为 2016 年 8 月 30 日，同时指定承运人为 Marvelous International Container Lines（以下简称"MICL 公司"），信用证有效期为9月15日，在中国议付有效。

JS公司收到信用证后，没有对信用证提出异议，并立即组织生产。由于生产衬衫的色织面料约定由香港GT公司指定的北京GH色织厂提供，而此后北京GH色织厂未能按照JS公司的要求及时供应生产所需面料，并且数量也短缺，导致JS公司没有赶上信用证规定的8月30日的最迟装运期限。为此，香港GT公司出具了一份保函给JS公司，保证买方在收到单据后会及时付款赎单。JS公司凭此保函于9月12日通过信用证指定的MICL公司装运了4 700打衬衫（总货款为USD 132 540.00），并取得了编号为GM/NAP-11773的海运提单，提单日期为2016年9月12日。

9月14日，JS公司备齐信用证所要求的全套单据递交议付行。不久便收到意大利商业银行那不勒斯分行的拒付通知，理由是单证不符：一是数量短缺；二是提单日超过了信用证的最迟装运期。此后JS公司多次与香港GT公司和意大利的CIBM SRL联系，但二者都毫无音讯。

11月1日，JS公司收到CIBM SRL的传真，声称货物质量有问题，要求降价20%。JS公司据此推断CIBM SRL已经提货，接着便从MICL海运公司处得到证实。而且据MICL称，CIBM SRL是凭正本提单提取的货物。因此，JS公司立即通过议付行要求意大利商业银行那不勒斯分行退单，此后还多次去电催促退单事宜。

11月15日，意大利商业银行那不勒斯分行声称其早已将信用证号为6753/80210的信用证项下的全套正本和副本单据寄给了JS公司的议付行，但议付行仅收到了一套副本单据。

JS公司了解到意大利商业银行在上海开设了办事处，便立即与该办事处的负责人交涉，严正指出作为在国际银行界有一定地位的意大利商业银行，擅自放单给买方是一种严重违反UCP 600及国际惯例的行为，希望意大利商业银行尽快妥善处理这一事件，否则JS公司将会采取进一步的法律行动，以维护自身的合法权益。

12月2日，意大利CIBM SRL公司的总经理L. Calabrese主动要求来华与JS公司协商解决这一贸易纠纷。12月5日，JS公司组成3人谈判小组赴上海与L. Calabrese谈判。在确认了CIBM SRL是从银行取得正本提单提货的事实后，谈判过程显得比较简单。谈判中对方以短量和货物质量有问题为由要求降价，JS公司未予理睬。

12月10日，JS公司收到CIBM SRL公司汇来的全部货款。

分析：

JS公司在此笔业务中利用信用证的规则成功地追回了全部货款，这一经验值得借鉴。

JS公司在遭拒付后与有关方面联系以协商解决此事时，有关当事人都避而不理。正当JS公司一筹莫展之时，收货人CIBM SRL公司一封提出货物质量有问题并要求降价20%的传真使之露出了马脚，JS公司由此推断收货人很可能已经提取了货物。接着JS公司便与承运人核实货物下落，证实了JS公司的推断，而且是从开证行取得的正本提单，因为在这一环节还有可能是承运人无单放货。

根据UCP 600的相关规定，开证行如果决定拒收单据，则应在自收到单据次日起的5个银行工作日内通知议付行，该通知必须叙明银行凭以拒收单据的所有不符点，还必须说明银行是否留存单据听候处理。言下之意，开证行无权自行处理单据。照此规定，本案中的意大利商业银行那不勒斯分行（以下称"开证行"）通知JS公司拒付的事由后就应妥善保存好全套单据，听从受益人的指示。

JS公司确定了是开证行擅自将单据放给收货人之后，就立即通过议付行要求开证行退单。事实上开证行根本就无单可退，也就迫使开证行将收货人推出来解决这一纠纷。银行的生命在于信誉，此时的开证行再也不会冒风险与收货人串通一气。正是因为抓住了开证行这一擅自放单的把柄，本来在履约过程中也有一定失误的 JS 公司将货款如数追回。

不容忽视的是，JS 在前期履约过程中也存在两点失误：一是在信用证改变了目的港后未能及时提出异议，因为目的港从香港改成了意大利的那不勒斯港，至少买方的运费成本增加了许多；二是当面料供应不及时时，没有要求客户修改信用证，而是轻信了对方的担保函。

第六章

银行保函

学习目标

了解银行保函的概念、特点,以及各基本当事人的关系、责任和义务;掌握银行保函的类型、作用和业务流程;能够结合银行保函单证实例分析,遵照银行保函适用的国际惯例来处理实务中的相关问题。

第一节　银行保函概述

在国际贸易中,跟单信用证为卖方提供了银行信用作为付款保证,但是无法用于卖方向买方做出履约保证。而在国际经济交往中,任何一方未能履约,都会使对方蒙受较大的损失。为此,合同当事人往往需要由第三方作为担保人,以其资信向受益人保证对委托人履行合同项下的责任、义务或偿还债务等行为承担责任,以便维护自己的经济利益,规避可能出现的风险。

一、银行保函的含义

保函,又称保证书,是指银行、保险公司、担保公司或担保人应申请人的请求,向受益人开立的一种书面信用担保凭证,保证在申请人未能按双方协议履行其责任或义务时,由担保人代其履行一定金额、一定时限范围内的某种支付或经济赔偿责任。由于银行资金雄厚且经营能力较强,所以常应客户要求而担任担保人,银行保函业务便应运而生。

银行保函(Letter of Guarantee, L/G)又称银行保证书,是指银行应申请人或委托人的要求,作为担保人向受益方开出的,向其担保申请人一定履行某种义务和责任,如果申请人未能履约,则由担保银行代为履行一定金额、一定期限范围内的某种支付或经济赔偿责任的具有担保性质的书面承诺文件。可见,银行保函的性质属银行信用。

二、银行保函的特点及功能

银行保函作为国际结算和担保的重要形式,在国际金融、国际租赁和国际贸易及经济合作中都得到了广泛的应用。其特点及功能如下。

(一) 银行保函的特点

银行保函具有以下特点。

第一，银行保函是依据商务合同开出的，但又不依附于商务合同，具有独立的法律效力。当受益人在保函项下合理索赔时，只要提出的索赔条件符合保函规定（包括受益人证明、申请人违约声明和其他相关文件），担保行就必须承担付款责任，而不论委托人是否同意付款，也不管合同履行的实际事实。即，银行保函是独立的承诺并且基本上是单证化的交易业务。

案例 6-1

案情：

A 与 B 签订了一份销售货物给 B 的合同，并按照合同规定，要求 G 银行开立了一份以 B 为受益人的保函，以防止 A 不能在合同规定的装运期内发运与销售合同相符的货物。该保函仅表明其开立与所述销售合同相关，并保证凭首次书面要求向 B 支付最高不超过 5 000 欧元的款项。此后，A 向 B 发了货，而 B 却声称 A 所发货物与合同不符，并且迟装。A 对此提出异议，但 B 凭保函提出要求赔偿。请问：G 银行是否应该赔偿 B？

分析：

根据 URDG 的规定，保函在性质上是独立于其可能基于的合同或投标条件的交易，即使保函中保函对合同或投标条件进行了援引，担保人与这类合同或投标条件也无任何关系，并不受其约束。担保人在保函项下的责任是在受益人提交了在表面上与保函条款一致的书面索款通知和保函规定的其他单据时，便向其支付保函中所述的金额。因此，G 银行并不关心基础销售合同，即使保函中提及该合同也是如此，只要 B 提交了与保函相符的书面要求，G 银行就必须付款。

第二，开出保函的银行以其银行信用向受益人担保申请人会履行合同责任和义务，更易于合同双方接受。且只有在申请人违约或受益人具备索偿条件时，担保人才能依据保函要求赔偿。因此，银行保函的主要目的在于担保而不是付款。

第三，通常银行保函上会有自动展期条款，如"保函到期时自动续期一年"之类的字句，可令保函业务节省成本，方便操作。

(二) 银行保函的功能

银行保函的功能主要体现在两个方面。

其一，银行保函可保证合同项下的价款支付。这是银行保函能成为国际结算方式之一的重要原因。也就是说，银行保函可以用作各种商务支付的手段，以解决交易中合同价款及费用的支付问题。买卖合同及劳务承包合同项下的付款保函、租赁合同项下的租金保付保函、借贷合同项下的贷款归还保函等，都是用来保证合同项下的付款责任方按期向另一方支付一定的合同价款，以保证合同价款和所交易货物、劳务和技术的交换。

其二，银行保函能保证在违约情况发生时，受害方可以得到合理的补偿。可见，银行保函可以用来作为对履约责任人必须按期履行其合同义务的制约手段和对违约受害方进行补偿的保证工具。

因此，在任何一种交易过程或商务活动中，如果一方对另一方的资信、履约能力和决心产生怀疑，都可以寻求银行作为第三者介入进行担保，开立银行保函。

三、银行保函的当事人及其相互关系

银行保函的当事人通常来说有七个，其中，申请人、受益人和担保人是三大主要当事人，此外，根据具体业务情况还有可能涉及通知行、保兑行、转开行和反担保人。

（一）申请人

申请人（Applicant），又称委托人，即向银行提出申请，要求银行开立保函的一方。例如：投标保函下的投标人、还款保函下的借贷款受款人。其主要责任是履行合同的相关义务，并在担保人履行担保责任后向担保人补偿其所进行的任何支付。在实际业务中，通常担保行会要求申请人提供抵质押或反担保函，以规避保函业务风险。

（二）受益人

受益人（Beneficiary）是指收到银行保函并有权依据保函条款向开出该保函的银行提出索偿的一方，即保函项下担保权益的享有者。例如，投标保函下的招标人。受益人的责任是履行合同义务，其权力是在对方不履行或不完全履行商务合同中所规定的义务时，按保函要求提交索偿书和相符单据，据以向银行提出索赔。

（三）担保人

担保人（Guarantor），又称保证人，是指接受申请人的委托而开立保函的银行，亦称担保行。担保人有义务按照保函申请人的要求准确无误地开立保函，并承担保函项下第一性的赔付责任。一旦发生保函项下申请人违约的事故，只要受益人提交了索偿书和保函中规定的相关文件，在核实这些文件表面上与保函条款一致后，担保行就应支付保函中所规定的数额的经济赔偿。赔付过后，担保人便可行使向反担保人（如有）索取赔偿或处置相关抵、质押物的权利。若处置后仍不足以相抵，则担保人还有权向申请人追索差额。此外，银行还要收取办理保函业务的手续费用以及可能产生的利息费用。

（四）通知行

通知行（Advising Bank），又称转递行，是指受担保银行的要求和委托，将保函通知给受益人的银行，通常为受益人所在地的银行。在实务中，通知行与担保行建有印鉴密押关系，负责也仅负责核对保函的印鉴或密押，以确保银行保函表面的真实性，并将表面真实的保函及时转递给受益人。换句话说，通知行只对保函表面的真实性负责，对保函内容的正确性不负责，对保函寄送过程中可能出现的延误或遗失等也不负责，同时也不承担任何经济责任。如果因某种原因不能及时将银行保函转递给受益人，通知行应及时将情况告知担保行，以便其采取其他措施。如银行保函顺利通知给了受益人，通知行则可按规定向担保行或申请人或受益人收取相应的转递费用。

（五）保兑行

保兑行（Confirming Bank），又称第二担保人，即根据担保人的要求在银行保函上加具保兑，保证担保人会按规定履行赔偿义务的银行。保兑行通常为受益人所在地信誉良好的银行。在实务中，如果担保银行的资信能力较差或者属于外汇紧缺国家的银行，受益人为保护自身的权益，可要求在担保行出具的保函上由一家国际上公认的资信好的大银行加具保兑。一旦担保行不按规定履行赔偿义务，保兑行便应代其履行付款义务，从而使受益人得到双重担保。付款后，保兑行有权凭担保函及担保行要求其加具保兑的书面指示向担保行进行索赔，并向担保行收取保兑手续费。

（六）转开行

转开行（Reissuing Bank）是指接受担保银行的要求，凭担保人的反担保向受益人开立保函的银行。转开行通常是受益人所在地银行，它一旦接受担保人请求转开的委托，就必须及时开出保函。转开行开立保函后，即变成担保人，须承担担保人的责任和义务，而原担保行就变成了反担保人。当发生符合保函规定条件的事件时，受益人便只能向转开行要求偿付。转开行对受益人赔付后，有权向担保行索取赔偿款项。

一般来说，为了将境外担保变成境内担保，银行保函的受益人会提出转开保函的要求。这样，在发生贸易争端或纠纷时，受益人可以就近在国内要求赔付，既加快了索赔速度，也可以利用本国的法律来进行仲裁，从而更有效地维护自身权益。

（七）反担保人

反担保人（Counter Guarantor）是指为申请人向担保人开具书面反担保证明的人。反担保人的责任是保证申请人履行合同义务，同时向担保人承诺：当担保人在保函项下履行付款承诺以后，可以从申请人处得到及时、足额的补偿；如申请人不能向担保人做出补偿，反担保人将负责向担保人赔偿损失。

通常，银行对外开具保函的时候，都会要求保函的开立申请人提供反担保以维护银行利益。反担保的方式有收取保证金、资产抵押，以及担保人的信用保证等。一般而言，反担保人大多为申请人的上级主管单位、其他银行或金融机构等。

由上述内容可见，银行保函业务的三方主要当事人——申请人、受益人和担保人之间有着密切的联系，他们通过合同来缔结彼此之间的法律关系。

首先，申请人与受益人之间基于双方签订的商务合同而形成了债权债务关系或其他权利义务关系。此合同既是他们之间权利和义务的依据，也是保函协议书和保函产生和存在的前提。因此，如果该商务合同的内容不全面或其本身就有缺陷，将会给银行叙作担保业务带来风险。所以，银行在接受担保申请时，应要求申请人提供他与受益人之间签订的相关合同，并认真审查，以核实其开立背景的真实性，做出有效的风险评估。

其次，申请人与担保银行之间是基于双方签订的保函委托书而产生的委托担保关系。保函委托书是银行向申请人收取手续费及履行保证责任后向其追偿的凭证，其中应对担保债务的内容、数额、担保种类、保证金的交存、手续费的收取，银行开立保函的条件、时间、担保期间以及双方违约责任、合同的变更与解除等内容予以详细约定，以明确申请人与银行的权利义务关系，避免产生不必要的纠纷。银行在接到委托人的担保申请后，为了最大限度地降低自身业务风险，要对其资信、债务及担保的内容和经营风险进行认真的评估审查。

最后，担保人和受益人之间的法律关系是基于银行保函而产生的保证关系。银行保函是一种单务合同，即在银行保函下担保银行只负有担保义务而不享受任何权益，受益人只享受要求担保银行偿付债务的权利而不对其承担义务。通常，保函一经开立，银行就要直接承担保证责任。

四、银行保函的基本内容

银行保函的内容应该清晰、准确、简洁。在实际业务中，无论哪种银行保函，都必须包含以下内容。

第一，有关当事人的信息。保函中应详细列明各主要当事人，即申请人、受益人、担保人的名称和地址。保函中如果涉及通知行和转开行，则应一并列明相关名称和地址信息。

第二，开立保函的依据。保函开立的依据是基础合同，此处应列明相关交易合同、协议、标书的编号、日期，供应货物的名称、数量，以及工程项目名称等重要信息。

第三，担保金额。保函中需要规定担保的最高金额和货币种类，担保人仅依据保函所规定的金额向受益人负责，其责任不超过保函所规定的最高金额。也就是说，在任何情况下，受益人依据保函所要求的赔偿金额都不能超过保函的最高担保金额。此外，在多数情况下，担保银行的保证责任会随着申请人履约的进行或担保行银行的付款而相应递减，因此在保函中会存在与之对应的担保金额递减或责任递减条款，以保护申请人和担保银行的合法权益。

第四，索偿条件和索款办法。索偿条件是指对受益人要求赔偿时所提交的单据的要求。实务中，一般规定担保银行在收到索赔书或保函中规定的其他文件后，如果认为这些文件表面上与保函条款相符，则应及时支付保函中所规定的款项；如果这些文件表面上与保函条款的要求不符，或文件之间表面上相互矛盾，担保银行亦可拒绝接受这些文件。此外，保函对索偿书或其他单据是否应以纸质或电子形式提交也应有明确的规定。需要注意的是，保函是书面的，保函规定的其他文件也应该是书面的，保函项下的任何索偿要求，均应以书面形式提出。索款办法是指受益人向担保银行提出的索偿方式（如信索或电索）和路线（是否通过通知行）等。

第五，保函的有效期。银行保函的有效期，也称到期日，是指受益人有效索赔的最迟期限。只有在保函的有效期内，各方当事人的权利和义务才能得到享受和履行；超过有效期，则保函失效。保函的有效期可以是某一具体日期，也可以是某项责任义务发生后的一段时间（如交货后 60 天）。

第六，保函的法律适用。通常，保函适用的是担保银行营业所在地的法律。如果担保银行有多处营业场所，则其适用开出保函的分支机构所在地的法律。

银行保函样本如图 6-1 所示。

```
BANK'S NAME, AND ADDRESS OF ISSUING BRANCH OR OFFICE


Beneficiary : ..................................................    Date : ........................
(name and address)


PERFORMANCE GUARANTEE No. ................

We have been informed that _____ (herein after called
"the Principal"), has entered into contract No. _____ dated
_____ with you, for the supply of (description of goods
and/or services).

Furthermore we understand that, according to the conditions of the
contract, a performance guarantee is required.

At the request of the Principal, we (name of bank) _____
hereby irrevocably undertake to pay you any sum or sums not exceeding in
total an amount of_____ (say:_____) upon
receipt by us of your first demand in writing and your written statement stating:
  i)   that the Principal is in breach of his obligation(s) under the underlying
       contract; and
  ii)  the respect in which the Principal is in breach.

Your demand for payment must also be accompanied by the following
document(s): (specify document(s) if any, or delete) .

This guarantee shall expire on _____ at the latest.

Consequently any demand for payment under it must be received by us
at this office on or before that date.

        ┌─────────────────────────────────────────────┐
        │   This guarantee is subject to the Uniform Rules │
        │   for Demand Guarantees, ICC Publication No.758. │
        └─────────────────────────────────────────────┘

Signature(s) :
```

图 6-1 银行保函样本

第二节 银行保函的种类

银行保函在国际商务活动中应用广泛,其种类繁多,可从不同的角度来进行分类。

一、根据银行保函的开立方式划分

根据银行保函的开立方式,可将其分为直接保函和间接保函。

（一）直接保函

直接保函是指担保银行根据申请人的要求，直接向受益人开立保函，以承担担保责任的保函。通常情况下，担保银行是申请人的往来银行，其营业地与申请人在同一国家，而受益人营业地则在国外。也就是说，直接保函是由申请人所在国的银行直接开出的，而不是由受益人所在国的当地银行开出的。保函开立后，担保银行可将其直接转递给受益人，也可把担保银行在受益人所在国家的代理行作为通知行或转递行，由通知行或转递行在核验保函签章后将保函通知转递给受益人。当索偿要求发生时，受益人向担保银行提交书面赔偿要求书及违约声明，如审核相符，担保银行即应付款给受益人，同时向申请人转递单据并索偿。

（二）间接保函

间接保函是指在受益人的要求下，申请人请求自己所在国家的往来银行以提供反担保的形式委托受益人所在地的银行代其出具的保函。此种方式下，代为开立保函的受益人所在地银行须承担相应的赔付责任。

通常，当受益人声明只接受本地银行为担保人的保函时，则须开立间接保函。间接保函的开立，涉及申请人、受益人、担保行和转开行四方当事人。具体操作是：申请人与其所在国家的往来银行签订赔偿担保合同或偿付合同后，再由其往来银行（担保行）向受益人所在地银行（转开行）发出反担保函，要求其凭反担保函开立保函给受益人。当发生索款要求时，受益人将赔偿请求书与违约声明提交给为其开立保函的银行（转开行），经其审核相符，即应付款给受益人，同时向反担保人转递单据并索偿。反担保人（担保行）收到单据后，再向申请人转递单据和索偿。

在间接保函业务中，反担保人与担保人之间的契约包括两个方面：一是反担保人委托担保人开立保函的指令，二是担保人作为开立保函的先决条件而向指示行索要的反担保函。此处，反担保函与申请人指令是相互独立的。另外，在此种保函开立方式下，申请人只与反担保人有契约关系，而与担保人之间没有契约关系。

保函由受益人所在地的银行开立，解决了受益人对国外担保行不了解、不信任的问题。当发生银行保函项下申请人违约的事故时，受益人便不必向国外担保行寄单，一来节约了成本，二来规避了索赔单据在跨国寄送过程中可能会出现的延误或丢失的风险。此外，受益人可以直接向自己所在国家的转开行索赔，也省去了不同国家法律解释上会存在差异的麻烦。所以，相比之下，间接保函比直接保函更容易被受益人接受。

二、根据银行保函与基础交易合同的关系划分

根据银行保函是否独立于基础交易合同，可将其分为从属性保函和独立性保函（见索即付保函）。

（一）从属性保函

从属性保函是指作为一项附属性契约而依附于基础商务合同的一种银行保函。这种保函的法律效力随基础合同的存在、变化、灭失而存在、变化、灭失。在从属性保函项下，担保人承担的付款责任是否成立，只能根据基础合同的条款及背景交易的实际情况来加以确定。由于在此种情况下，受益人证明索赔要求所提供的文件中需要包括法院判决书，或仲裁裁决书，抑或申请人同意受益人的索赔及其金额的书面声明，且只有当申请人违约而并不承担违

约责任时,担保银行才承担保函项下的赔偿责任,明显对待交易双方有失平衡。所以,从属性保函作为一种传统保函,目前仅在国内交易中有所使用,而国际结算中涉及的银行保函大多是独立性保函。

(二) 独立性保函

独立性保函是指一种与基础商务合同及其执行情况相脱离,其效力并不依附于基础合同的担保性文件,也就是国际上广泛使用的所谓见索即付保函。《见索即付保函统一规则》1992年版(URDG 458)第二条定义:"见索即付保函是指由银行、保险公司或其他机构或个人以书面形式出具的凭提交与承诺条件相符的书面索款通知和保函可能规定的任何类似单据,即行付款责任的任何保函、付款保证书或无论如何命名或叙述的其他任何付款承诺。"可见,见索即付保函具有独立性和只管单据表面相符而不管与单据相关商务的特点。也就是说,见索即付保函的担保人承担的是第一性的、直接的付款责任。见索即付保函与基础合同项下的商务纠纷无关,即使基础合同关系的当事人之间发生纠纷,只要所提交的单证经审查符合保函规定的要求,担保人也必须先赔付,再争论。当然,如果遇到欺诈,担保人在赔付前若接到当地法院的止付令,将暂停付款,这便是见索即付保函适用的"欺诈例外"原则。

需要注意的是,在见索即付保函中,银行还负有对受益人的赔偿请求进行通知的义务。《见索即付保函统一规则》(2010年修订)(URDG 758)第十六条规定:"担保人应毫不延迟地将保函项下的任何索赔和作为替代选择的任何展期请求通知指示方,或者适用情况下的反担保人。反担保人应毫不延迟地将反担保函项下的任何索赔和作为替代选择的任何展期请求通知指示方。"如果担保行未履行通知义务并因此给指示方造成了损失,则担保行应自行承担这部分损失。此外,除非担保行能十分确定地证明受益人的索偿具有欺诈性,否则担保行对受益人索偿的任何拖延都构成对见索即付银行保函的违约。

以往在实务中,我国银行对外出具的见索即付保函经常遭遇受益人坚持不规定失效日期的情况,或依受益人所在地的法律,即使超过规定的有效期也不能立即失效的情况,导致大量的保函余额长期占用银行经济资本。如今,URDG 758第二十五条c款对见索即付保函的有效期问题做出了明确的规定:"无具体失效日期和失效事件的保函,开立3年后即可失效,反担保的保函再加1个月,即3年零1个月。"

见索即付保函能够更好地满足国际经贸活动多样化、复杂化、金额大与履约期限长等方面的需求,所以在当前国际贸易、国际融资等领域得到了广泛的使用。

三、根据银行保函的用途划分

根据银行保函的用途,可将其分为投标保函、履约保函、预付款保函、质量保函、留置金保函、付款保函、延期付款保函、租赁保函、补偿贸易保函、关税保付保函等。

(一) 投标保函

投标保函(Tender Guarantee)是指在以招标方式成交的工程建造或物资采购等项目中,银行应投标方(申请人)的要求向招标方(受益人)出具的、保证投标方在招标有效期内不撤标、不改标,且在中标后规定期限内签订招投标项下的合同或提交履约保函或履约保证金的书面承诺。如果投标方违反了上述条件,则由银行按照保函的约定向招标方赔付一定金额的款项作为补偿。

投标保函的金额一般是投标报价的1%~5%,有效期自开立日起至开标日后的一段时间为止，总有效期大多为3~6个月，具体视招标文件而定。

通常，在公开招标、评标时，招标方会要求投标人缴纳投标保证金，以避免投标人在评标的过程中改标、撤标或中标后拒签合同而给自己造成损失。如此一来，对投标人而言，便会因缴纳投标保证金而引起资金占用。因此，以开立投标保函的形式来代替现金保证金的缴纳不失为一种更明智、高效的选择。

银行在开立投标保函时，应注意审核申请人及相关方是否具备项目承包或承建资质，是否具备相关产品的生产能力，外部环境是否存在可能影响申请人履约的不确定因素等。对于受益人（招标方），则应了解其基本情况、经营作风、与合作方交易过程中是否发生过纠纷甚至出现过无理索赔行为等。此外，要审核保函条款中关于金额、有效期、责任义务的规定是否与基础合同约定一致，并符合相关法律法规和国际惯例，赔付承诺和条件是否明确且单据化。如此，银行才能更好地规避开立投标保函的业务风险。

案例 6-2

案情：

某年，湖南甲公司参加美国乙公司的设备购买竞标，要求 A 银行向乙公司出具投标保函。A 银行在未修改该保函条款也未审查招标文件的情况下便对外出具了保函。此保函的有效期条款规定："保函将在投标有效期后的30天内有效，此保函可依受益人所要求的期限而延展，如担保人未能或不愿办理展期，那么，担保人在此许诺将立即向受益人赔付此保函的担保金额。"

由于乙公司一直无法落实购买货物所需资金，开标后难以定标，在原投标有效期届满之前，乙公司不得不要求甲公司延长投标有效期及保函有效期。

A 银行出具的保函由于做出了"或展期，或赔款"的明确保证，被迫办理了保函的展期手续，使保函有效期一拖再拖。最后，国际市场行情变化，甲公司无法按原报价成交，否则，亏损额将远远超出保函项下的索赔金额。展期后的保函到期，甲公司不同意继续展期，银行则从甲公司保证金账户扣款对外进行了赔付。

分析：

该保函为明显的有效期敞口保函，而且将展期作为银行赔款的前提，风险更大。银行对于这样的有效期条款，一般应改为：如受益人要求展期，必须经过担保银行书面确认，而且避免将偿付条款与该条款联系在一起。

实际上，在招标文件中，相关规定是："在原投标有效期届满之前，招标人可在征得投标人同意的情况下延长投标的有效期，投标人亦可拒绝招标人的这种要求而确保其保证金（保函）按时返回。"而投标人并未真正理解并使用该条款来保护自身的合法权益。特别是在市场行情发生变化以后，对招标方提出延长保函有效期的要求本可予以拒绝，这样既不构成违约，也不会造成投标人的价格损失。

（二）履约保函

履约保函（Performance Guarantee）是指银行应商品供货方或工程承包方的申请，向买方或发包方出具的、保证供货方或工程承包方会严格履行合同义务的书面文件。如果申请人日后未能如约履行其义务，银行将受理受益人的索赔。

履约保函的金额一般由招标人确定,通常为合同金额的5%~10%,有效期自合同生效日起至合同执行完毕日期为止。如合同条款涉及质量保证期或工程维修期,则有效期会相应延长。

履约保函亦可替代履约保证金广泛应用于工程承包、物资采购等项目。银行在开立履约保函时,同样应该注意对申请人的履约能力进行审核,尤其是在总分包模式下,还应该对总包商、分包商的履约能力一并审核。同时,对受益人的资信审核以及保函的技术性审核都不能忽视。此外,根据履约的特点,应注意在履约保函中设立减额条款,依据能体现工程进度或发货情况的单据按比例降低担保金额,以控制银行的业务风险。

(三)预付款保函

预付款保函(Advance Payment Guarantee),也称还款保函,是指担保银行根据申请人(供货方或承包方)的要求,向受益人(买方或发包方)开立的,保证申请人在收到预付款后会履行合同义务的书面文件。一旦申请人未能履约或者未能全部履约,担保银行会在收到受益人提出的索赔要求后,向其返还一笔与预付款金额等值的款项。

一般情况下,在大额交易或工程承包项目中,按照所签订的合同规定,买方或工程招标方要向卖方或承包人支付一笔执行合同的启动资金,用于购买相关物资。买方或招标方为了避免卖方或承包人拿到预付款之后并不履约而由此遭受损失,便会要求卖方或承包人提供银行开立的预付款保函。如果卖方或承包人不履约或不按合同要求使用预付款,受益人就可以凭此预付款保函向担保银行提出索赔,收回预付款及相应利息。

预付款保函的金额通常为预付金额加上相应的利息,失效期为合同执行完毕日期,或预付款随交货情况或工程进度自动地、按比例地扣减完毕为止。实务中,受益人应在收到银行开来的预付款保函并确认无误后,才将预付金汇交申请人。

预付款保函除了在货物进出口、国际工程承包项目中适用外,也适用于劳务合作和技术贸易等国际经济活动。例如,在成套设备及大型交通工具的合同中,通常采用带有预付性质的分期付款或延期付款来支付部分价款的条款。在这种交易中,进口方在签订合同后,会向出口方开立履约保函,由银行保证进口方按合同规定按期支付价款;同时,出口方会向进口方开立预付款保函,如果出口方不能按期交货,则由银行保证及时偿还进口方已付款项的本金和所产生的利息。

银行在开立预付款保函时,除了要核实申请人的履约能力、了解受益人资信、对保函条款进行技术性审核以外,为了规避业务风险,还应该尽量避免出具可转让保函,在保函中加列生效条款,规定只有预付款到达申请人在担保银行开立的专门账户后保函才能生效。此外,对申请人如何使用预付款,银行应该进行实时监控,以免出现因将预付款挪作他用而无法按时履约的情况。

案例 6-3

案情:

甲国的生产电信设备的A公司与乙国的电信运营商B公司签订了电信设备供货协定。根据该协定,A公司向B公司出口电信设备,B公司付给A公司电信设备的货款,其中10%为预付定金,在发货前支付;75%为货款,凭发票支付;15%为尾款,在设备正常运营6个月后支付。B公司将货款用信用证方式支付,而预付金和保留金的支付用银行保函支付，最终不仅 A 公司安全收汇，而且 B 公司支付预付定金后 A 公司也履约发货了。

分析：

本案采用了信用证与保函相结合的方式。在成套设备或工程承包交易中，除了支付货款外，还要有预付定金或保留金的收取。在这样的交易下，一般货款可用信用证方式支付，收款有保证，保留金的支付及出口商违约时的预付定金的归还可以使用保函解决。这样，如果 A 公司不能履约发货，且拒不归还预付定金，B 公司可以从银行得到偿付，保证其不至于损失定金。

（四）质量保函

质量保函（Quality Guarantee），在工程承包项目中也称维修保函，是指担保银行应卖方或承包方的要求开立的，向买方或业主保证在保修期或维修期内，货物或工程的质量符合合同要求的书面文件。如果在此期间发现货物或工程质量有违合同约定，而卖方或承包方又不愿或不予进行更换或维修时，担保行便将保函金额赔付给受益人，以弥补其所受到的损失。

在实务中，工程项目完工之后，业主往往会扣留一部分款项作为补偿工程质量缺陷而承包人又不予维修而造成的损失。此时，承包方如果想提前得到这部分款项，就可要求银行出具质量保函，以银行信用向受益人保证工程质量和维修承诺。

可见，质量保函主要适用于工程承包、供货安装等合同的执行进入保修或维修阶段，而业主或买主又要求承包方、供货方能够较好地履行保修义务的情况。质量保函的金额一般为合同金额的 5%～10%，有效期则取决于基础合同所规定的质量保修期或维修期，通常来说始于工程竣工之日或交货完成之日，止于验收合格之日。

（五）留置金保函

留置金保函（Retention Money Guarantee），也称为保留金保函或尾款保函，是指担保银行应工程承包方、供货方的申请而向业主或买方出具的，保证申请人在提前支取合同价款中的尾款部分后，依然会照常履行合同义务的书面文件。

在大型机械设备交易或工程承包项目合同中，常常会规定先支付合同金额的 90%～95%，剩下的 5%～10% 则待设备安装调试验收完毕并正常投入生产或工程完工一段时间且经工程业主验收后，再支付给出口方或工程承包方。如果卖方或承包方需要将此笔留置金随大部分货款一并收回，即需要买方或业主支付全款而不扣留尾款，则可通过让银行开立留置金保函来实现。

开立留置金保函，不但可以让供货方、工程承包方提前收回尾款，加快资金周转，获得资金收益，还使买方和业主获得合同后续义务得以履行的保障。可见，使用留置金保函不仅实质上达到了与滞留尾款同样的效果，还有利于盘活资金，得到银行信用的保障。

留置金保函的金额即为尾款金额，有效期自所付尾款到达申请人在担保行开立的专用账户后起，至合同规定的索赔期满，再加 3～15 天的索偿期为止。

（六）付款保函

付款保函（Payment Guarantee）是指担保银行应买方的申请而向卖方出具的，保证买方履行因购买商品、技术、专利或劳务合同项下的付款义务而出具的书面文件。如果买方不按约定支付合同款项，则银行接到索偿要求后将代为支付。

付款保函适用于一切存在付款行为的商品贸易、技术劳务贸易、工程项目等经济活动。它是对合同价款的支付保证,既可以作为一种单独的支付方式,也可以作为商业信用结算方式的补充和额外保证。付款保函的使用,充分保障了卖方或承包方的货款、工程款的回收,有利于其发货、施工,为贸易的顺利进行铺平了道路。对买方、业主而言,付款保函可以在一定程度上约束卖方、承包方的行为,使货物、工程质量尽可能地达到合同要求,从而维护其正当利益。

付款保函的金额即为基础合同总价款,保函到期日为合同规定的付清价款日再加半个月。

(七) 延期付款保函

延期付款保函(Deferred Payment Guarantee)是指担保银行应买方或业主的要求,向卖方或承包方出具的,保证在卖方完成发货义务若干天后,或在承包方完成工程建设或基本完成工程项目若干天后,申请人将按照合同所规定的延付进度表中显示的到期时间,分期分批地向受益人支付本金及利息的书面文件。如果申请人不能按照约定的方式延付部分货款,将由担保行代为付款,赔付金额为扣除预付部分的货款金额。

在国际贸易中,发展中国家进口大型成套机械设备时多采用延期付款的方式。具体而言,进口方先按合同规定预付一定比例的定金(如货款的10%)给出口方,其余部分(货款的90%)则由进口方银行开立保函,保证进口方会凭货运单据支付一部分(如货款的10%),余下的部分(货款的80%)将分为5个相等份额,每一年支付一次(金额加利息),连续5年全部付清。如果付款期间出现买方违约,未能按期支付,则由担保银行代为付款。

延期付款保函的金额为扣除预付部分的货款金额,有效期至保函规定的最后一期货款及利息付清日再加半个月止。

目前,延期付款保函广泛应用在大型机电产品、成套设备、船舶等贸易及大型工程项目建造中。

(八) 租赁保函

租赁保函(Leasing Guarantee)是指银行应承租人的要求向出租人开立的,保证承租人会按照租赁协议的规定按期向出租人支付租金的书面文件。一旦承租人未能如期交付,则由担保银行进行赔付。

租赁保函主要适用于以租赁的方式进口机械、仪器、设备、运输工具等租期长、出租方风险较大的租赁项目。它一方面便利了出租方执行租赁合约,保障了租金的及时回收;另一方面有利于承租方获得资金融通,取得设备的使用权,加快其资金周转。

保函的金额即为租金总金额,而租金的总金额相当于租金及相应利息的总和。当合同有约定时,租金总额即为货价加利息,当全部租金付完时,货物便归承租人所有。租赁保函一般自承租人收到租赁设备并验收合格后生效,有效期至按租赁合同规定的全部租金付清日为止。

需要强调的是,租赁保函中应明确规定担保人责任将随每笔租金的支付而递减,以保障担保人权益。

(九) 补偿贸易保函

补偿贸易保函(Compensation Guarantee)是指在补偿贸易中,银行应设备或技术引进方的申请，向设备或技术的提供方所做出的旨在保证引进方在收到与合同相符的设备或技术指导后，将在一段时间内，以其所生产的产成品按合同规定返销给提供方或由其指定的第三方，并以所得款项来抵偿引进设备和技术的价款及利息的书面文件。如果引进方未能履约，则由担保银行按保函金额加利息对提供方进行赔偿。

在补偿贸易实务中，由于从设备或技术的提供到补偿的完成通常会有相当长的一段时间间隔，为了保障先行提供设备或技术一方的权益，常常需要设备或技术的引进方通过其往来银行出具这种具有付款性质的补偿贸易保函。需要注意的是，根据补偿贸易自身的特点，补偿贸易保函需要将设备或技术的出口方履行其回购产品的义务作为保函项下支付发生的必要前提。因此，在补偿贸易保函项下，不应忽视对提供方的设备质量及其回购产品的保证是否充足的考证。

补偿贸易保函的金额通常由出口商提供的设备、技术价款加上相应的利息来确定，有效期从进口商收到设备并安装调试完毕，进行试生产开始，直到保函项下全部价款清偿完毕或双方约定的具体日期为止。为了避免纠纷，补偿贸易保函中必须注明担保银行的付款责任将随委托人或担保人向受益人所进行的任何补偿而递减，直至补偿完毕。

（十）关税保付保函

关税保付保函（Customs Guarantee）是指银行应进口商、承包商或展销商的申请向商品入关所在地海关出具的、保证其履行缴纳关税义务或将临时进口商品复出口的书面承诺文件。如果日后申请人不按期缴纳关税、未将参展商品运出该国或没能将商品复出口，抑或未执行海关的其他具体规定，那么银行将受理海关或海关指定金融机构的索赔。

需要使用到关税保付保函的情况主要有境外承包建设、境外展览、境外展销等过程中有关设备、机械等物品临时进入他国关境，国家进口商品减免税政策尚未明了时的相关货物进口，加工贸易企业进口料件，海关对某些货物实行"先放后征"等。此举减少了对临时进入他国关境的物品的退税手续；避免了通关手续的重复办理；降低了企业因缴纳关税保证金所引起的资金占压负担，提高了资金周转效率；"先放后征"方式的实现也加快了货物的通关速度，规避了货物滞留港口的风险。

关税保函的金额即为外国海关规定的税金金额。保函有效期为合同规定施工机械或展品等撤离该国的日期再加半个月。通常，对于进口货物，自海关接受申报之日起，15日内应缴纳税款。

除了上述十大常见银行保函之外，根据实际需要，还可见赊销保函、透支保函、保释金保函、借款保函等。

四、根据银行保函项下的支付前提划分

根据银行保函项下的支付前提，可将其分为付款类保函和信用类保函。

（一）付款类保函

付款类保函是指银行为某种必然会涉及支付行为的经济活动所开立的保函，只要受益人完成了所规定的义务，担保银行就会面临支付的问题。付款保函、延期付款保函、补偿贸易保函等都属于这一类。此处所谈到的支付，指的是对合同项下的另一方所提供的商品、劳务、技术等所进行的对价支付，它是交易活动本身所需要的一种支付行为或义务，而并非指保函项下的付款行为。

（二）信用类保函

信用类保函是指银行为那些只有在保函的申请人有违约行为而使其在基础合同项下承担了赔偿责任时，支付行为才得以发生的经济活动所开立的保函。在这类保函项下，只要申请人出现了违约行为，就有可能导致担保银行为履行自己的承诺而做出支付；相反，如果申请人没有违反与受益人之间所签订的基础合同，这种支付就不会发生。投标保函、履约保函、预付款保函和质量保函等，都属于这一类。

第三节 银行保函的业务流程及注意事项

一、银行保函的业务流程

一笔银行保函业务的基本业务流程如图6-2所示。

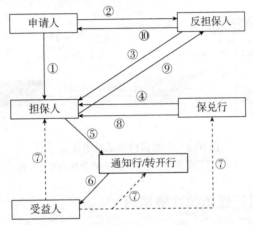

图6-2 银行保函的基本业务流程

（资料来源：《国际结算》，苏宗祥，徐捷著. 中国金融出版社，2014年）

①申请人向担保人提出开立保函的申请。
②申请人寻找反担保人。
③反担保人向担保人出具不可撤销的反担保。
④有时，担保人需要保兑行对其保函加具保兑。
⑤担保人将其开立的保函寄给通知行，请其通知受益人或重新开立以受益人为抬头的保函。
⑥通知行或转开行将保函通知或转开给受益人。
⑦受益人发现申请人违约时，向担保人或转开行或保兑行索偿，担保人赔付。
⑧保兑行赔付后，向担保人索偿，担保人赔付。
⑨担保人赔付后，向反担保人索偿，反担保人赔付。
⑩反担保人赔付后，向申请人索偿，申请人赔付。
例如，中国银行保函业务流程示意如图6-3所示。

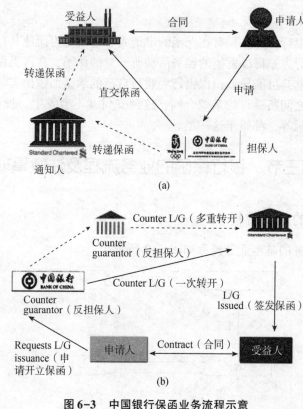

图 6-3 中国银行保函业务流程示意
(a) 直接保函业务流程;(b) 间接保函业务流程

二、开立和使用银行保函的注意事项

银行保函业务是银行的对外担保业务,它的存在是为了担保申请人的履约能力和信用。如果申请人如约履行了自己的责任,银行保函就失去了作用,所以往往是备而不用的。但是,即便如此,也不应忽视此业务可能会带来的潜在风险。

(一)银行承办保函业务的注意事项

在国际贸易实务中,银行通常使用见索即付保函来为进出口双方的国际业务提供担保,如此一来,便应尤其注意可能来自以下三个方面的风险。

1. 来自申请人的风险

通过银行保函的定义和性质可以看到,银行是为申请人履行某项合同义务进行担保的,一旦申请人不履约或违约,银行就必须向受益人进行赔付,之后再向申请人索偿。也就是说,如果申请人资信、能力不佳,银行就会面临索赔。而之后万一申请人破产或不愿偿债,银行便得不到补偿。所以,银行在接到申请人开立保函的要求时,应对其资信情况进行详细的调查了解,并要求其提供基础合同及与之相关的各项材料进行真实性、有效性审查。通常,为稳妥起见,银行须根据前期数据,要求申请人提供相应的反担保或提供一定数量的保证金。如果该申请人之前与银行间并无业务往来或本身资信状况不佳,银行则应要求其提供100%的保证金,并在保证金额度内出具保函,以最大限度地保障自身利益。

2. 来自受益人的风险

见索即付保函决定了银行一旦开立保函便成为第一付款人，受益人索赔时只要提供了保函中所规定的单证，银行就必须付款，而不论基础合同项下的商务纠纷究竟如何。如此一来，担保银行就有可能面临受益人的无理索赔，而根据"先赔付、再争论"的做法，银行明知不妥也必须进行赔偿。为了规避此类风险，银行在受理保函业务时，除了对申请人的资信进行调查以外，还应该对受益人的基本情况进行审核，包括受益人资信、资质、基础合同下项目的可行性、贸易背景，以及所在国家的经济环境、政治局势和法律规定等。如果存在受益人要求自行提供保函文本且条件苛刻的情况，银行更应小心应对：坚决否定违法违规条款；积极联系修改非原则性问题，如确属不能修改而又属于业务所必需的，应力求控制好操作风险。对于需要减额条款的保函，担保银行应该明确合理地制定其条款内容，并及时根据该条款的规定核减保函金额，降低自身风险。保函到期后，担保银行应及时注销保函并核闭卷宗，以免"夜长梦多"。

3. 来自反担保的风险

通常，银行在受理保函业务时，会要求申请人以保证金、抵押、质押或第三方出具担保函等形式提供反担保。在抵押或质押的情况下，手续不全、未按国家有关规定办理登记或转让或存在重复抵押的情况，都有可能导致银行按保函规定向受益人赔付后无法获得补偿；而在存在第三方作为反担保人的情况下，也有可能会出现这个第三方无经济实力或不愿履约的情况。所以，相对而言，让申请人提交足够的保证金作为反担保较为安全，但是，由于此举占压了申请人的大量资金，并不易于被申请人接受。可见，银行在办理保函业务时，对反担保形式的选择也颇为重要。

除了以上应该注意的事项之外，银行还应该注意将保函中的条款，尤其是赔付条件具体化。保函的担保金额、申请人、受益人、生效和失效条款、转开要求等都应该精准明确、科学合理，以减少日后向申请人追索时的纠纷，同时也为不可避免的诉讼提供一定的证据。对于受益人在境外的情况，相对而言，担保银行所承担的风险要大一些，这时，可以提高业务手续费的方式进行风险补偿，同时也必须密切注意国外相关国家的政策管制或法律规定。保函的后期管理工作也是银行不应忽视的。在保函有效期内，银行应与申请人保持密切的联系，根据其重大情况变化来进行档案的动态维护。担保银行应集中保管保函业务档案，及时清查，以确保业务档案能真实地反映业务处理的全过程。最后，在确保本行担保责任全部解除后，应及时对保函进行撤销，并恢复保函申请人相应的授信额度或退还相应保证金。如果涉及国外转开行，反担保行还应及时联系转开行证实解除自身责任。

（二）合同双方使用银行保函的注意事项

银行开立保函虽然是以双方所签订的基础合同为依据的，但实务中，绝大多数采用的是见索即付保函。此保函一旦生效，担保行、申请人、受益人之间的权利与义务关系就完全以保函中所记载的内容为准，而不再受基础合同的影响。所以，合同双方为保障自身权益，需要注意以下事项。

第一，在银行保函条款中要明确规定担保的最高金额、货币种类和担保金额递减的条件。如果保函中涉及多种货币，一定要将相关汇率和利率的计算方法确定下来。

第二，要注意银行保函的生效日、生效条件、失效日、失效条件是否明确合理。如果涉及需要延长保函的有效期,那么对条件和手续应有严格的规定。

第三,如果银行要求以存入保证金为反担保形式,那么申请人要注意就保证金的金额与银行进行交涉,尽量在双方都能接受的情况下争取降低保证金额度以减少资金占压;在尚未发生索赔前,应要求银行对所存入的保证金计取合理的存款利息;在保函有效期内,要及时与银行沟通,根据担保责任的递减而递减保证金的额度;此外,一旦保函到期,要及时解冻保证金。

第四,因为银行保函是重要的契约文件,合同双方都应设专员负责管理银行保函及相关文件。同时,应该对照基础合同执行的情况,及时做好登记,向银行办理履约备查手续,以便必要时处理索赔事宜。此外,该专员还应在银行保函到期后负责办理保函的收回及注销手续。

总之,银行保函保障的是受益人利益,所以相对而言,受益人在保函业务中所面临的风险较小,但亦须小心谨慎。而且,不同用途的保函,潜在风险各异,下面简述履约保函的风险及注意事项。

履约保函作为常见保函之一,对供货方而言,可以减少由缴纳现金保证金而引起的长时间资金占压,使有限的资金得以优化配置;对买方而言,可以以此合理制约供货方履行合同义务,较好地维护自身利益,同时还可以避免收取、退回保证金的烦琐程序,提高工作效率。虽然履约保函的使用对合同双方而言都是有益的,但是潜在风险也是客观存在的,在此业务活动中一定要注意。

第一,银行保函的有效期计算不合理。主要有两个方面的体现:①买方要求履约保函涵盖质保期,并且同时扣留质保金;②在以 CIF、FOB 价格成交时,卖方在履约保函中的责任被定为货到目的港后若干天才能终止,使得卖方承担了货物运输途中的风险,导致其责任扩大化,而且卖方银行对保函是否可以失效也无据可凭。

第二,银行保函生效条件为合同签订日或保函开出日。在这种情况下,可能会遇到保函开出后,由于市场价格变化等原因买方拒不开证,从而造成卖方无法履约;或者会出现买方虽然开立了信用证,但信用证条款卖方无法接受或执行的情况。

第三,银行保函对于赔付行为缺少单据化条件。

为了规避以上常见的风险,在履约保函业务中,应该以发货交单为基准来确定保函的有效期,并将保函的生效条件明确规定为"收到卖方所能接受的信用证时履约保函方可生效",而且一定要在保函中设定严谨的单据化条款,防止买方恶意索赔或买卖双方串通欺诈。

第四节 银行保函适用的国际惯例

一、适用于银行保函的国际惯例发展脉络

20世纪六七十年代起,银行保函大量使用,尤其是在项目融资、工程承包、招投标等大型交易领域中。但是,由于各国关于银行保函的立法不同,而且有些国内法意义上的银行保函并不适应国际经济贸易发展的需要,所以,在实际使用中往往会导致各种纠纷,在一定程度上阻碍了银行保函业务,乃至国际结算、国际经济贸易活动的顺利进行。为此,制定统

一的国际担保规则以在世界范围来规范银行保函业务的开展，便成为业界一种迫切的需要。国际商会等国际组织为了协调、引导和统一保函规则，明确银行保函的性质和有关当事人的权责，组织专家先后制定了多个与银行保函有关的国际规则。

1978年6月，国际商会制定并颁布了第325号出版物《合同担保统一规则》（*Uniform Rules for Contract Guarantees*），这是国际商会制定的第一部有关保函的统一规则，简称URCG 325。该规则主要针对国际大型项目的招投标、承包、签约、履约等环节，制定了相关的保函种类及业务规则。但是，由于其过于强调"在保函的各有关当事人之间谋求利益均衡"，要求"证明索赔要求的文件需要受益人提供法院判决书，或仲裁裁决书，或委托人同意受益人的索赔及其金额的书面声明"，显然对于受益人太过严格，不符合其利用保函以最大限度维护自身利益的需求，所以并未被商业社会广泛接受。

为了弥补URCG 325的不足，国际商会银行技术与惯例委员会于1991年联合国际商业惯例委员会，共同在《合同担保统一规则》所拟定原则的基础上，起草了新的国际担保业务统一规则——《见索即付保函统一规则》（*The Uniform Rules for Demand Guarantees*）。该规则于1992年4月以国际商会第458号出版物的形式正式出版发行，其中明确规定索赔时由受益人提交索赔申请书及违约声明即可，URCG 325所提及的法院判决书不再是必交文件。此规定符合当前国际经济贸易活动发展的要求，因而此版《见索即付保函统一规则》受到了各国银行业和工商界的认可及广泛应用，被称为URDG 458。

然而，这个在颁布后即被多方认可的国际规则，却遭到了保险业的反对。实际上，保险公司为了担保债务人履约而向债权人提供的违约保险与银行保函发挥着几乎相同的作用。但是，与见索即付保函不同的是，保险公司只在债务人违约的情况下才承担责任，因而，保险公司更注重债务人的履约能力。由此，当初抛开保险业而起草的URDG 458显然不适合保险业的特殊活动。为此，1993年国际商会以第524号出版物的形式出版了《国际商会合同保函统一规则》（*Uniform Rules for Contract Bonds*），亦称URCB 524，并于1994年1月1日正式生效。这是一部有关从属性保证的统一规则，该规则将担保的法律性质定位为从属性，保证人或担保人的责任产生的前提条件是主债务人违反了作为保函客体的合同，即保险人（保证人）所承担的责任是第二性的，债务人依据基础交易产生的任何抗辩，保证人均可援引。

进入21世纪以来，URDG 458规则的清晰性、特定事实的确定性和精准性、内容的全面性等方面的不足日益显现，见索即付保函实际业务的新发展对一套更清晰简洁、更系统科学的保函业务规则提出了诉求。2009年，国际商会银行技术与惯例委员会借鉴近年来保函及相关业务实践发展经验，通过全球范围内四次大规模的意见征集，对URDG 458进行了修订，并于2010年以国际商会第758号出版物的形式，推出了最后修订稿URDG 758。新版本的规则在原有规则的基础上，大量借鉴和采用了UCP 600的体例，引入了全新的术语体系，在调整保函当事各方权责关系方面的规定更加清晰、准确和全面，成为当前见索即付保函业务的权威指南。

二、URDG 458与URDG 758的比较分析

《见索即付保函统一规则》适用于见索即付保函和反担保函，这类保函本身以书面形式出具并规定URDG只处理当事人之间协议所能适当管辖的问题。

作为新时期下 URDG 458 的修订版，URDG 758 在形式和内容上都有重大改进，比旧有规则更加精确、更加清晰、更加全面，同时还通过大量的创新，弥补了 URDG 458 的缺陷，填补了 URDG 458 的空白。

从编排体例而言，URDG 458 分为六个部分，由 28 条组成，使用大章节界定条款类属，内容有欠清晰、精确。而 URDG 758 借鉴了 UCP 600 的体例编排风格，将条款数量扩充至 35 条，而且在每一大条款下，酌情细化到了二级条款，使得整个规则框架合理有序，内容清晰明确，更便于阅读和理解。此外，URDG 758 还增加了附录部分，收录了见索即付保函模板、反担保函模板、解决 URDG 争议的专业服务规则等，方便了读者的使用。

就内容方面而言，URDG 758 有四处较为明显的改变。

其一，URDG 758 明确、明细化了反担保函的适用。URDG 458 仅在第二条中对反担保函作了界定，并没有明确其对反担保函的适用效力；而 URDG 758 在第一条适用范围中就明确规定："《见索即付保函统一规则》适用于任何在其文本中清楚地表示受本规则约束的见索即付保函或者反担保函。""当按照反担保人的要求，见索即付保函是适用于本规则开立的，那么反担保函也同样适用于本规则，除非反担保函排除了本规则。"

其二，URDG 758 明确了保函的失效机制。URDG 458 对无具体失效日期和失效事件的保函的失效时间没有明确的规定，导致申请人和担保人都会因保函的开立而承担无限期责任的风险。URDG 758 则填补了此空白，其第二十五条 c 款规定："如果保函或反担保函既没有规定到期日也没有规定到期事件，那么保函将在开立之日起三年之后终止，反担保函将在保函终止之后的三十个日历日终止。"该条款有利于申请人规避无限期被索赔的潜在风险。

其三，不可抗力条款在 URDG 758 中被明确化。URDG 458 仅在第十三条中提及了不可抗力问题，但是没能具体地定义和规范不可抗力，而且也没有规定发生不可抗力影响后的救济措施，同样，亦未提及当反担保函遭遇不可抗力时是否适用。针对这一缺陷，URDG 758 在第二十六条中专门规定了不可抗力及因不可抗力导致保函和反担保函无法履行的救济措施。明确了"'不可抗力'系指导致担保人或反担保人中断与本规则所规定的相关行为为营业活动的天灾、暴动、骚乱、叛乱、恐怖主义等行为或者任何担保人或反担保人无法控制的原因"。细化了发生不可抗力后导致保函或反担保函无法履行，并在此期间失效的补救措施，如失效后展期三十个日历日的规定、已交单但未审核的审核中止规定、已交单但未付款的应予以付款规定等。这些改进和补充不仅有利于对不可抗力的共同认定，还有利于在不可抗力发生后，对保函和反担保函可能出现的问题有效加以解决。

其四，URDG 758 对保函转让和款项让渡两种模式做出了更为明确具体的区分。URDG 458 中规定："除非保函或者其修改中有明确规定，保函项下受益人要求付款的权利不得转让。但是本条款规定并不影响受益人将保函项下其有权获得之款项转让给他人的权利。"很明显，此条款没有对反担保函是否可以转让做出规定，也未能对可转让保函转让后的履行做出规定。鉴于此缺陷和空白，URDG 758 第三十三条专门对保函转让与款项让渡作了详细的规定：只有特别声明"可转让"的方可转让，并明确指出"反担保函不可转让"。为了细化可转让保函的规定，URDG 758 还规定了可转让保函担保人的权利，并且着重强调了可转让保函转让的两个重要前提条件。至于款项让渡，URDG 758 在 URDG 458 的基础上对受益人的款项让渡作了必要的限制，即"除非担保人同意，否则担保人没有义务向被让渡人支付款项"。可见，无论是哪个版本的《见索即付保函统一规则》，都倾向于限制保函的转让，因为国际商会制定 URDG 的初衷就是方便贸易往来，平衡保函各方的权利义务，保持保函各方关系的稳定性。

此外，URDG 758 相比 URDG 458 而言，将保函或修改书的通知要求具体化，对索赔程序、付款程序及费用的承担等问题作了更加精确和清晰的规定，因此更加适应当今国际经济及贸易往来发展的需要。

需要指出的是，URDG 758 问世后，URDG 458 并没有被明确废止，因此在实务中，为了避免不必要的争端，应在银行保函中明确表明是适用于 URDG 758 还是 URDG 458。万一碰到未注明的情况，可遵照 URDG 758 第一条 d 款的规定："在 2010 年 7 月 1 日当天或者之后开立的见索即付保函或者反担保函声明其适用于 URDG，但是却没有说明是适用于 1992 年版还是 2010 年版或者注明出版编号的情况下，该见索即付保函或者反担保函将被认为是适用 URDG 2010 年版的。"

本章小结

本章主要阐述为履约作保的银行保函，对其定义、特点、功能、类型、业务流程及适用惯例等相关知识都作了较为详尽的讲解。

银行保函（Letter of Guarantee，L/G）又称银行保证书，是指银行应申请人或委托人的要求，作为担保人向受益方开出的，向其担保申请人一定履行某种义务和责任，如果申请人未能履约，则由担保银行代为履行一定金额、一定期限范围内的某种支付责任或经济赔偿责任的具有担保性质的书面承诺文件。银行保函是依据商务合同开出的，但又不依附于商务合同，具有独立的法律效力。开出保函的银行是以其银行信用向受益人担保申请人会履行合同责任和义务，更易于合同双方接受。通常，银行保函上会有自动展期条款，如"保函到期时自动续期一年"之类的字句，可令保函业务节省成本、方便操作。可见，银行保函可保证合同项下的价款支付，或保证在违约情况发生时，受害方可以得到合理的补偿。

银行保函的当事人通常来说有七个，其中，申请人、受益人和担保人是三大主要当事人，此外，根据具体业务情况还有可能涉及通知行、保兑行、转开行和反担保人。

银行保函在国际商务活动中应用广泛，其种类繁多，可从不同的角度来进行分类。根据银行保函的开立方式，可将其分为直接保函和间接保函；根据银行保函是否独立于基础交易合同，可将其分为从属性保函和独立性保函（见索即付保函）；根据银行保函的用途，可将其分为投标保函、履约保函、预付款保函、质量保函、留置金保函、付款保函、延期付款保函、租赁保函、补偿贸易保函、关税保付保函等；根据银行保函项下的支付前提，可将其分为付款类保函和信用类保函。

国际商会等国际组织为了在世界范围内协调、引导和统一保函规则，明确银行保函的性质和有关当事人的权责，组织专家先后制定了多个与银行保函有关的国际规则。目前，《见索即付保函统一规则》为国际上见索即付保函业务的权威性指南。

关键名词解释

银行保函　担保行　申请人　受益人　转开行　反担保人　直接保函　间接保函
见索即付保函　投标保函　履约保函　关税保付保函　担保金额　URDG

思考题

1. 银行保函的定义是什么？它具有哪些特点？
2. 见索即付保函有哪些特点？
3. 请作图说明银行保函业务流程。
4. 银行开立保函时的注意事项有哪些？
5. 请分析说明 URDG 458 和 URDG 758 的异同。

案例分析

银行保函失效受损案

案情：

2016 年 1 月，我国 F 公司（以下简称"买方"）受用户委托向 J 国 W 公司订购精密仪器一套，价值 150 万美元，交货期为次年 3 月份。按合同规定，签约后一个月内，买方在收到卖方银行出具的不可撤销保函后必须支付 20% 的定金。由于种种原因，交货期多次推迟，在此期间 W 公司宣布破产倒闭，其财产被法院指定的财产清算委员会拍卖，由于我方信息不灵及工作差错，导致无法追索定金。

买方订购的仪器技术较先进，须经相关机构批准方能出口。合同规定，支付方式为：签约一个月后凭卖方银行出具的保函支付 20%，系合同定金；凭买方开出的信用证支付 70%；凭买方在安装调试后出具的验收报告支付最后的 10%。关于卖方银行出具的保函有效期，买卖双方经过多次商谈，最后同意如下："This Letter of Guarantee is in any event to become null and void on the end of April 2017, unless we shall have in the meantime agreed to extend such expiry date."据此，该保函到 2017 年 4 月底失效，即交货期后一个月。合同执行情况如下。

2016 年 2 月，卖方银行出具保函。

2016 年 3 月初，买方审核无误支付 20% 定金，计 30 万美元。

2016 年 7 月，卖方按合同规定向指定机构提出申请出口许可证。

2016 年 11 月，买方开出了银行信用证。

2017 年 1 月，卖方通知货已备妥，请买方告订舱情况；买方通知卖方，因厂房尚未竣工，要求推迟到 4 月底发运；卖方确认同意，买方作 L/C 变更，交货期延至 4 月份。

2017 年 2 月，卖方电告，因手续等原因，出口许可尚未得到批准，要求买方速寄最终用户用途担保。

2017 年 3 月初，卖方电告，货物被海关扣留，买方速寄最终用户用途担保。

2017 年 4 月，卖方电告，因手续等原因无法及时装运，要求推迟至 5 月底发运，买方同意，并相应修改 L/C 装运期，L/C 有效期至 6 月 21 日。

2017 年 6 月初，W 公司宣布破产，当地法院指定财产清算委员会进行清算，全部资产被冻结。对此，我方一无所知。

2017 年 7 月，B 公司来华通知，W 公司被拍卖并已被 B 公司买进，B 公司负责 W 公司合同履约等事项。为此，我方立即通知银行拒付任何议付单据，经查，此时 L/C 及卖方银行出具的保函已失效。买方与卖方就 20% 的定金进行了协商，买方要求卖方协助追还 20% 的定金。但 B 公司坚持由于拍卖过程中未得到该笔款项，不承担义务。买方则坚持己见，双方僵持不下。后因用户要货急,双方商定协议如下:"The buyer shall increase the returned down payment amounting to ××× into the newly opened L/C upon getting the refunded down payment from the ××× Bank."即一旦买方从××银行得到上述款项,该款项将追加到新开设的信用证金额中去。在此情况下,双方签订了合同变更协议,即供货方由W公司变为B公司,合同其他条款照旧。与此同时,买方急告使馆商务处,并与W公司所在国驻华领馆联系,追索20%定金。

2017年9月,由于对W公司所在国破产法等不甚了解,几经周折,买方将追索对象转向财产清算委员会,要求将买方列入债权人,但该委员会迟迟未复。

2017年11月,该委员会在买方几番催促下,同意将买方列入普通债权人,而非第一债权人。为此,买方一面聘请律师,寻找法律根据,草拟索款方案;另一方面与其驻华使馆联系,以求协助,在得到有关部门同意后,迅速派出以买方、银行、律师、用户四方组成的索款小组赴J国索款,当时拟定的索款对象包括:财产清算委员会、J国国家银行、B公司。索款途径为:派员交涉、请求银行协助、通过使馆做工作、诉诸法律。

向财产清算委员会索款的理由是,首先,该委员会未发任何通知给买方,而买方应为W公司的债权人之一,在买方提出要求后,将买方列入普通债权人,没有其许可,J国国家银行不会将款项退还买方;其次,该合同货物已在码头,该委员会将该笔货物拍卖给B公司,实际上该笔货物20%所有权应属买方。在与该委员会交涉中,该委员会不得不承认没有通知买方是其工作不够完善,声称买方可上诉。但经买方多方了解得知,虽然可上诉,但按J国诉讼法规定,向法院上诉要聘当地律师;其次,W公司财产已按债权人顺序拍卖完毕,财产清算委员会并无偿付能力,虽有采自保险金的款项,但数量甚微,即使胜诉,意义不大;最后,它是法院指定的代理人,法院一定会尽力保护它,因此向其索款无望。

向J国国家银行索款的理由是,L/C与L/G均通过该银行。尽管在我方得知W公司破产时L/G已失效,但破产时我方L/C仍有效(失效期为2017年6月21日),在此期间,该行未向买方提供W公司的任何消息。对此,该行承认未及时将W公司财务资信情况通知买方,固然有一定的责任,但又称并非法定责任,强调L/C的延展并不意味着L/G有效期的相应延展,L/G的担保期是该行对该货物预付款承担责任的界线,该行认定有效期已过,不再负有任何退款责任,买方向该行索款无法律依据。

向B公司索赔理由为,B公司在拍卖中买进了W公司,并承担继续履约的责任,而该货的物权中事实上已包括买方20%预付款,但B公司认为是按100%的货价向财产清算委员会买进的,在变更合同的供货方时,又未订明双方索款责任,我方未将索款作为变更合同的充决条件。因此,向B公司索款理由亦难成立。

分析:

本案中,该财产清算委员会及J国国家银行,均承认其工作有不够完善之处,有一定责任等,但事实上均拒不承担付款责任。因为,前者是法院指定的从事该破产公司清算事宜的机构,既不负经济责任,又再无款项可资分配;后者则以其所开保函的有效期为其承担法律责任的界线,有效期已过,再无付款责任可言。反之,在买方,则对有关法律方面的重要事项未能切实掌握,对卖方的宣告破产一无所知,以致失去了依法向清算委员会申请的有利时机。对用户所开保函的有效期缺乏监控。在买方一再延长自己所开信用证的到期日时,未相应地要求卖方延长其通过银行所开保函的有效期,而这在当时只是举手之劳。由此可见,在进出口企业中，加强有关人员的法律意识，向他们宣传法律知识十分必要。此外，设置内部的法律部门或专职法律人员，规定其职责和办事制度，也应提上议事日程。

在合同变更时，本来可能将索款与合同变更捆在一起，即如B公司不答应向J国国家银行或财产清算委员会索款的条件，买方可不同意变更合同。尽管并没有把握使B公司就范，但毕竟是买方可能由被动转为主动的一次机会，然而由于用户急于要货，买方未能坚持下去。

对J国法律不熟悉，在获悉W公司倒闭后除了通知买方银行拒付外，不知如何着手索款。通过各种渠道打听款项在何处，确定索款对象花了大量时间，丧失了宝贵的时间。

对卖方资信变化缺乏及时的了解。本案合同交货期较长，因此对外商资信应经常了解，不仅限于在合同签约前，也包括在合同执行中。

第七章

其他国际结算方式

> **学习目标**
>
> 了解备用信用证、国际保理、福费廷三种国际结算方式的基本含义、特点、种类和主要内容,同时了解各种国际结算方式之间的联系和区别,重点掌握各种国际结算方式在实际业务中的运用范围。

第一节 备用信用证

一、备用信用证概述

(一)备用信用证的定义

备用信用证(Standby Letters of Credit,SBLC),又称担保信用证,是指不以清偿商品交易的价款为目的,而以贷款融资或担保债务偿还为目的所开立的信用证。备用信用证是集担保、融资、支付及相关服务于一体的多功能金融产品,因其用途广泛及运作灵活,在国际商务中被普遍应用,一般可用于投标、履约、还款、预付、赊销等业务。

(二)备用信用证的作用与性质

备用信用证是一种特殊形式的信用证,它是开证行根据申请人的请求,对受益人开立的承诺承担某项义务的凭证,即开证行保证在开证申请人未履行其应履行的义务时,受益人只要按照备用信用证的规定向开证银行开具汇票(或不开汇票),并提交开证申请人未履行义务的声明或证明文件,即可取得开证行的偿付。备用信用证属于银行信用,开证行保证在开证申请人不履行其义务时,由开证行付款;如果开证申请人履行了约定的义务,该信用证则不必使用。

因此,备用信用证对于受益人来说,是备用于开证申请人发生违约时取得补偿的一种方式,具有担保的性质。同时,备用信用证又具有信用证的法律特征,它独立于作为其开立基础的其所担保的交易合同,开证行处理的是与信用证有关的文件,而与交易合同无关。

综上所述，备用信用证既具有信用证的一般特点，又具有担保的性质。

具体说来，备用信用证具有如下性质。

1. 不可撤销性

除非在备用信用证中另有规定，或经对方当事人同意，否则开证人不得修改或撤销其在该备用信用证下的义务。

2. 独立性

备用信用证一经开出，即具有独立性。开证人义务的履行并不取决于：①开证人从申请人那里获得偿付的权利和能力；②受益人从申请人那里获得付款的权利；③备用信用证中对任何偿付协议或基础交易的援引；④开证人对任何偿付协议或基础交易的履约或违约的了解与否。

3. 跟单性

开证人的义务要取决于单据的提示，以及对所要求单据的表面审查。

4. 强制性

备用信用证在开立后即具有约束力，无论申请人是否授权开立，开证人是否收取了费用，或受益人是否收到或因信赖备用证或修改而采取了行动，它对开证行都是有强制性的。

（三）备用信用证的发展和适用的国际惯例

备用信用证最早流行于美国，因美国法律不允许银行开立保函，故银行采用备用信用证来代替保函，后来逐渐发展成为国际性合同提供履约担保的信用工具，用途十分广泛，如国际承包工程的投标、国际租赁、预付货款、赊销以及国际融资等业务。国际商会在《跟单信用证统一惯例》1993年文本中，明确规定该惯例的条文适用于备用信用证，即将备用信用证列入了信用证的范围。但是，因性质不同于一般的商业信用证，备用信用证只适用《跟单信用证统一惯例》（UCP 600）的部分条款。

跟备用信用证相关的国际公约和惯例还有：1995年12月，联合国大会通过的由联合国国际贸易法委员会起草的《独立担保和备用信用证公约》；1999年1月1日正式生效实施的国际商会的第590号出版物《国际备用信用证惯例》（ISP 98），作为专门适用于备用信用证的权威国际惯例。根据ISP 98的界定，备用信用证在开立后即是一项不可撤销的、独立的、要求单据的、具有约束力的承诺，也就是专门规范了备用信用证独立存在的性质。在修订ISP 98时，国际商会充分考虑了UCP 600是否仍有必要涉及备用信用证的问题，最终多数意见是备用信用证仍然可以继续适用UCP 600的部分条款。

（四）备用信用证的种类

备用信用证的种类很多，根据在基础交易中备用信用证的作用主要可分为以下八类。

1. 履约保证备用信用证

履约保证备用信用证支持一项除支付金钱以外的义务的履行，包括对由于申请人在基础交易中违约所致损失的赔偿。此类备用信用证为对合同的履行提供担保，而对付款义务提供担保。在履约备用信用证有效期内，如发生申请人违反合同的情况，开证人将根据受益人提交的符合备用信用证的单据代申请人赔偿该备用信用证规定的金额。

2. 预付款保证备用信用证

预付款保证备用信用证用于担保申请人对受益人的预付款所应承担的义务和责任。这种备用信用证通常用于国际工程承包项目中业主向承包人支付的合同总价10%~25%的工程预付款，以及进出口贸易中进口商向出口商支付的预付款。

3. 反担保备用信用证

反担保备用信用证又称对开备用信用证，它支持反担保备用信用证受益人所开立的另外的备用信用证或其他承诺。

4. 融资保证备用信用证

融资保证备用信用证支持付款义务，包括对借款的偿还义务的任何证明性文件。目前，外商投资企业用以抵押人民币贷款的备用信用证就属于融资保证备用信用证。

5. 投标备用信用证

投标备用信用证用于担保申请人中标后执行合同义务和责任，若投标人未能履行合同，开证人必须按备用信用证的规定向收益人履行赔款义务。投标备用信用证的金额一般为投保报价的1%~5%（具体比例视招标文件规定而定）。

6. 直接付款备用信用证

直接付款备用信用证用于担保到期付款，尤指到期没有任何违约时支付本金和利息。其已经突破了备用信用证备而不用的传统担保性质，主要用于担保企业发行债券或订立债务契约时的到期支付本息义务。

7. 保险备用信用证

保险备用信用证用于支持申请人的保险或再保险义务。

8. 商业备用信用证

商业备用信用证指如不能以其他方式付款，为申请人对货物或服务的付款义务进行保证。

二、备用信用证、银行保函和跟单信用证的区别

（一）备用信用证与银行保函的区别

备用信用证和银行保函都属于银行信用，两者的法律当事人、作用和目的基本相同，但是，两者之间也存在重大的区别，主要体现在以下几个方面。

1. 银行承担责任的条件不同

备用信用证的开证行承担的是第一性的付款责任。而在使用银行保函时，应该先由申请人向受益人付款或者履行其他义务，只有在申请人不付款或者不履行合同规定的义务时，受益人才可以凭保函向担保银行要求付款。

2. 银行的付款依据不同

备用信用证是独立于交易合同的自足性契约，只以符合信用证条款规定的单据为付款依据。而当受益人凭银行保函向担保银行索偿时，银行需要经过调查证实申请人的确有不履行合同义务的事实后才向受益人偿付。

(二) 备用信用证与跟单信用证的区别

备用信用证和跟单信用证相比，共同点是：开证行所承担的付款义务都是第一性的；均凭符合信用证规定的凭证和单据付款；都是在买卖合同或其他合同的基础上开立的，但一经开出就成为独立性文件，与原合同无关。两者的区别在于以下几点。

第一，备用信用证是在受益人提供单据证明债务人未履行基础交易的义务时，开证行才支付信用证项下的款项。而一般跟单信用证是在受益人提交有关单据证明其已履行基础交易义务时，开证行才支付信用证项下的款项。

第二，备用信用证适用于包括货物买卖在内的各种交易，如投标业务等。跟单信用证一般只适用于国际货物买卖。

第三，备用信用证的开证申请人与受益人既可以是进口方也可以是出口方。跟单信用证总是货物的进口方为开证申请人，以出口方为受益人。

第四，备用信用证开证行的付款责任与跟单信用证开证行的付款责任是有所不同的。在备用信用证业务中，只有在开证申请人违约时开证行才承担付款责任。而在跟单信用证业务中，只要受益人提交信用证规定的单据，且"单证相符"，开证行就必须立即付款，而不管此时开证申请人是否付款。

第二节　国际保理

一、国际保理的功能、特征

(一) 国际保理的功能

根据冷柏军在《国际贸易实务》（高等教育出版社，2006年）中的定义，国际保理（International Factoring）又称国际保付代理、承购出口应收账款业务等，是指出口商以商业信用形式出售商品，在货物装船后，立即将发票、汇票、提单等有关单据卖断给保理商，收进全部或部分货款，从而取得资金融通的业务。

国际保理是一种由保理商（一般为银行或者其他金融机构）为出口商提供的，集贸易融资、应收账款的管理和追收、买方信用风险担保于一体的综合性国际结算与融资方式。保理商在买进出口商的票据、承购进口商的负债后，通过一定的渠道向进口商催还欠款，如果遭到拒付，也不能向出口商行使追索权。因此，保理商与出口商是票据买卖、债权承购与转让的关系，而不是一种借款关系。

概括起来，国际保理业务具备如下功能。

1. 信用风险保障

如果企业选择了保理服务中的风险保障选项，买家的信用风险将会由保理商来承担。在核准的信用额度内，保理可以为企业提供最高达100%的买家信用风险担保，帮助企业拓展国际贸易业务。

2. 应收账款融资

针对被保理的应收账款，保理商可以按预先约定的比率（通常为发票金额的80%，也可以是100%）为企业提供即时的贸易融资。

3. 应收账款管理

保理商可以帮助企业进行专业的销售账户管理和应收账款催收，为企业即时提供经营管理所需的有关应收账款信息并对买方付款情况进行分析。

（二）国际保理的特征

国际保理业务有如下特征。

（1）必须是商业机构与商业机构之间货物销售生产的应收账款，该应收账款不属于个人或家庭消费或者类似使用性质。

（2）该商业机构必须将应收账款的权利转让给保理商。

（3）保理商必须履行的职能：以贷款或者预付款的形式向供货商融通资金、管理与应收账款有关的账户、收取应收账款、对债务人的拒付提供坏账担保。

（4）应收账款的转让通知必须送交债务人。

二、国际保理的主要内容

银行或财务公司经营保理业务的主要项目如下。

1. 信用调查

银行或财务公司对有关的买方客户进行全面详细的资信调查，并结合市场调查，拟定对每个客户提供的信用限额，作为放款的重要参考。同时，对卖方的资信及其经营和生产能力也进行调查了解，以便决定是否接受其申请。

2. 风险承担

银行或财务公司一旦接受卖方对客户的账款保理，如果到规定时间收不到款，只要是正常业务并且在承担限额之内，银行或财务公司就将承担这笔呆账损失。但是保理业务不负责买卖双方因货物有问题而发生的争执，例如因未按合同规定发货而导致买方拒绝付款，卖方应自己负责。

3. 催收账款

出口商的账款到期时，银行或财务公司通过国外的合作金融机构提醒进口商支付货款，负责收取应收账款，将款交给卖方，并向卖方提送报告；对未收账款继续催收。

4. 资金融通

有别于出口商在银行取得的融资额度（可能需要担保、抵押），国际保理业务为出口商开辟了另一条取得流动资金的渠道。在许多国家，按照有关规定和习惯做法，银行放款一般不接受应收账款、存货等流动资产作抵押。而经营保理业务的银行或公司则可以以应收账款为抵押，使卖方获得资金融通的便利。

5. 会计结算

银行或财务公司对承办的账款负责结算，定期公布已收、未收款的情况，并提供电脑账务报告，分析账户动态。卖方可以不必自己记账，简化了其会计工作。

三、国际保理业务的操作流程

目前在国际贸易中，保理商所提供的国际保理业务一般是双保理。双保理的具体做法基本与单保理相同,不同的是,双保理多了一个出口保理商,进口保理商直接与出口保理商交易,而不是与买方交易。国际上通行的双保理业务程序大致如下。

(1) 进出口商签订货物买卖合同,规定使用 D/P、D/A 或 O/A 等非信用证结算方式。

(2) 出口商与出口保理商签订保理协议,提交进口商的有关情况和交易资料,并书面提出要求对进口商进行审查,确定信用额度。

(3) 出口保理商将出口商提交的资料和信用额度申请整理后转交给与之有业务往来的进口保理商。

(4) 进口保理商对进口商的资信进行调查和评估,确定进口商的信用额度,告知出口保理商。

(5) 出口保理商将资信调查结果告诉出口商。

(6) 出口商按照合同规定备货并发运,将发票及各项货运单据送交进口商。

(7) 出口商同时将发票副本交出口保理商。

(8) 出口保理商先向出口商支付 80% 的发票金额货款,或者买断票据,按照票面金额扣除利息等各项费用后,无追索权地支付给出口商。

(9) 出口保理商随即将发票副本送交进口保理商,进口保理商将发票入账,并负责定期向进口商催收账款。

(10) 进口商在付款到期日后向进口保理商支付发票全部金额,并支付保理费。

(11) 进口保理商将发票金额拨交给出口保理商。

(12) 出口保理商在扣除预付货款、保理服务费用及其他费用后,将货款余额交出口商。

四、国际保理业务的利弊分析

1. 国际保理业务对出口商的影响

保理业务对出口商的影响是很直接、明显的。

(1) 有利于出口商尽快收回资金,提高资金的使用效益。

出口商将货物装运完毕后,可立即获得不超过 90% 的发票金额的有追索权的贸易融资,缩短了资金回收的周期,保证了较为充足的营运资金,加速了资本的周转。在经济萧条时期,有助于出口商应付因资金周转缓慢而造成的资金困难等问题;在经济繁荣时期,即在市场看好、产品畅销时期,充足的营运资金经营,企业的生产经营规模迅速膨胀,以致超过营运资金的承受能力,出现清偿能力不足的问题,影响企业的正常发展,保理业务也可以帮助解决这类问题。

(2) 有利于出口商转移风险。

只要出口商的商品品质和交货条件符合贸易合同的规定,在保理商无追索权地购买其出口债权后,出口商就可以将信用风险和汇价风险转嫁给保理商,潜在的坏账风险大大降低,债款回收率明显提高。

(3) 有利于节省非生产性费用。

出口商把售后管理交给保理商代管后,可以集中力量进行生产、经营和销售,并可相应减少财务管理人员和办公设备,办公用房占用面积也可相应减少,从而减少日益昂贵的人工费用和房屋租金。而且,由于保理商负责收取货款、寄送账单和查询催收工作,出口商不仅可以节省大量的账务管理费用,如邮电费和电话费等,还可以最大限度地降低因会计人员休假、生病等人为因素给工作带来的影响。

(4) 有利于出口商获取有关信息。

保理商熟悉海外市场和商业活动的情况,在很大程度上保障了对进口商资信调查的准确性和真实性,为出口商决定是否向进口商提供商业信用提供了可靠的依据。保理商还经常向中小出口商就海外市场情况和进口国的有关法规提出出口建议,替其寻找买主和代理商,协助其打进国际市场,增加其竞争能力。

(5) 有利于维护和提高出口商的资信。

出售应收账款的预收款计入出口商正常的销售收入,提高了企业的资产/负债比率,改善了其资产负债表的状况,有利于出口商资信的提高,有利于出口商的有价证券上市和进一步采取其他融资方式,而且资金状况改善会带来更佳的选购机遇。

(6) 增加出口成本。

保理业务对出口商的不利之处是会提高出口成本,并因此导致出口价格上升或出口利润下降。

2. 国际保理业务对进口商的影响

保理业务对进口商的影响是间接的和不明显的。出口商采用保理业务使进口商能以非信用证方式支付货款。

(1) 保理业务使进口商避免积压和占用资金。

保理业务适用赊销方式购买商品,进口商不需要向银行申请开立信用证,免去押金交付,从而减少资金积压,避免信用额度的减少,降低进口成本。

(2) 简化进口手续。

通过保理业务,买方可迅速得到急需的进口物资,大大节省要求开证、催证等的时间,简化了进口手续。

(3) 增加了进口商的成本负担。

采用保理业务,出口商将办理该项业务的有关费用转移到出口货价中,增加了进口商的成本负担。但是,由于保理业务的费率较低,一般为业务量的 0.75%~2.5%,货价提高的金额一般仍低于因交付开证押金而蒙受的利息损失。

五、国际保理的类型

由于各个国家和地区的商业交易习惯及法律法规不同,各国办理国际保理业务的内容以及做法也不同。根据保理业务的性质、服务内容、付款条件、融资状况等方面存在的差异,可以将保理业务进行以下分类。

(一) 根据保理商对出口商提供预付融资与否分类

根据保理商对出口商提供预付融资与否,分为融资保理和到期保理。

融资保理又叫预支保理,是一种预支应收账款业务。当出口商将代表应收账款的票据交给保理商时,保理商立即以预付款方式向出口商提供不超过应收账款 80% 的融资,剩余 20% 的应收账款待保理商向债务人(进口商)收取全部货款后再行清算。这是比较典型的保理方式。

到期保理是指保理商在收到出口商提交的代表应收账款的销售发票等单据时并不向出

商提供融资，而是在单据到期后，向出口商支付货款。

（二）根据保理商公开与否分类

根据保理商公开与否，也即销售货款是否直接付给保理商，分为公开型保理和隐蔽型保理。

公开型保理是指出口商必须以书面形式将保理商的参与通知进口商，并指示他们将货款直接付给保理商。目前的国际保理业务多是公开型的。

隐蔽型保理是指保理商的参与是对外保密的，进口商并不知晓，货款仍由进口商直接付给出口商。这种保理方式往往是出口商为了避免让他人得知自己因流动资金不足而转让应收账款，并不将保理商的参与通知给买方，货款到期时仍由出口商出面催收，再向保理商偿还预付款。至于融资与有关费用的清算，则在保理商与出口商之间直接进行。

（三）根据保理商是否保留追索权分类

根据保理商是否保留追索权，分为无追索权保理和有追索权保理。

在无追索权保理中，保理商根据出口商提供的名单进行资信调查，并为每个客户核对相应的信用额度，在已核定的信用额度内为出口商提供坏账担保。出口商在有关信用额度内的销售，因为已得到保理商的核准，所以保理商对这部分应收账款的收购没有追索权。由债务人资信问题所造成的呆账、坏账损失，均由保理商承担。国际保理业务大多是无追索权保理。

有追索权保理中，保理商不负责审核买方资信，不确定信用额度，不提供坏账担保，只提供包括贸易融资在内的其他服务。如果因债务人清偿能力不足而形成呆账、坏账，保理商有权向出口商追索。

（四）根据其运作机制是否涉及进出口两地的保理商分类

根据其运作机制是否涉及进出口两地的保理商，分为单保理和双保理。

单保理是指仅涉及一方保理商的保理方式。如在直接进口保理方式中，出口商与进口保理商进行业务往来；而在直接出口保理方式中，出口商与出口保理商进行业务往来。

涉及买卖双方保理商的保理方式则叫双保理。国际保理业务中一般采用双保理方式，即出口商委托本国出口保理商，本国出口保理商再从进口国的保理商中选择进口保理商。进出口国两个保理商之间签订代理协议，整个业务过程中，进出口双方只需与各自的保理商往来。

第三节　福费廷

一、福费廷的含义、特点和优势

（一）福费廷的含义

福费廷（Forfaiting），又称买断，是银行根据客户（信用证受益人）或其他金融机构的要求，在开证行或保兑行或其他指定银行对信用证项下的款项做出付款承诺后，对该应收款进行无追索权的融资。福费廷业务是一项与出口贸易密切相关的新型贸易融资业务产品，是提前获得货款的一种资金融通形式。相对于其他贸易融资业务，福费廷业务的最大特点在于无追索权,也就是出口企业通过办理福费廷业务,无须占用银行授信额度,就可从银行获得100%的便利快捷的资金融通,改善其资产负债比率。还可以有效地规避利率、汇率、信用等各种风险,为在对外贸易谈判中争取有利的地位和价格条款、扩大贸易机会创造条件。

福费廷业务主要提供中长期贸易融资,利用这一融资方式的出口商应同意向进口商提供期限为6个月至5年甚至更长期限的贸易融资,同意进口商以分期付款的方式支付货款。除非包买商同意,否则债权凭证必须由包买商接受的银行或其他机构无条件地、不可撤销地进行保付或提供独立的担保。福费廷业务是一项高风险、高收益的业务,对银行来说,可带来可观的收益,但风险也较大;对企业和生产厂家来说,货物一出手,可立即拿到货款,占用资金时间很短,无风险可言。因此,银行做这种业务时,关键是选择资信十分好的进口地银行。

(二)福费廷业务的特点

相对于其他贸易融资业务和国际结算方式,福费廷作为一种新型的融资和结算工具,具有很鲜明的特点。

(1)福费廷业务中的远期票据产生于销售货物或提供技术服务的正当贸易,包括一般贸易和技术贸易。

(2)福费廷业务中的出口商必须放弃对所出售债权凭证的一切权益,做包买票据业务后,将收取债款的权利、风险和责任转嫁给包买商,而银行作为包买商也必须放弃对出口商的追索权。

(3)出口商在背书转让债权凭证的票据时均加注"无追索权"(Without Recourse)字样,从而将收取债款的权利、风险和责任转嫁给包买商。包买商对出口商、背书人无追索权。

(4)传统的福费廷业务,其票据的期限一般在1~5年,属中期贸易融资。但随着福费廷业务的发展,其融资期限扩充到1个月至10年不等,时间跨度很大。

(5)传统的福费廷业务属批发性融资工具,融资金额由10万美元至2亿美元。可融资币种为主要交易货币。

(6)包买商为出口商承做的福费廷业务,大多需要进口商的银行进行担保。

(7)出口商支付承担费(Commitment Fee)。在承担期内,包买商因为对该项交易承担了融资责任而相应限制了其承做其他交易的能力,以及承担了利率和汇价风险,所以要收取一定的费用。

(8)从融资期限上来看,福费廷属于中长期融资,融资期限可长达10年。

(9)福费廷业务的担保方式主要有两种:一种是保付签字,即担保银行在已承兑的汇票或本票上加注"Per Aval"字样,并签上担保银行的名字,从而构成担保银行不可撤销的保付责任;另外一种是由担保银行出具单独的保函。

(10)无追索权条款。福费廷业务的特色,是出口商转嫁风险的依据。福费廷业务项下银行对出口商放弃追索权的前提条件是出口商所出售的债权是合法有效的。因此,银行通常在与出口商签订的福费廷业务协议中约定,如因法院止付令、冻结令等司法命令而使该行未能按期收到债务人或承兑/承付/保付银行的付款,或有证据表明出口商出售给该行的不是源于正当交易的有效票据或债权,银行对出口商保留追索权。

（三）福费廷业务的优势

福费廷作为一种灵活简便、有效的融资方式，在国际市场上发展非常迅速，对优化我国出口结构、改善企业资金流动状况和加速我国银行国际化的进程都有重要的作用，是我国贸易融资发展的必然趋势。具体说来，福费廷业务具备下列优势。

（1）对单据文件的要求简洁明了。

（2）出口商享受固定利率和无追索权贴现，并将一定的成本纳入销售价格，同时将所有信用风险、汇率风险、国家风险转嫁给包买商。

（3）能够提供卖方信贷，使产品更具吸引力。

（4）改善出口商的资金流动状况——把信贷交易转为现金交易，而出口商的资产负债表中不会增加应收账款、银行贷款、或有负债。

（5）出口商从银行获得无追索权贴现款后，即可提前办理核销及退税手续。

二、福费廷业务和国际保理业务的比较

福费廷业务与国际保理业务都是通过债权转让，由第三方（贴现商与保理商）向进出口商提供融资，但两者在实务操作中存在着不同之处，具体如表 7-1 所示。

表 7-1 福费廷和国际保理业务的比较

项目	福费廷	国际保理业务
承做的范围	远期信用证、承兑交单、分期付款等	非信用证付款方式，如承兑交单、赊销等
承做的商品类别与特性	机械设备等资本货物出口、金额较大、付款期限较长	消费性商品、金额小、付款期限较短
融资期限	中长期，半年以上至数年不等（大多承做 180 天以内的信用证买断）	短期，通常半年以内
债权形式	以本票或汇票贴现的方式转移	短期应收账款转让
债权确保金额	票据金额的 100%	应收账款的 100%（无追索权）
对出口商有无追索权	无追索权	分无追索权和有追索权两种
融资金额	票据金额的 100%	若有需要，保理商可预付应收账款金额的 80% 给出口商
是否有第三方保证	进口国银行或政府机构对票据保证	无
风险的转移	由贴现商承担进口商的信用风险、进口国政治风险、汇兑风险及交易币别的汇率风险、利率风险	由保理商承担进口商的信用风险
承做地区	包含信用风险高的发展中国家	以金融体系较健全稳定的欧美国家为主

三、福费廷业务的流程

在国际贸易融资或者结算的过程中，福费廷业务可以和信用证业务结合运用，也可以作为融资手段单独运用。

(一) 福费廷业务中信用证操作流程

福费廷业务中信用证操作流程如图 7-1 所示。

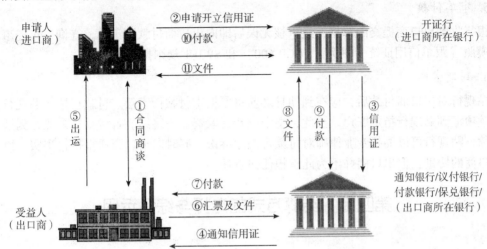

图 7-1　福费廷业务中信用证操作流程

主要操作步骤如下。

(1) 出口商（收益人）与进口商（申请人）商谈签订贸易合同。

(2) 进口商（申请人）向所在银行（开证银行）申请向收益人（出口商）开立远期信用证。

(3) 出口商（收益人）所在银行收到远期信用证并通知信用证收益人。

(4) 出口商（收益人）安排货物出运并向银行交单。

(5) 出口商（收益人）将远期信用证无追索权地售给出口商所在银行。

(6) 出口商可按商订时间获得资金，不必等到信用证到期。

(二) 福费廷融资操作流程

1. 询价

出口商向银行询价，最好在与进口商正式签约前进行。

2. 报价

银行接到出口商的询价后，根据国际福费廷市场情况报价。报价内容包括：①贴现率（Discount Rate），出口商可以选择固定利率，也可以采用 LIBOR（伦敦银行同业拆借利率）加上利差的计算方式；②承担费（Commitment Fee），视个别交易而定；③多收期（Grace Days），即预估延期天数。

3. 签约

出口商接受银行方面报价后，双方签订福费廷融资协议。

4. 交单

根据福费廷融资协议的约定，出口商在装船发货之后应立即将全套的单据交银行议付，议付行将相关票据寄开证行/担保行承兑后退回出口商。出口商须在银行承兑的远期汇票或本票上背书并注明"无追索权"字样，随后连同其他单据在承诺期内交贴现行审核。需要提交的单据主要有本票或银行承兑汇票等、提单副本、发票副本、合同副本、信用证或保函副本、出口商对其签字及文件真实性的证明、出口商债权转让函件。

5. 审单付款

银行收到出口商提交的单据，经审核无误后即向出口商付款。审单、查询、传递事宜一般均遵照《跟单信用证统一惯例》（UCP 600）和 SWIFT 规则执行。

6. 到期索偿

贴现行对出口商付款后，应在到期日之前将票据寄付款行索偿。付款行按照贴现行的指示将款项汇到贴现行指定账户。至此，整个福费廷融资业务终结。若付款行未能在到期日正常付款，贴现行可以委托专业律师对付款行提起诉讼，同时向出口商通报拒付事实，以便取得出口商的协助，但出口商并不为此承担任何责任。

第四节　结算方式的选择与综合运用

一、影响国际结算方式选择的因素

现在，我们已经了解到，国际结算的方式有很多种，包括汇付、托收、信用证、银行保函、备用信用证、国际保理和福费廷等。在诸多国际结算方式中，到底要选择哪一种，主要考虑如下因素。

1. 安全因素

安全因素是首先要考虑的问题，因为对一笔国际业务来说，最后安全收回资金或者货物是最重要的目的。

2. 客户资信

客户资信直接影响到安全因素。在国际贸易中，合同能否顺利圆满地得到履行，在很大程度上取决于客户的信用。因此，要在贸易中安全收汇、安全用汇，就必须事先做好对客户的资信调查，以便根据客户的具体情况，选用适当的结算方式。

3. 占用资金的时间

采用不同的结算方式，对于交易各方来说，会导致占用资金的时间有不小的差异，而占用资金时间的长短会直接影响交易的成本，尤其是当交易数额比较大的时候。

4. 结算方式的手续和费用等

结算方式的手续繁简、费用高低，也是选择结算方式时必须要考虑的因素。

5. 贸易术语

国际货物买卖合同中采用不同的国际贸易术语，表明各项合同的交货方式和使用的运输方式是不同的，而不同的交货方式和运输方式所适用的结算方式不会完全相同。因此，在选择结算方式时，要注意合同所采用的贸易术语。

6. 运输单据

如果货物通过海上运输，出口商装运货物后得到的运输提单是海运提单，而海运提单属于物权凭证，提单交付给进口商之前，出口商尚能控制货物，故可以选用信用证和托收方式结算货款。如果货物通过航空、铁路、邮政运输时，出口商装运货物后得到的运输单据是航空运单、铁路运单或邮包收据，这些都不是物权凭证，因此在这种情况下，一般不宜做托收。即使采用信用证方式，也大都规定必须以开证行为运输单据的收货人，以便银行控制货物。

二、国际结算方式的综合运用

在国际贸易业务中，一笔交易的货款结算一般来说只使用一种结算方式，但是也可根据不同的交易商品、交易对象、交易做法等，将两种以上的结算方式结合使用，从而有利于促成交易、安全及时收汇等。

（一）银行保函与汇付相结合

汇付分为预付货款和货到付款两种形式，汇付与银行保函的结合形式也分为两种。

1. 预付货款时，银行保函与汇付的结合使用

预付货款的结算方式，有利于出口商而不利于进口商。因此，预付货款时，出口商可以先开立银行保函，保证按时交货、交单，否则要向进口商退还预付款。然后，进口商向出口商发出汇款，即为汇款与保函的结合使用。

2. 货到付款时，银行保函与汇付的结合使用

货到付款的结算方式有利于进口商而不利于出口商，出口商方面仅用于新产品或者滞销货物的出口，以便在国际市场上打开销路。货到付款时，进口商可以先开立银行保函，保证货到一定付款；然后，出口商发货，即完成了汇付与保函的结合使用。

（二）银行保函与托收相结合

托收与汇付相反，是逆汇。为了使出口收取货款有保障，出口商在采用托收时，可要求进口商提供银行保函。如果进口商拒不付款赎单或收到单据后未在规定时间内付款，出口商有权凭银行保函向担保行索取出口货款。

（三）银行保函与信用证相结合

信用证与银行保函相结合适用于成套设备或工程承包交易。除了支付货款外，还有预付定金或保留金的收取。一般货款可用信用证支付，预付定金要先开银行保函，保留金的收取可以开保函代替。如果是招标交易，则须投标保函、履约保函、退还预付金保函与信用证相结合。

（四）信用证与汇付相结合

信用证与汇付相结合是指部分货款采用信用证、余额采用汇付方式结算。这种结算方式的结合形式常用于允许交货数量有一定机动幅度的某些初级产品的交易。例如矿砂、煤炭、粮食等散装货物，买卖合同规定90%的货款以信用证方式付款，其余10%在货物运抵目的港，经检验核实货物数量后，按实到数量确定余数金额后以汇付方式支付。又如，对于特定商品或特定交易须进口商预付定金的，也有规定预付定金部分以汇付方式支付，其余货款以信用证方式结算。

（五）信用证与托收相结合

信用证与托收相结合是指：一笔交易的货款，部分用信用证方式支付，余额用托收方式结算。这种结合形式的具体做法通常是：信用证规定受益人（出口商）开立两张汇票，属于信用证项下的部分货款，通过光票支付，余额则将货运单据附在托收的汇票项下，按即期

或远期付款交单方式托收。这种做法，对进口商而言，可减少开证金额，少付开证押金，少垫资金；对出口商而言，托收部分虽然有一定风险，但因为有部分信用证的保证，而且货运单据在信用证内规定跟随托收汇票，开证行需等全部货款付清后才能向进口商交单，因而收汇较为安全。但信用证必须订明信用证的种类和支付金额以及托收方式的种类，也必须订明"在全部付清发票金额后方可交单"的条款。

在合同中，对于信用证与托收结合方式的条款通常可作如下规定："买方通过卖方可接受的银行于装运月份前××天开立并送达卖方不可撤销的即期信用证，规定发票金额的××%凭即期光票支付，余下××%用托收方式即期付款交单。发票金额100%的全套货运单据随附托收项下，于买方付清发票全部金额后支出。如买方未付清全部发票金额，则货运单据须由开证行掌握，凭卖方指示处理。"

（六）托收与汇款相结合

托收与汇款结合使用是进口商先预付货款或一定比例的定金为保证，采用跟单托收的结算方式支付大部分货款。在实际应用中，常常先采取电汇预付货款的10%，在装船以后电汇支付40%的货款，剩余的50%采用即期付款交单的方式支付。选择这两种方式结合，对于进口商来说，一方面可以保证出口商发货义务的及时履行，另一方面还能节省银行费用，省去办理信用证的烦琐细节，节省了宝贵的贸易时间；对于出口商而言，可以约束进口商及时支付货款，如果托收金额被拒付，出口方也可以将货物运回，以预收的货款或押金抵偿运费及其他损失。

（七）其他国际结算的综合运用方式

在国际贸易实际可操作结算方式的综合运用中还有其他方式，比如，托收与保理相结合，托收与福费廷相结合，电汇与出口信用保险相结合，汇款、托收、信用证、保函或备用信用证多种结算方式结合使用。

本章小结

备用信用证又称担保信用证，是指不以清偿商品交易的价款为目的，而以贷款融资或担保债务偿还为目的所开立的信用证。备用信用证是集担保、融资、支付及相关服务于一体的多功能金融产品，因其用途广泛及运作灵活，在国际商务中普遍应用，一般可用于投标、履约、还款、预付、赊销等业务。

国际保理又称国际保付代理、承购出口应收账款业务等，是指出口商以商业信用形式出售商品，在货物装船后，立即将发票、汇票、提单等有关单据卖断给保理商，收进全部或部分货款，从而取得资金融通的业务。

福费廷又称买断，是银行根据客户（信用证受益人）或其他金融机构的要求，在开证行或保兑行或其他指定银行对信用证项下的款项做出付款承诺后，对该应收款进行无追索权的融资。福费廷业务是一项与出口贸易密切相关的新型贸易融资业务产品，是提前获得货款的一种资金融通形式。相对于其他贸易融资业务，福费廷业务的最大特点在于无追索权，也就是出口企业通过办理福费廷业务，无须占用银行授信额度，就可从银行获得100%的便利快捷的资金融通，改善其资产负债比率；还可以有效地规避利率、汇率、信用等各种风险，为在对外贸易谈判中争取有利的地位和价格条款、扩大贸易机会创造条件。

第七章 其他国际结算方式

国际结算的方式有很多种，包括汇付、托收、信用证、银行保函、备用信用证、国际保理和福费廷等。在诸多的国际结算方式中，到底要选择哪一种，主要考虑安全因素、客户资信、占用资金的时间、结算方式的手续和费用等、贸易术语、运输单据。

在国际贸易业务中，一笔交易的货款结算，一般来说只使用一种结算方式，但是也可根据不同的交易商品、交易对象、交易做法等，将两种以上的结算方式结合使用，从而有利于促成交易、安全及时收汇等。综合利用的方式有：银行保函与汇付相结合、银行保函与托收相结合、银行保函与信用证相结合、信用证与汇付相结合、信用证与托收相结合、托收与汇款相结合以及其他国际结算的综合运用方式。

关键名词解释

备用信用证　履约保证备用信用证　国际保理　单保理　双保理　福费廷

思考题

1. 备用信用证的含义是什么？它具有哪些性质？
2. 备用信用证常用的种类有哪些？
3. 备用信用证和一般跟单信用证有哪些异同？
4. 国际保理的含义是什么？它具有哪些功能？
5. 国际保理的业务内容主要包括哪些？
6. 单保理和双保理的含义和区别是什么？
7. 福费廷的含义是什么？它有哪些特征？
8. 福费廷和国际保理业务有哪些异同？
9. 影响国际结算方式选择的因素有哪些？
10. 举例说明如何综合运用各种国际结算方式。

案例分析

案例一

案情：

中国A公司与法国B公司签订了一份补偿贸易合同，合同约定由A公司从B公司引进一条手机生产线，价格为3 000万美元，A公司支付30%现金，剩余款项由该生产线生产的产品作为价款，履约期限为3年。为了保证A公司履行合同，B公司要求A公司以备用信用证形式提供担保。A公司遂向国内C银行申请开立备用信用证。C银行根据A公司的委托，开出了一份以B公司为受益人、金额为2 100万美元的备用信用证。该信用证受国际商会2006年修订完成的第600号出版物《跟单信用证统一惯例》的支配。在C银行开立的备用信用证的担保下，B公司与A公司间的补偿贸易合同生效。

后来，A公司未能于合同规定的日期内履约，请问，B公司该如何处理？

分析：

B公司可以根据备用信用证的要求，签发汇票连同一份声明提交C银行，要求其支付备用信用证项下的款项。C银行对B公司提交的汇票和声明进行审查，如果认定"单证相符"，便可向B公司偿付备用信用证约定的2 100万美元。

本案涉及一种特殊的信用证——备用信用证。备用信用证又称担保信用证、履约信用证、商业票据信用证，它是开证行根据申请人的请求，对受益人开立的承诺承担某项义务的凭证，即开证行保证在开证申请人未履行其应履行的义务时，受益人只要按照备用信用证的规定向开证银行开具汇票（或不开汇票），并提交开证申请人未履行义务的声明或证明文件，即可取得开证行的偿付。备用信用证属于银行信用，开证行保证在开证申请人不履行其义务时，由开证行付款。如果开证申请人履行了约定的义务，该信用证则不必使用。因此，备用信用证对于受益人来说，是备用于开证申请人发生违约时取得补偿的一种方式，具有担保的性质。同时，备用信用证又具有信用证的法律特征，它独立于作为其开立基础的其所担保的交易合同，开证行处理的是与信用证有关的文件，而与交易合同无关。

备用信用证开证行的付款责任与跟单信用证开证行的付款责任是有所不同的。在备用信用证业务中，备用信用证是一种银行保证，开证行一般处于次债务人的地位，其付款责任是第二性的，即只有在开证申请人违约时开证行才承担付款责任。而跟单信用证开证行的付款责任是第一性的，只要受益人提交信用证规定的单据，且"单证相符"，开证行就必须立即付款，而不管此时开证申请人是否付款。

案例二
案情：
美国A公司经营范围为日化产品，主要从中国、日本、韩国等地进口有关商品。2006年，A公司首次从中国出口商B公司处进口日化商品时，采用的是不可撤销的跟单信用证作为结算方式。采用信用证作为结算方式，对初次合作的A、B公司是很有利的。

随着进口量的增长，A公司越来越感到信用证结算方式过程复杂、手续烦琐，而且费用很高。为了继续保持业务增长，A公司希望可以运用期限至少60天的赊销付款方式，即B公司先交货，至少60天以后A公司再付款。

虽然A公司与中国出口商B公司已建立了良好的合作关系，但是考虑到这种方式下的收汇风险过大，B公司没有同意这一条件。但是长此以往，如果不能找到双方满意的合适结算方式，势必对双方长久的合作和业务的进一步发展造成影响。

请问，有什么办法能够解决上述问题？
分析：
A、B公司可以利用国际保理业务中的双保理作为结算方式来解决这一问题。

首先，由A公司的进口保理商为该公司核定一定的信用额度，并通过中国的银行通知B公司。通过双保理制，进口商A公司可以得到赊销的优惠付款条件，而出口商B公司也可以得到100%的风险保障以及发票金额80%的贸易融资。双保理业务为进口商提供了极好的无担保迟期付款条件，使其拥有了额外的银行工具，帮助其扩大了进口量。

虽然出口商会将保理费用加入进口货价，但是对出口商而言，从某种角度看也有它的好处。当进口商下订单时，交货价格就已确定，他们无须负担信用证手续费等其他附加费用。而对于出口商十分关心的保理业务中的合同纠纷问题，相对而言，虽然理论上来说信用证结算方式可以保护出口商的利益，但实务中由于很难做到完全的"单证一致、单单一致"，因此出口商的收汇安全也受到挑战。而出口保理作为一种价廉高效的结算方式，可以为出口公司抓住出口机遇，改善公司的资金流动性，减少坏账，同时也可以节省用于销售分户账管理、资信调查、账款回收等的管理费用。

国际结算单据

> **学习目标**
>
> 了解国际结算单据的含义、作用和类型,掌握单据的制作和审核方法;了解发票、运输单据、保险单以及其他各种单据的含义和性质,掌握它们的用途。

第一节 国际结算单据概述

在国际贸易中,不论采取什么结算方式,都会发生单据的交换。国际商会制定的《跟单信用证统一惯例》中有近一半的条款是有关单据的,单据的重要性可见一斑。

一、单据的含义和作用

单据也称商业单据,是出口方应进口方和其他有关方的要求必须备妥并提交的,完整地代表货物所有权的各种相关单据。它通常由出口方制作或取得后通过银行转交给进口方,交单是出口方履约的重要环节和内容。在现代国际贸易结算中,出口方的交货主要是通过交单来完成的。

在国际贸易中,各国(地区)采用的或要求对方提供的货运单据不尽相同,但它们的功能和作用应该是相同或者大致相同的。比如,运输单据代表货物所有权的归属,保险单据是货物在运输过程中一旦发生损坏灭失可以获得相应经济补偿的依据,各种商检证明是保障货物品质、规格、数量、质量的官方或非官方凭证,原产地证明是证明货物的原产地并享受差别优惠关税的根据,等等。归纳起来,单据的作用有下述几点。

1. 单据可以代表货物的物权

在国际贸易结算业务中,卖方交付单据代表交付了货物,买方取得单据代表收到了货物。这样,通过单据的转移就达到了货物转移的目的,同时也使货物的转移合法化。

2. 单据是一种履约的证明

单据中有详细的货物描述及卖方履约情况的相关证明,出口商只有在履行了合同义务后才能取得相应的证据或单据。

3. 单据是付款的证据

在信用证业务中,开证行的付款是以信用证中规定的相符单据为依据的。在汇款、托收等非信用证结算方式中,进口商一般应在收到货物或单据后,在规定时间内履行付款义务。至于货款支付的数量、时间、币种等均以汇票、发票等为依据。此外,单据还是进口商提货,进出口商报关、纳税、享受税收优惠的重要凭证。

在国际结算的过程中,单据的重要作用还体现在银行只处理单据,只凭单据来完成业务和付款。所以,单据可以说是国际结算业务的核心。

二、单据的类型

常见的国际结算单据如表 8-1 所示。

表 8-1　常见的国际结算单据

单据种类	具体内容
运输单据	海运提单(Marine/Ocean Bill of Lading)
	不可转让海运单(Non-negotiable Sea Waybill)
	租船合同提单(Charter Party Bill of Lading)
	多式联运提单(Multimodal Transport Document)
	空运单据(Air Transport Document)
	公路、铁路和内陆水运单据(Road, Rail, or Inland Waterway Transport Document)
	专递及邮政收据(Courier and Post Receipts)
	运输行签发的运输单据(Transport Documents Issued by Freight Forwarders)
保险单据	保险单(Insurance Policy)
	保险凭证(Insurance Certificate)
商业发票	
其他单据	汇票(Bill of Exchange/Postal Order/Draft)
	装箱单(Packing List)
	普惠制原产地证(GSP Form A)
	一般原产地证(Certificate of Origin)
	商检证书(Inspection Certificate)
	领事发票(Consular Invoice)
	海关发票(Customs Invoice)
	受益人证明(Beneficiary's Certificate/Declaration)
	装运通知的证实副本(Certified Copy of Telex/Fax of Shipping Advice)
	船公司证明(Certificate by Owner)

(一)基本单据和附属单据

单据一般分为基本单据和附属单据两大类。

1. 基本单据

基本单据是根据货物成交的贸易条件确定的、必须由出口方提供的单据，主要是发票、运输单据和保险单据。这三种基本单据根据不同标准还可进一步细分为不同的种类。

2. 附属单据

附属单据则是根据贸易合同的约定或者信用证条款中的要求和规定，必须向进口方或授权付款行提供的、除基本单据以外的其他单据，比如商品检验证明、原产地证明、包装单据等。附属单据有些是官方要求的，以满足海关盘查的需要或政府有关贸易法令政策的规定；有些则是买方要求的，以便核查货物的具体状况。

一般信用证中会明确规定这些单据由谁出具、具备哪些内容、如何措辞等。根据 UCP 600，信用证对附属单据应该有该类规定，如没有规定，只要内容与其他单据相一致，银行就可以接受。

（二）金融单据和商业单据

1. 金融单据

国际商会第 522 号出版物《托收统一规则》规定：金融单据是指汇票、本票、支票或其他类似的可用于取得款项支付的凭证。金融单据具有货币属性，或直接充当货币支付职能或为货币的支付做出承诺、保证。金融单据一般可以转让，具有流通性。国际贸易结算中使用的金融单据有汇票、本票和支票，其中汇票的使用最为经常，国际商会银行委员会《关于审核跟单信用证项下单据的国际标准银行实务》（ISBP）对什么是可以接受的汇票专门有具体的规定。

2. 商业单据

《托收统一规则》规定，商业单据是指发票、运输单据、所有权文件或其他类似的文件，或者不属于金融单据的任何其他单据。商业单据是具有商业属性的单据，能代表货物的价值、包装、品质、数量、产地等。商业单据有两类。一类是基础单据，即根据贸易合同，卖方必须提供的单据，这些单据因所使用的贸易术语不同而存在差异。例如，在 FOB（Free On Board，船上交货……指定装运港）术语下，卖方无义务提供保险单据，但在 CIF（Cost, Insurance and Freight，成本、保险加运费付至……指定目的港）术语下，卖方则有提供保险单据的义务。另一类是附属单据，即卖方应买方的要求而另外提供的单据，买方之所以对单据提出另外的要求往往是因为进口国的官方机关对单据有特殊要求或其自身对单据存在特殊要求。

（三）单独单据和联合单据

单独单据是仅具备一个功能的单据，如保险单。

联合单据往往具有多个功能，如某份单据同时表明装箱和重量等货物的细节，则该单据为联合单据，其作用相当于一份装箱单和一份重量单。如果信用证要求装箱单和重量单，当提交两份单独的装箱单和重量单或提交两份正本装箱和重量联合单据时，只要该联合单据同时表明装箱和重量细节，即视为符合信用证要求。证明、声明或类似文据可以是单独的单据，也可以包含在信用证要求的其他单据内。如果声明或证明出现在另一份有签字并注明日期的单据里，则该份单据是联合单据。

（四）纸面单据和电子单据

1. 纸面单据

纸面单据就是传统的纸面形式的单据。

2. 电子单据

随着计算机和网络技术的发展，国际经贸活动中使用电子数据交换的情形越来越多，贸易无纸化甚至成为一种发展趋势，联合国国际贸易法委员会为此还制定了《电子商业示范法》，国际海事委员会制定了《国际海事委员会电子提单规则》等。为应对单据电子化的新情况，国际商会制定了《跟单信用证统一惯例关于电子交单的附则（EUCP）》（下称"eUCP"）。eUCP 规定，单据应包括电子记录，为此应该认为，电子单据其实就是以电子化的记录为载体的单据，这种记录是以电子方法创建的、产生的、发送的、传送的、收到的或存储的数据，其发送人的显见身份、其所包含数据的显见来源以及其是否保持完整和未被更改可以被核实，且能够根据 eUCP 信用证条款审核其相符性，在必要时这种记录还可以转化为传统的纸面单据。

三、单据的制作和审核

以国际结算中使用最多的跟单信用证方式为例，单据的制作与审核包括出口商制单、银行审单两大步骤。

（一）出口商制单

1. 出口商制单的基本原则和要求

在国际结算业务中，出口商制单要遵循的基本原则简称"四个一致"，即：单证一致——单据与信用证一致；单单一致——单据与单据之间某一相应的项目要相互一致；单货一致——单据上所叙述的各有关项目必须与实际货物情况完全一致；单约一致——单据所表示的内容必须与合同要求完全一致。这"四个一致"中有任何一条不满足，国际结算业务都不能正常完成。

在遵循"四个一致"的基础上，出口商缮制单据要求做到正确、完整、及时、简明、整洁。

（1）正确性。单据只有做到内容正确，才能保证及时收汇。

（2）完整性。单据的完整性是指信用证规定的各项单据必须齐全，不能短缺；单据的份数和单据本身的项目等都必须完整。

（3）及时性。制作单据必须及时，各种单据的出单日期应及时、合理，每一种单据都有一个适当、合理的签发日期。如海运提单的签发日期通常就是装运日期，这个日期不能迟于信用证规定的装运期，而按国际惯例，保险单、检验检疫证书的签发日期则不能晚于提单签发日期，采用 FOB 或 CFR（Cost and Freight，成本加运费）贸易术语成交的，应在装船时或装船完毕后立即发送装运通知。及时性还要求在规定的交单有效期和信用证规定的交单期内将各项单据送交指定的银行办理议付、付款或承兑手续。如有可能，最好在货物装运前先将有关单据送交银行预审，以便有较充裕的时间来检查单据，及早发现其中的差错并进行改正。

（4）简明性。单据内容应按信用证规定和有关的国际惯例填写，力求简单明了，切勿加列不必要的内容，以免弄巧成拙。

（5）整洁性。单据的布局要美观大方，缮写或打印的字迹要清楚，单据表面要整洁，更改的地方要加盖校对图章。有些单据，如提单、汇票以及其他一些重要单据的主要项目，如金额、件数、数量、重量等，不宜更改。

在现代国际结算业务中，单据一般经过打字、复写、影印、自动处理或电脑处理而成。正本单据通常标明"ORIGINAL"字样，出口方在单据上加盖法人章。副本单据注明"COPY"或"NON-NEGOTIABLE"，也可不标明"COPY"字样，但银行将接受标明"副本"字样或没有标明"正本"字样的单据作为副本单据。

如果信用证使用诸如"一式两份（in duplicate）""两份（in two fold）""两套（in two copies）"等用语要求提交多份单据，则提交至少一份正本，其余使用副本即可满足要求，除非单据本身另有说明。

2. 出口商制单的方法和顺序

出口商需要制作各种单据，其单据缮制流程如图8-1所示。

图8-1　出口商单据缮制流程

（1）先制发票、装箱单或重量单。在所有单据中，发票是中心单据，其他单据参照发票制作，以期"单单一致"。

（2）根据发票上的数量、单价和金额要求中国国际贸易促进委员会或国家出入境检验检疫局签发原产地证书、检验证书，保险公司签发保险单证。

（3）根据发票和装箱单上的金额和件数托运，运输公司签发海运提单、空运运单、承运货物收据、国际铁路联运和多式联运单据等。

（4）根据发票金额制作汇票。

（5）根据合同或信用证要求制作其他单据。

最后，所有单据原则上应避免更改。除许可证、产地证、汇票、发票单价金额、提单包装件数外，其他单据允许三处以内的更改，但须盖更正章（Correction Approved，或称校正章）。

（二）银行审单

1. 银行审单的原则

UCP 600第十四条d款规定："单据中的数据，在与信用证、单据本身以及国际标准银行实务参照解读时，无须与该单据本身中的数据、其他要求的单据或信用证中的数据等同一致，但不得矛盾。"根据此条，银行审单的原则可以概括为：单内一致、单单一致、单证一致。

2. 银行审单的尺度

（1）单证一致的程度。

严格一致（Doctrine of Strict Compliance）：单据和信用证条款之间，一个字与一个字、一个字母与一个字母的相符，拼写错误就是一般不符点。

实质一致（Principle of Substantial Compliance）：容许单据有差异，只要差异不损害申请人，或不违反法庭自身对于"合理、公平、善意"的概念即可。

（2）表面相符。

UCP 600第十四条a款规定："按指定行事的指定银行、保兑行（如果有的话）及开证行须审核交单，并仅基于单据本身确定其是否在表面上构成相符交单。"

（3）审单标准。

根据UCP 600和国际标准银行实务（International Standard Banking Practice）进行审单。按照指定行事的被指定银行、保兑行（如有）以及开证行必须对提示的单据进行审核，并仅以单据为基础，以决定单据在表面上看来是否构成相符提示。单据中内容的描述不必与信用证、信用证对该项单据的描述以及国际标准银行实务完全一致，但不得与该项单据中的内容、其他规定的单据或信用证相冲突。

(4) 审单合理时间。

UCP 600 第十四条 b 款规定:"按照指定行事的被指定银行、保兑行（如有）以及开证行，自其收到提示单据的翌日起算，应各自拥有最多不超过五个银行工作日的时间以决定提示是否相符。这一期限不因在交单日当天或之后信用证截止日或最迟交单日届至而受到缩减或影响。"

3. 银行审核单据的流程

(1) 审核单据。

开证行收到交来的单据后，在不超过 7 个银行工作日的合理时间内审核单据。

(2) 单证相符或不符。

审核单据后，开证行决定单据与信用证是否表面相符。如果认为单证相符，则开证行应接受单据并履行付款手续（包括付款、承兑或承担延期付款责任，下同）；如果认为单证不符，则开证行没有接受单据并付款的义务。

(3) 拒付或寻求放弃。

如果单证不符，开证行有两种选择。其一，可拒绝单据并发出拒付通知；其二，可征询开证申请人的意见，是否放弃该不符点（即接受含有不符点的单据）。

(4) 接受或拒绝及通知。

如果开证申请人在开证行限定的时间内没有向开证行提交是否放弃不符点的通知，开证行应自行决定是否接受单据。如果开证行自行决定放弃不符点，则开证行应接受单据并履行付款手续；如果开证行决定拒绝单据，则应根据 UCP 600 的要求发出拒付通知。

(5) 决定是否接受开证申请人的放弃要求。

如果开证行收到开证申请人的放弃不符点通知，则开证行应决定是否接受该通知。如果开证行同意接受开证申请人的放弃要求，则应接受单据并履行付款手续；如果开证行拒绝开证申请人的放弃要求，则应拒绝单据并发出拒付通知。

4. 银行审核单据中几个比较重要的问题

(1) 有关信用证有效期、装运期和交单期的规定。

UCP 600 第二十九条规定:"截止日或最迟交单日的顺延。a. 如果信用证的截止日或最迟交单日适逢接受交单的银行非因第三十六条所述原因而歇业，则截止日或最迟交单日，视何者适用，将顺延至其重新开业的第一个银行工作日。b. 如果在顺延后的第一个银行工作日交单，指定银行必须在其致开证行或保兑行的面函中声明交单是在根据第二十九条 a 款顺延的期限内提交的。c. 最迟发运日不因第二十九条 a 款规定的原因而顺延。"

以上条款说明了以下几个问题。

1) 信用证有效期（Latest Date for Negotiation）是指最后交单日，受益人必须在这一天或之前向指定银行提交单据，要求付款、承兑或议付。

2) 凡要求提交运输单据的信用证，还应列明装运期（Latest Date for Shipment），即最迟装运日，有时还加列一个在装运日后若干天交单的交单期（Latest Date for Presentation），或称最迟交单日期。

3) 如果交单议付有效期最后的当天适逢银行的节假日，容许顺延至银行开始营业的第一天。但装运期不得按此顺延。

(2) 有关溢短装的规定。

UCP 600 第三十条规定:"信用证金额、数量与单价的伸缩度。a. '约'或'大约'用于信用证金额或信用证规定的数量或单价时,应解释为允许有关金额或数量或单价有不超过 10% 的增减幅度。b. 在信用证未以包装单位件数或货物自身件数的方式规定货物数量时,货物数量允许有 5% 的增减幅度,只要总支取金额不超过信用证金额。c. 如果信用证规定了货物数量,而该数量已全部发运,以及如果信用证规定了单价,而该单价又未降低,或当第三十条 b 款不适用时,则即使不允许部分装运,也允许支取的金额有 5% 的减幅。若信用证规定有特定的增减幅度或使用第三十条 a 款提到的用语限定数量,则该减幅不适用。"

以上条款可以具体解释为以下几点。

1) 如果有关信用证金额、数量、单价的表示,使用了 about、approximately、circa 这类表示"大概"之意的词语,则应理解为有关金额、数量、单价的增减范围可在 10% 的幅度内。

2) 如果信用证规定数量和金额可以增减一定幅度,受益人发货时,数量可以按规定幅度增减,银行付款也应按比例多付或少付。

3) 如果信用证只规定数量可以增减,而金额不能增加,开证行不对信用证金额超支部分付款。

4) 如果信用证既未容许也未禁止数量可以增减,则视为货物数量可以有 5% 的增减,但是支取金额绝对不能超过信用证金额。

(3) 有关分批装运的规定。

UCP 600 第三十一条规定:"部分支款或部分发运。a. 允许部分支款或部分发运。b. 表明使用同一运输工具并经由同次航程运输的数套运输单据在同一次提交时,只要显示相同目的地,将不视为部分发运,即使运输单据上表明的发运日期不同或装货港、接管地或发运地点不同。如果交单由数套运输单据构成,其中最晚的一个发运日将被视为发运日。含有一套或数套运输单据的交单,如果表明在同一种运输方式下经由数件运输工具运输,即使运输工具在同一天出发运往同一目的地,仍将被视为部分发运。c. 含有一份以上快递收据、邮政收据或投邮证明的交单,如果单据看似由同一快递或邮政机构在同一地点和日期加盖印戳或签字并且表明同一目的地,将不视为部分发运。"

UCP 600 第三十二条规定:"如信用证规定在指定的时间段内分期支款或分期发运,任何一期未按信用证规定期限支取或发运时,信用证对该期及以后各期均告失效。"

以上条款说明了以下几点。

1) 信用证有时规定货物可以分批出运,换言之,就是金额可以分批支取。

2) 有时信用证规定不能分批出运,这样货物就必须一次出运,金额也只能一次性支取。只要信用证中未规定禁止分批装运,均应理解为容许分批装运,受益人可以自行决定是否分批装运。

3) 即使信用证明确规定不准分批装运,若受益人使用同一条船分不同的两个港口装运,分别出具两套单据,而且装运日期不同,装运线路和目的港相同,不能视为分批装运,银行也可以接受。

4) 有关转运的规定:如果信用证对是否容许转运未加规定,只要在同一提单上表明了包括信用证所规定的全程运输,则应理解为可以转运;即使信用证规定不容许转运,只要提单上能证实货物是由集装箱(Container)、拖车(Trailer)、"子母"船("Lash" Barge)运输的,而且同一提单上表明了已包括信用证所规定的全程运输者,银行也接受表明货物将发生转运的提单。

(4) 拒付通知及单据的处理。

UCP 600 第十六条规定：当按照指定行事的被指定银行、保兑行（如有）或开证行确定提示不符时，可以拒绝兑付或议付；当按照指定行事的被指定银行、保兑行（如有）或开证行决定拒绝兑付或议付时，必须一次性通知提示人；拒绝兑付或议付的通知必须以电讯方式发出，或者，如果不可能以电讯方式通知时，则以其他快捷方式通知，但不得迟于提示单据日期翌日起第五个银行工作日终了。

本条款对开证行在拒付单据时对单据的处理给了两种选择：要么持单听候处理，要么退单。如果开证行选择了持单听候处理，在收到寄单行明确的指示之前，开证行能否接受不符点并对该单据付款呢？答案是否定的。

对于一套不符点单据，开证行/开证申请人有权拒付并通知交单行持单听候指示。一旦开证行做出了上述选择，此单据的所有权便归交单者所有，开证行无权擅自处理，即使开证申请人随后同意接受不符点并愿意付款，开证行也要先征得交单行/受益人的同意后，才能向开证申请人放单，同时对外付款。这是因为，在开证行持单听候处理期间，受益人有可能已将货物以更高的价格转卖他人，并随后通过寄单行指示开证行将单据转交给新的买主。如果开证行不经交单行/受益人的同意而擅自放单给开证申请人，将可能被交单行/受益人索赔损失。

第二节 发 票

一、商业发票的概念与作用

商业发票是出口商开立的发货价目清单，是出口商对装运货物的全面情况（包括品质、规格、数量、价格等）的总说明，全面反映了合同的内容。虽不是物权凭证，但作为买卖双方交接货物、结算货款的主要单据，商业发票对该笔交易做出详细的叙述，是贸易中必不可缺的单据，也是信用证项下单据的中心单据。

商业发票的作用包括四个方面。

(1) 商业发票是交易的证明文件。发票是一笔交易的全面叙述，它详细列明了货物名称、数量、单价、总值、重量和规格等内容，能使进口商识别所装的货物是否属于某笔订单，是否按照合同规定的内容和要求装运所需货物。所以发票是最重要的履约证明文件。

(2) 商业发票是记账的凭证。发票是销售货物的凭证，世界各国的企业都凭发票记账。对出口商来说，通过发票可以了解销售收入、核算盈亏、掌握经济效益。进口商同样根据发票逐笔记账，按时结算货款，履行合同义务。

(3) 商业发票是报关征税的依据。货物装运前，出口商需向海关递交商业发票等单据向海关报关，发票中载明的价值和有关货物的说明是计税和统计的依据。因此，它是海关验关放行的重要凭证之一。国外进口商进口申报时同样需向当地海关呈送发货人的发票，海关据以核算税金，并使进口商得以迅速清关提货。

(4) 商业发票有时替代汇票。在信用证不要求使用跟单汇票时，开证行应根据发票金额付款，这时发票就代替了汇票。其他在不用汇票结汇的业务中（如汇款方式），也用发票替代汇票进行结算。此外，发票还作为统计、投保、理赔、外汇核销、出口退税等业务的重要凭证。

商业发票是全套进出口单据的核心,其他单据以它为中心来缮制。因此,商业发票一般也是最早开具的单据。

二、商业发票的格式与主要内容

(一)商业发票的格式

商业发票没有统一规定的格式,每个出具商业发票的单位都有自己的发票格式。虽然格式各有不同,但是,商业发票填制的项目大同小异。一般来说,商业发票应该具备以下主要部分,如图8-2所示。

ZHEJIANG JINYUAN IMPORT AND EXPORT CO., LTD.

118 XUEYUAN STREET, HANGZHOU, P.R.CHINA

TEL:0086-571-86×××××× FAX:0086-571-86××××××

COMMERCIAL INVOICE

To:	SIK TRADING CO., LTD. 16 TOM STREET, DUBAI, U.A.E.		Invoice No.:	JY18018
			Invoice Date:	APR. 11, 2018
			S/C No.:	ZJJY0739
			S/C Date:	FEB. 15, 2018
From:	SHANGHAI, CHINA	To:	DUBAI, U.A.E.	
L/C No.:	FFF07699	Issued By:	HSBC BANK PLC, DUBAI, U.A.E.	
Marks and Numbers	Description of goods	Quantity	Unit Price	Amount
SIK ZJJY0739 L357/ L358 DUBAI, U.A.E. C/NO.: 1-502	LADIES JACKET SHELL:WOVEN TWILL 100% COTTON, LINING: WOVEN 100% POLYESTER, ORDER NO.SIK768 STYLE NO. L357 STYLE NO. L358 PACKED IN 9 PCS/CTN, TOTALLY FIVE HUNDRED AND TWO CARTONS ONLY.	2 250 PCS 2 268 PCS	CIF DUBAI, U.A.E. USD 12.00/PC USD 12.00/PC	USD 27 000.00 USD 27 216.00
	TOTAL:	4 518 PCS		USD 54 216.00
SAY TOTAL:	U.S. DOLLARS FIFTY FOUR THOUSAND TWO HUNDRED AND SIXTEEN ONLY.			
	ZHEJIANG JINYUAN IMPORT AND EXPORT CO., LTD. 李四			

图8-2 商业发票样式

1. 首文部分

首文部分应该列明发票的名称、发票号码、合同号码、发票的出票日期和地点,以及船名、装运港、卸货港、发货人、收货人等。这部分一般是已印刷的项目,后面留有的空格须填写。

2. 文本部分

发票的文本主要包括唛头、商品名称、货物数量、规格、单价、总价、毛重/净重等内容。

3. 结文部分

发票的结文一般包括信用证中加注的特别条款或文句。

发票的结文还包括发票的出票人签字。发票的出票人签字一般在发票的右下角,一般包括两部分内容:一是出口商(信用证的受益人)的名称;二是出口公司经理或其他授权人手签,有时也用手签图章或代替手签。

(二) 商业发票的主要内容

1. 发票名称

发票上方空白处填制卖方名称、地址和商业发票的名称。发票名称应与信用证一致,如信用证要求为 "Certified Invoice" 或 "Detailed Invoice",则发票的名称也应如此。若信用证只要求发票而未进一步定义,则提交 "发票(Invoice)" "商业发票(Commercial Invoice)" "海关发票(Customs Invoice)" "税务发票(Tax Invoice)" "领事发票(Consular Invoice)" 等形式的发票都可以接受,但是 "临时发票(Provisional Invoice)" "形式发票(Pro-forma Invoice)" 或类似的发票不可接受,除非信用证另有授权。当信用证要求提交商业发票时,标为 "发票" 和 "商业发票" 的单据都是可以接受的。若信用证无另外规定,商业发票的出单人为受益人。发票的顶端往往要有醒目的出单人名称、详细地址,出单人名称字体要大于正文字体,而其地址往往要比正文部分字体略小一点。地址中的电传或传真号码等内容无须提供,如果提供,也不必与信用证中的相同。有许多出口企业在印刷空白发票时就印刷上这些内容,或将这些内容编入电脑程序一并打印。如果是这样,则无须填写此栏。

2. 收货人/抬头人

此栏前通常印有 "To" "Sold to Messrs." "For Account and Risk of Messrs." 等。

抬头人即买方名称,应与信用证中所规定的严格一致。如果信用证中没有特别的规定,即将信用证的申请人或收货人的名称、地址填入此栏。如果信用证中没有申请人名字则用汇票付款人。总之,按信用证缮制。按信用证的规定详细填写买方的名称、地址,注意名称不能换行,地址应合理分行。

例如:信用证申请人为 ABC Co. Ltd., New York, 但又规定 Invoice to be made out in the name of XYZ Co. Ltd., New York, 则发票的抬头打后者。

3. 发票编号

发票号码由出口商自行编制,便于出口商查寻,同时又代表了全套单据的号码和某批货物,所以,在缮制时不能遗漏。发票作为中心票据,其他票据的号码均可与此号码相一致,如汇票号码、出口报关单号码及附属单据号码等。

4. 地址及日期

出票地址和日期通常在发票右上角,连在一起。

(1) 出票地址应为信用证规定的受益人所在地,通常是议付所在地。

(2) 在全套单据中,发票是签发日最早的单据。发票日期只要不早于合同的签订日期、不迟于提单的签发日期即可。信用证方式一般在信用证开证日期之后、装运日期之前,或至少在交单或有效期之前。

5. 合同号

合同号按合同填写。合同是一笔业务的基础,内容较完善的发票应包括合同号。合同号应与信用证上列明的一致,一笔交易有几份合同的,都应打在发票上。

6. 合同日期

按照合同填写合同日期。

7. 起运地

信用证规定的装货港、收货地或接受监管地要写明具体港名,重名的港口根据来证规定加打国名。

8. 目的地

目的地为信用证规定的卸货港、交货地或最终目的地。

起讫地要填上货物自装运地(港)至目的地(港)的地名,有转运情况应予以表示。这些内容应与提单上的相关部分一致。如果货物需要转运则注明转运地。

例如:From Qingdao to New York. U. S. A. W/T Shanghai。

9. 信用证号

当采用信用证支付货款时,填写信用证号码。若信用证没有要求在发票上标明信用证号码,此项可以不填。当采用其他支付方式时,此项不填。

10. 开证行

开证行按照信用证填写。

11. 唛头及件数

唛头及件数一般由三部分组成:客户名称缩写(如不用客户名称,可以由发票号码、合同号码或订单号码代替)、目的港、件数。

按信用证规定,凡是来证有指定唛头的,必须逐字按照规定制唛。如未规定,可填入"N/M",即"NO MARK"。如为裸装货,则注明"Naked"或"In Bulk"(散装)。如唛头过多,则加附页,在该栏注"SEE ATTACHED SHEET",并在附页注明发票号码,或将附页贴在发票上并加盖骑缝章。发票中的唛头应与提单上的唛头一致,如果来证规定唛头,可按照来证缮制。

12. 数量及货物描述

信用证支付方式下的发票对货物的描述应严格与信用证的描述一致。如属托收方式的,发票对货物的描述内容可参照合同的规定结合实际情况进行填制。

货物描述内容一般包括合同的四个主要条款:数量条款、品质条款、包装条款、详见合约(这是为了避免重复出现已在合约中订明的内容)。

例如：2 500Doz Gloves, Article No. FS23, Packed in 12 Bags, as per contract No. 205624。

有时候信用证来证在有关货物内容引导词的引导下，还包括其他不属于这一类的内容，如有关价格、装运等条款。在制单时，应把这些内容分别填写在合适的单据和栏目中。

信用证中间涉及的引导货物内容的词或词组主要有：Description of goods/Covering shipment of/Description of merchandise/Covering the following goods by/Covering Value of/Shipment of goods。

填写数量及货物描述时应该注意以下几点。

（1）缮制发票时，数量必须反映货物的实际装运数量，做到单证一致。尤其是当信用证只给定界限时，例如："Not Exceed 20 000 M/T, Minus 5% Quantity Allowance."在这样的条件下需要注明实际装运数量。

（2）如果信用证规定或者实际业务需要，一批货物要分制几套单据，则每套单据应缮制一份发票，各发票的货物数量之和应等于该批货物的总货物数量。

（3）如果信用证允许分批装运，又规定了一定的增减幅度，则每批货物应该按照相同的增减幅度掌握。

（4）按 UCP 600 的规定，"about""circa""approximate"等字样，表示允许增减10%；散装货，即使数字前没有"约"字样，也允许增减5%；但以包装单位或个体计数则不适用。

（5）对成交商品规格较多的，信用证常规定"As Per S/C NO. …"，制单时须分别详列各种规格和单价。

（6）当使用其他支付方式（如托收）时，货物内容应与合同内容一致。

13. 单价

单价包括计价货币、计价单位、单位价格金额和贸易术语四部分，如信用证有具体规定，则应与信用证一致。发票金额应与汇票金额相同，且不能超过信用证总金额。

在商业发票正中下方，通常印有"有错当查"（E&O.E.），即"Errors and Omissions Excepted"（错误和遗漏除外），表示发票的制作者在发票一旦出现差错时，可以纠正的意思。

例如：USD 60 PER SET FOB DALIAN

需要注意的问题有：①发票的单价必须与信用证上的单价完全一致；②一定要写明货币名称、计量单位；③贸易术语关系到买卖双方的风险划分、费用负担问题，同时也是海关征税的依据，应正确缮制。

14. 总值

除非信用证上另有规定，货物总值不能超过信用证金额。

（1）实际制单时，来证要求在发票中扣除佣金，则必须扣除。折扣与佣金的处理方法相同，例如，来证要求"From Each Invoice 8 Percent Commission Must Be Deducted."，若总额为 USD 20 000.00，则填在价格栏中的金额应为 USD 18 400.00（20 000.00-20 000×8%）。

有时证内无扣除佣金规定，但金额正好是减佣后的净额，发票应显示减佣，否则发票金额超证。

有时合同规定佣金,但来证金额内未扣除,而且证内也未提及佣金事宜,则发票不宜显示,等货款收回后另行汇给买方。

另外,在 CFR 和 CIF 价格条件下,佣金一般应按扣除运费和保险费之后的 FOB 价格计算。

(2) 有时,来证要求在成交价格为 CIF 时,分别列出运费、保险费,并显示 FOB 的价格,制单时可按照如下格式填写。

TOTAL　FOB VALUE　　$20 000.00
FREIGHT　$1 200.00
INSURANCE　$900.00
TOTAL　CIF VALUE　　$22 100.00

15. 声明文句

信用证要求在发票内特别加列船名、原产地、进口许可证号码等声明文句时,制单时必须一一详列。常用的声明字句有以下几种。

(1) 证明所到货物与合同或订单所列货物相符。

如:"We certify that the goods named have been supplied in conformity with Order No. 123."(兹证明本发票所列货物与第 123 号合同相符。)

(2) 证明原产地。

如:"We hereby certify that the above mentioned goods are of Korean Origin."

或者:"This is to certify that the goods named herein are of Korean Origin."(均意为:兹证明所列货物系韩国产。)

(3) 证明不装载于或停靠限制的船只或港口。

如:"We certify that the goods mentioned in this invoice have not been shipped on board of any vessel flying Japanese flag or due to call at any Japanese port."(兹证明本发票所列货物不装载悬挂日本国旗或驶靠任何日本港口的船只。)

(4) 证明货真价实。

如:"We certify that this invoice is in all respects true and correct both as regards to the price and description of the goods referred herein."(兹证明本发票所列货物在价格和品质规格各方面均真实无误。)

(5) 证明已经航邮有关单据。

如:"This is to certify that two copies of invoice and packing list have been airmailed direct to applicant immediate after shipment."(兹证明发票、装箱单各两份,已于装运后立即直接航邮开证人。)

16. 出单人签名或盖章

商业发票只能由信用证中规定的受益人出具。

除非信用证另有规定,如果是用影印、电脑处理或者复写方法制作出来的发票,应该在作为正本的发票上注明"正本"(ORIGINAL)字样,并且由出单人签字。

根据 UCP 600 的规定,银行可以接受没有受益人签字的商业发票,但是商业发票从表面上看，必须能够被银行认为是受益人所出具的。但有时来证规定发票需要手签的，则不能盖签字章，必须手签。对墨西哥、阿根廷等国出口商品，即使信用证没有规定，也必须手签。

三、其他发票

（一）海关发票

海关发票（Customs Invoice/Certified Invoice），是根据某些国家海关的规定，由出口商填制的供进口商报关用的特定格式的发票。海关发票要求国外出口商填写，供本国进口商随附商业发票和其他有关单据，凭以办理进口报关手续，是进口商向进口国海关报关的证件之一。

海关发票的主要作用是供进口国海关核定货物的原产地国，以采取不同的国别政策；供进口商向海关办理进口报关、纳税等手续；供进口国海关掌握进口商品在出口国市场的价格情况，以确定是否低价倾销，以便征收反倾销税；供进口国海关作为统计的依据。

海关发票是由有关国家政府规定的，其内容比一般的商业发票复杂。尽管各国制定的海关发票格式不同，但一般包括三大部分，即价值部分（Certificate of Value）、产地部分（Certificate of Origin）和证明部分（Declaration），所以海关发票通常被称为 Combined Certificate of Value and of Origin。

在填制海关发票时，需要注意以下问题。

第一，海关发票的填制，重点在于证明原产地和商品的 FOB 价值，所以，"产地"栏不能漏填。如果是以 CIF 或者 CFR 成交的商品，必须正确计算运费及保险费，如果估算过高，将受进口国海关的指责，或者退回重新填写。特别是来证要求提供保险单账单，或将实际运费加注在海运提单上时，海关发票上的保险费和运费金额必须要和实际上付出的费用一致。

第二，签字时，卖方必须以个人名义签字，要求用手签写，不得以公司名义签章。

第三，在填制海关发票时，如果有错打及涂改的地方，不能加盖校对章，必须由出票签字人用钢笔加注小签。

第四，海关发票的抬头人一般应填写收货人。如果收货人不在货物的到达港，则应填写到达地被通知人的名称。

第五，海关发票上的金额、数量、毛重/净重等项目，必须与商业发票、提单上所填写的内容完全一致。

第六，海关发票各栏目都必须填写，无实际内容的可注上"NIL"或者"N/A"（Not Applicable）或打虚线划掉，不能在海关发票上留有空白栏目。

第七，需提供海关发票的国家有不同的格式，名称也不尽相同，来证内一般有规定，填制时必须根据不同的格式仔细填制。如果格式用错，进口国海关将拒绝接受。

第八，凡是商业发票上和海关发票上共有的项目和内容，必须与商业发票保持一致，不得相互矛盾。

第九，关于海关发票价格构成的填写，海关发票一般均要求列明构成该价格的各项费用，若按 CIF 价格条件成交，则应分别列明运费、保险费和 FOB 价格，这三者的总和应与

CIF 货值相等。此外，尚应列明包装费、打包费、货物运至装运港码头的搬运费等费用。"出口国当地市场价格"以本国人民币表示。但该栏价值应比 FOB 价格低 4%～5%，否则会被认为是低价倾销。

第十，有些国家的格式有"费用栏"，填写时应尽量填全。如果有"是否包括在国内市场价内"的要求，也应给予表明。填"不包括"或"包括"都直接影响"国内市场价"的计算额，应注意计算的正确。

第十一，关于海关发票的签署，要求以个人名义用手签方式签署的海关发票，不盖公章；如需要监签人（证明人），也要手签。海关发票的签字人或其他单据的签字人不得作为监签人。海关发票如有涂改，须由原缮制人用钢笔小签，不能加盖校对印章，也不得由监签人代行。

第十二，海关发票的"原产地"一项应填"中国"字样，切勿漏掉。

第十三，海关发票是用外文印制的，填写时一般要用相应的外文进行，要求文字简洁。

第十四，西非海关发票中，有以个人名义签字的，要求填写见证人。该见证人不能出现在其他出口单据上，即签字人与见证人以两个独立的身份出现才有效。

（二）领事发票

领事发票（Consular Invoice）是由进口国驻出口国的领事出具的一种特别印制的发票，是出口商根据进口国驻在出口地领事所提供的特定格式填制，并经领事签证的发票。

这种发票证明出口货物的详细情况，进口国用于防止外国商品的低价倾销，同时可用作进口税计算的依据，有助于货物顺利通过进口国海关。对于领事发票，各国有不同的规定，如有些国家允许出口商在商业发票上由进口国驻出口地的领事签证（Consular Visa），即领事签证发票。出具领事发票时，领事馆一般要根据进口货物价值收取一定费用。这种发票主要为拉美国家所采用。

领事发票（包括领事签证发票）的作用有：第一，作为课税的依据；第二，审核有无低价倾销情况；第三，证明出口商所填写的货物名称与数量价格等是否确实；第四，增加领事馆的收入（因为签证时领事馆要收取签证费）。

如果进口国在出口地没有设立领事馆，出口商则无法提供此项单据，这样只能要求开证人取消信用证所规定的领事发票或领事签证发票的条款，或者要求开证人同意接受由出口地商会签证的发票。

领事发票格式不一，内容一般包括以下几项：出口商与进口商的名称、地址，出口地（港），目的地（港），运输方式，品名，唛头与包号，包装的数量、种类，货物的毛重、净重，货物的品质规格，货物价值与产地。

填制领事发票应注意：当来证规定要提供这种发票时，受益人要考虑是否能做到、签证费用由何方负担，然后再决定是否接受；填制领事发票时，注意有关内容应与商业发票、提单等单据相符；发票内必须注明所装运货物的制造地（或者出产地）；核发的领事馆是否与来证规定相符；领事发票的日期不应迟于汇票和提单的日期。

第三节　运输单据

运输单据通常是指代表运输中的货物或证明货物已经付运的单据。它们具体反映了同货物运输有关的当事人（如发货人、承运人、收货人等）的责任与权利，是货物运输业务中最重要的文件，也是结汇的主要单据。

运输单据包括海洋运输使用的海运提单、铁路运输使用的铁路运单、航空运输使用的航空运单、邮包运输使用的邮包收据、多式联合运输使用的联合运输提单或联合运输单据等。

一、海运提单

（一）海运提单的定义与性质

海运提单（Ocean Bill of Lading，B/L），简称"提单"，是指用以证明海上运输货物已经由承运人接受装船，并保证据以交付货物的单证，它的主要作用如下。

1. 货物收据

提单是承运人签发给托运人的收据，确认承运人已收到提单所列货物并已装船，或者承运人已接管了货物，已代装船。

2. 运输契约证明

提单是托运人与承运人的运输契约证明。

承运人之所以为托运人承运有关货物，是因为承运人和托运人之间存在一定的权利义务关系，以提单为运输契约的凭证。

3. 货权凭证

提单是货物所有权的凭证。谁持有提单，谁就有权要求承运人交付货物，并且享有占有和处理货物的权利。提单代表了其所载明的货物。

海运提单绝大多数情况下是货权凭证（在一些交易中由于出现特殊情况，也会出现问题）。卖方（发货方）将货物交给承运人（船方）后，承运人向卖方开具一套提单。

一套提单可能有1份以上的正本，常见有1~3份正本。任何一份正本都可以作为提货凭证。因此，买方应向卖方索要全套正本提单。

发货人发货后，可通过银行（跟单L/C或托收结汇）将提单交给收货人，或者直接通过邮递，或者通过人转交收货人。收货人应注意提单上的通知方。提单所列货物到港后，船方会通知通知方，再由通知方通知收货人持提单去港口提货。交货人收钱的时间根据双方商定的结汇方式而定。如果是不可撤销即期信用证，提单以及其他议付单据交付银行后，银行审核无误就可以将货款议付给发货人。

（二）海运提单的内容和填制方法

海运提单样式如图8-3所示。

第八章 国际结算单据

Shipper Insert Name, Address and Phone ZHEJIANG JINYUAN IMPORT AND EXPORT CO., LTD. 118 XUEYUAN STREET, HANGZHOU, P.R.CHINA		B/L No. 2651	
Consignee Insert Name, Address and Phone TO ORDER		中远集装箱运输有限公司 COSCO CONTAINER LINES TLX: 33057 COSCO CN FAX: +86(021) 6545 8984 **ORIGINAL**	
Notify Party Insert Name, Address and Phone SIK TRADING CO., LTD. 16 TOM STREET, DUBAI, U.A.E. TEL: 00971-4-3×××××× FAX: 00971-4-3××××××			
Ocean Vessel Voy. No.	Port of Loading		
QING YUN HE，VOY.NO. 132S	SHANGHAI	Port-to-Port **BILL OF LADING** Shipped on board and condition except as other...	
Port of Discharge DUBAI, U.A.E.	Port of Destination		
Marks & Nos. Container / Seal No.	No. of Containers or Packages	Description of Goods	Gross Weight	Measurement
SIK ZJJY0739 L357/ L358 DUBAI, U.A.E. C/NO.: 1-502 CN: GATU8585677 SN:3320999	502 CARTONS 1×40' FCL	LADIES JACKET L/C NO.: FFF07699 DATE: FEB. 25, 2018 NAME OF ISSUING BANK: HSBC BANK PLC，DUBAI, U.A.E.	5 020 kg FREIGHT PREPAID	58.96 m³
Description of Contents for Shipper's Use Only （Not part of This B/L Contract）				
Total Number of containers and/or packages (in words): FIVE HUNDRED AND TWO CARTONS ONLY.				
Ex. Rate:	Prepaid at SHANGHAI	Payable at	Place and date of issue SHANGHAI APR. 17, 2018	
	Total Prepaid	No. of Original B(s)/L THREE (3)	Signed for the Carrier COSCO CONTAINER LINES 张三	

图 8-3　海运提单样式

根据 1993 年 7 月 1 日起实施的《中华人民共和国海商法》（以下简称《海商法》）第七十三条的规定，提单正面应记载以下各项：①货物的品名、标志、包数或者件数、重量或者体积，以及运输危险货物时对危险性质的说明；②承运人的名称和主营业所；③船舶名称；④托运人的名称；⑤收货人的名称；⑥装货港和在装货港接收货物的日期；⑦卸货港；⑧多式联运提单增列接收货物地点和交付货物地点；⑨提单的签发日期、地点和份数；⑩运费的支付；⑪承运人或者其代表的签字。

《海商法》第七十三条还同时规定："提单缺少本款规定的一项或者几项的，不影响提单的性质。"提单正面记载的事项，在法律上具有初步证据。

填写提单时需要注意以下几项。

(1) 托运人（Shipper）：一般为信用证中的受益人。如果开证人为了贸易上的需要，要求做第三者提单（Third Party B/L），也可照办。

(2) 收货人（Consignee）：如要求记名提单，则可填上具体的收货公司或收货人名称；如属指示提单，则填为"指示"（ORDER）或"凭指示"（To order）；如需在提单上列明指示人，则可根据不同要求，作成"凭托运人指示"（To the order of shipper）,"凭收货人指示"（To the order of consignee）或"凭银行指示"（To the order of ×× bank）。

(3) 被通知人（Notify Party）：这是船公司在货物到达目的港时发送到货通知的收件人，有时即为进口人。在信用证项下的提单，一般为信用证的申请人，如信用证上对提单被通知人有具体规定，则必须严格按信用证要求填写。如果是记名提单或收货人指示提单，且收货人又有详细地址，则此栏可以不填。如果是空白指示提单或托运人指示提单，则此栏必须填列被通知人名称及其详细地址，否则船方就无法与收货人联系，收货人也不能及时报关提货，甚至会因超过海关规定申报时间而被没收。

(4) 提单号码（B/L No.）：一般列在提单右上角，以便于工作联系和查核。发货人向收货人发送装船通知（Shipment Advice）时，也要列明船名和提单号码。

(5) 船名（Name of Vessel）：应填列货物所装的船名及航次。

(6) 装货港（Port of Loading）：应填列实际装船港口的具体名称。

(7) 卸货港（Port of Discharge）：填列货物实际卸下的港口名称。如属转船，第一程提单上的卸货港填转船港，收货人填二程船公司；第二程提单装货港填上述转船港，卸货港填最后目的港，如由第一程船公司出联运提单（Through B/L），则卸货港即可填最后目的港，提单上列明第一程和第二程船名。如经某港转运，要显示"Via ××"字样。在运用集装箱运输方式时，使用"多式联运提单"（Combined Transport B/L），提单上除列明装货港、卸货港外，还要列明"收货地"（Place of Receipt）、"交货地"（Place of Delivery）以及"第一程运输工具"（Pre-Carriage by）、"海运船名和航次"（Ocean Vessel, Voy No.）。填写卸货港，还要注意同名港口问题，如属选择港提单，就要在这栏中注明。

(8) 货名（Description of Goods）：一般需要与货物出口时向当地海关申报的品名一致，在信用证项下，货名必须与信用证上规定的一致。

(9) 件数和包装种类（Number and Kind of Packages）：要按箱子实际包装情况填列。

(10) 唛头（Shipping Marks）：信用证有规定的，必须按规定填列，否则可按发票上的唛头填列。

(11) 毛重、尺码（Gross Weight, Measurement）：除信用证另有规定者外，一般以千克为单位列出货物的毛重，以立方米为单位列出货物体积。

(12) 运费和费用（Freight and Charges）：一般为预付（Freight Prepaid）或到付（Freight Collect）。如 CIF 或 CFR 出口，一般应填上"运费预付"字样，不可漏列，否则收货人会因运费问题提不到货，虽可查清情况，但拖延提货时间，也将造成损失。如系 FOB 出口，则运费可制作"运费到付"字样，除非收货人委托发货人垫付运费。

(13) 提单的签发日期和份数：提单必须由承运人或船长或他们的代理签发，并应明确表明签发人身份。一般表示方法有"Carrier, Captain"或"As agent for the carrier: ×××"等。提单份数一般按信用证要求出具，如"Full set of"一般理解成三份正本若干份副本。其中一份正本完成提货任务后，其余各份失效。提单还是结汇的必需单据，特别是在跟单信用证结汇时,银行要求所提供的单证必须一致,因此提单上所签的日期必须与信用证或合同上所要求的最后装船期一致或先于装期。如果卖方估计货物无法在信用证装期前装上船,应尽早通知买方,要求修改信用证,而不应利用倒签提单、预借提单等欺诈行为取得货款。

(三) 海运提单的种类

1. 按货物是否已装船划分

(1) 已装船提单(On Board B/L or Shipped B/L)。这种提单又称装运提单,指货物已全部装船后签发的提单,提单上必须注明船名、装船日期和"已装船"(On Board)字样。信用证上均规定要求已装船提单。

(2) 备运提单(Received for Shipment B/L)。备运提单又称收讫待运提单,是指货物已由承运人接管,承运人应托运人的要求而签发的提单。银行一般不接受备运提单。另一种做法是,货物装船后,船公司在提单上加注 On Board 字样并签名,即变为已装船提单。备运提单最早在19世纪末的美国出现,随着集装箱运输的发展,装箱前签发备运提单日益增多。因为集装箱航运公司有时必须在内陆收货站收货,而在收货站不能签发已装船提单,只能签发备运提单。

2. 按提单收货人抬头划分

(1) 记名提单(Straight B/L)。记名提单又称收货人抬头提单,指提单上"收货人"一栏已具体填写特定的人或公司名称的一种提单。这种提单一般不用背书方式转让,而货物只能交给列明的收货人。

(2) 不记名提单(Bearer B/L)。不记名提单在提单上"收货人"一栏内没有指明任何收货人,而只注明提单持有人,谁持有提单,谁就可凭提单向承运人提取货物,承运人交货是凭单不凭人。

(3) 指示提单(Order B/L)。指示提单在"收货人"栏只填写"凭指示"(To order)、"凭××指示"(To order of)字样。这种提单可凭背书进行转让,有利于资金的周转,在国际贸易中应用较普遍。

指示提单在卖方指定收货人之前,卖方仍有货物所有权,经空白背书后,则成为不记名提单,是凭单提货的凭证;如经记名背书即成为记名提单。

3. 按有无不良批注划分

(1) 清洁提单(Clean B/L)。清洁提单指货物装船时表面状况良好,承运人签发提单时未在提单上加注任何有关货物残损、包装不良的批注。银行一般只接受清洁提单,清洁提单也是提单转让的必备条件。

(2) 不清洁提单(Unclean or Foul B/L)。在装船时发现货物有包装不牢、破残、渗漏、沾污、标志不清等现象时,承运人将在收货单上批注,并将其转移到提单上,这就是不清洁提单。由于这类提单不能结汇,有时托运人向承运人出具保函(Letter of Indemnity),让承运人签发清洁提单,承运人应慎重从事。

4. 按运输方式划分

(1) 直达提单(Direct B/L)。直达提单是承运人签发的由起运港直接运达目的港的提单。

(2) 转船提单(Transhipment B/L)。起运港的载货船舶不直接驶往目的港,货物在转运港换装另一船舶运达目的港的提单,称为转船提单。

(3) 联运提单(Through B/L)。联运提单指货物运输需经两段或两段以上运输方式来完成的提单,如海陆、海空或海海联运所使用的提单。

(4) 多式联运提单(Multimodal Transport B/L or Intermodal Transport B/L or Combined Transport B/L)。这种提单必须是两种或两种以上不同运输方式的连贯运输,是承运人签发的包括全程运输的联合运输提单。这种提单主要用于集装箱运输,提单上往往加注"cy-cy""door-door"等,实行场到场、门到门运输。

5. 按提单格式划分

(1) 全式提单(Long Form B/L)。这种提单既有正面记载的事项,又有背面详细条款。

(2) 简式提单(Short Form B/L)。这种提单只有正面必要记载项目而无背面条款。一般提单副本及租船合同的提单为简式提单,后者要参照租船合同的规定。

6. 按提单使用有效性划分

(1) 正本提单(Original B/L)。正本提单指可据以押汇贷款和向目的港船公司或其代理提货的提单。正本提单有承运人正式签字盖章并注明签发日期。正本提单一般一式三份,也有一式二份、四份和五份的,以便托运人遗失其中一份时,凭其他各份提单提货,其中一份完成提货手续后,其余各份自动失效。

(2) 副本提单(Non-Negotiable Copy, Copy B/L)。这是与正本提单相对的提单,没有承运人签发,也没有提单背面条款。

7. 按船舶经营性质划分

(1) 班轮提单(Liner B/L)。班轮提单即在班轮运输的过程中会使用的提单,一般为全式提单,具有提单和运输合同的双重作用。

(2) 租船提单(Charter Party B/L)。租船提单即在租船运输方式下会使用的提单,一般为简式提单,提单上一般批注"根据××租船合同出立"。

8. 按其他方式划分的提单

(1) 过期提单(Stale B/L)。过期提单指晚于信用证到期日去议付的提单,晚于货物到达目的港的提单也称过期提单。近洋国家间的合同一般规定"过期提单也可接受"。

(2) 倒签提单。倒签提单指承运人签发提单时,应托运人保函要求,倒填签发日期的提单。主要因为实际装期晚于信用证装期,通过倒签避免托运人违约。倒签提单的风险,主要是在货价下跌时,收货人以"伪造提单"为由,拒绝提货并起诉,因而倒签既违约,又违法。

(3) 顺签提单(Up-dated B/L)。顺签提单与倒签提单相反,提单上装期在开船之后,这主要发生在卖方分批大量发货时,发货时间没到,货已备齐而要求船方办顺签。

(4) 预借提单(Advanced B/L)。由于信用证到期、货已进港、报关,但未上船,托运人要求承运人先行签发提单,以便结汇。这种被"借"走的提单称为预借提单。

以上几种违约提单,货运的保函均不具备法律效力。

(5) 舱面提单(On Deck B/L)。舱面提单又称甲板提单,注明"装甲板"(On deck)字样。按《海牙规则》,甲板货物不属于货物范畴,承运人对其灭失、损失不负责。

(6) 成组提单(Group Age B/L)。成组提单又称并提单、总提单,是将不同批数的货物合并在一份提单上的提单。所列货物为同一装货港、同一卸货港和同一收货人——船公司或货运公司在目的港的代理人，并且使用海洋提单（Ocean B/L，Carrier's B/L）。这种提单只供提货用，各家货主收到的是分提单。

（7）分提单（Separate B/L，House B/L）。分提单有两类。一类是成组提单上货物分属不同货主，为不同货而签发的提单。在集装箱拼箱运输中的分提单，一般不由船公司签发，而由国际货运代理签发，又称货代提单、拼箱提单、集运分提单。另一类是大宗散货到一目的港由一份并提单与几个收货人的分提单组成。

（8）交换提单（Switch B/L）。由于贸易需要，起运港签发提单后，在中途港凭交换提单另换一套提单，仍运至原船目的港。启运港签发的提单称为交换提单。

（9）包裹提单（Parcel Receipt）。包裹提单指船公司为少量低值的货物如行李、礼品运输而签发的提单。它不可转让，有货损货差，承运人不负责。

（10）集装箱提单（Container B/L）。集装箱提单与普通提单的作用与法律效力相同，但凭场站收据签发提单，提单上所装货物一般有"Said to contain"条款，提单上不出现"甲板提单"字样，且多数集装箱提单对运输全过程负责，提单签发人可以是船公司，也可以是多式联运承运人。

二、航空运单

航空运单（Air Waybill）是承运人与托运人之间签订的运输契约，也是承运人或其代理人签发的货物收据。航空运单还可作为核收运费的依据和海关查验放行的基本单据。但航空运单不是代表航空公司的提货通知单。在航空运单的"收货人"栏内，必须详细填写收货人的全称和地址，而不能作成指示性抬头。

航空运单与海运提单有很大不同，却与国际铁路运单相似。它是由承运人或其代理人签发的重要的货物运输单据，是承托双方的运输合同，其内容对双方均具有约束力。航空运单不可转让，持有航空运单也并不能说明可以对货物要求所有权。航空运单的基本性质有以下几项。

1. 航空运单是发货人与航空承运人之间的运输合同

与海运提单不同，航空运单不仅证明航空运输合同的存在，而且航空运单本身就是发货人与航空运输承运人之间缔结的货物运输合同，在双方共同签署后产生效力，并在货物到达目的地交付给运单上所记载的收货人后失效。

2. 航空运单是承运人签发的已接收货物的证明

航空运单也是货物收据，在发货人将货物发运后，承运人或其代理人就会将其中一份交给发货人（即发货人联），作为已经接收货物的证明。除非另外注明，它是承运人收到货物并在良好条件下装运的证明。

3. 航空运单是承运人据以核收运费的账单

航空运单分别记载着属于收货人负担的费用、属于应支付给承运人的费用和应支付给代理人的费用，并详细列明费用的种类、金额，因此可作为运费账单和发票。承运人往往也将其中的承运人联作为记账凭证。

4. 航空运单是报关单证之一

出口时，航空运单是报关单证之一。在货物到达目的地机场进行进口报关时，航空运单也通常是海关查验放行的基本单证。

5. 航空运单可作为保险证书

如果承运人承办保险或发货人要求承运人代办保险，则航空运单也可用来作为保险证书。

6. 航空运单是承运人内部业务的依据

航空运单随货同行，证明了货物的身份。运单上载有关该票货物发送、转运、交付的事项，承运人会据此对货物的运输做出相应安排。

目前，经营国际货物运输的航空公司使用的航空运单都是一式十二份。其中，正本有三联，每联都印有背面条款，其中一份交发货人，是承运人或其代理人接收货物的依据；第二份由承运人留存，作为记账凭证；最后一份随货同行，在货物到达目的地，交付给收货人时作为核收货物的依据。第四至第九联都是副本，分别送给有关运输部门。第十至第十二联是附加副本，在特殊需要时使用。

三、铁路、公路、内陆水运运输单据

（一）铁路运单

铁路运单（Rail Waybill）是由铁路运输承运人签发的货运单据，是收、发货人同铁路之间的运输契约。

在我国，国际贸易中会用的铁路运输分为两种：国际铁路联运和通往港澳的国内铁路运输，分别使用国际铁路货物联运单和承运货物收据。当通过国际铁路办理货物运输时，在发运站由承运人加盖日戳签发的运单就是铁路运单。

铁路运单一律以目的地收货人作记名抬头，一式两份。正本随货物同行，到目的地交收货人作为提货通知；副本交托运人作为收到托运货物的收据。在货物到达目的地之前，托运人可凭运单副本指示承运人停运，或将货物运给另一个收货人。

铁路运单只是运输合约和货物收据，不是物权凭证，但在托收或信用证支付方式下，托运人可凭运单副本办理托收或议付。

（二）公路运单

公路运单（Road Waybill）是公路货物运输及运输代理的合同凭证，是运输经营者接受货物并在运输期间负责保管和据以交付的凭据，也是记录车辆运行和行业统计的原始凭证。

承、托运人要按道路货物运单内容逐项如实填写，不得简化、涂改。承运人或运输代理人接收货物后应签发道路货物运单，经承、托双方签章后有效。

公路运单分为甲、乙、丙三种。甲种运单适用于普通货物、大件货物、危险货物等货物运输和运输代理业务，乙种运单适用于集装箱汽车运输，丙种运单适用于零担货物运输。

甲、乙种公路运单，第一联为存根，作为领购新运单和行业统计的凭证；第二联为托运人存查联，交托运人存查并作为运输合同当事人一方保存；第三联为承运人存查联，交承运人存查并作为运输合同当事人另一方保存；第四联为随货同行联，作为载货通行和核算运杂费的凭证，货物运达、经收货人签收后，作为交付货物的依据。

丙种公路运单，第一联为存根，作为领购新运单和行业统计的凭证；第二联为托运人存查联，交托运人存查并作为运输合同当事人一方保存；第三联为提货联，由托运人邮寄给收

货人，收货人凭此联提货，也可由托运人委托运输代理人通知收货人或直接送货上门，收货人在提货联收货人签章处签字盖章，收、提货后由到达站收回；第四联为运输代理人存查联，交运输代理人存查并作为运输合同当事人另一方保存；第五联为随货同行联，作为载货通行和核算运杂费的凭证，货物运达、经货运站签收后，作为交付货物的依据。丙种道路货物运单与汽车零担货物交接清单配套使用。承运人接收零担货物后，按零担货物到站次序，分别向运输代理人签发道路货物运单（丙种）。已签订年、季、月度或批量运输合同的，必须在运单"托运人签章或运输合同编号"栏目注明合同编号，托运人委托发货人签章。批次运输任务完成或运输合同履行后，凭运单核算运杂费，或将随货同行联（第五联）汇总后转填到合同中，由托运人审核签字后核算运杂费。道路货物运输和运输代理经营者凭运单开具运杂费收据。运输危险货物必须使用在运单左上角套印"道路危险货物运输专用章"的道路货物运单（甲种），方准运行。

国际公路货物运输合同公约（CMR）运单一式三联。发货人和承运人各持运单的第一、第三联，第二联随货物走。CMR运单不是议付或可转让的单据，也不是所有权凭证。CMR运单必须记载下列事项：运单签发日期和地点，发货人、承运人、收货人的名称和地址，货物交接地点、日期，一般常用货物品名和包装方法，货物重量、运费、海关报关须知等。

（三）内陆水运单

内陆水运单（Inland Waterway Bill of Lading）是由内陆水运运输的承运人签发的货运单据，是收、发货人同内陆水运承运人之间的运输契约。

内陆水运单的性质与铁路运单和公路运单相似，是运输合同，也是货物收据，但是不具有物权凭证的性质。

四、多式联运单据

多式联运单据（Multimodal Transport Document，MTD）是指证明国际多式联运合同成立及证明多式联运经营人接管货物，并负责按照多式联运合同条款支付货物的单据。

多式联运单据由承运人或其代理人签发，作用与海运提单相似，既是货物收据也是运输契约的证明，在单据作成指示抬头或不记名抬头时，可作为物权凭证，经背书可以转让。

多式联运单据表面上和联运提单相仿，但联运提单承运人只对自己执行的一段负责，而多式联运承运人对全程负责。联运提单由船公司签发，包括海洋运输在内的全程运输；多式联运单据由多式联运承运人签发，也包括全程运输，但在多种运输方式中，可以不包含海洋运输。

（一）多式联运单据的种类

1. 可转让的多式联运单据

（1）多式联运单据以可转让的方式签发时，应列明按指示或向持票人交付。如列明按指示交付，须经背书后转让；如列明向持票人交付，无须背书即可转让。如签发一套一份以上的正本，应注明正本份数；如签发任何副本，每份副本均应注明"不可转让副本"字样。

（2）只有交出可转让多式联运单据，并在必要时经正式背书，才能向多式联运经营人或其代表提取货物。

（3）如签发一套一份以上的可转让多式联运单据正本，而多式联运经营人或其代表已正当地按照其中一份正本交货,该多式联运经营人便已履行其交货责任。

2. 不可转让的多式联运单据

(1) 多式联运单据以不可转让的方式签发时,应指明记名的收货人。

(2) 多式联运经营人将货物交给此种不可转让的多式联运单据所指明的记名收货人或经收货人通常以书面正式指定的其他人后,该多式联运经营人即已履行其交货责任。

(二) 多式联运单据的内容

(1) 货物品类、识别货物所必需的主要标志、危险货物的危险特性的明确声明、包数或件数、货物的毛重或以其他方式表示的数量等,这些事项均由发货人提供。

(2) 货物外表状况。

(3) 多式联运经营人的名称和主要营业所。

(4) 发货人名称。

(5) 如经发货人指定收货人,收货人的名称。

(6) 多式联运经营人接管货物的地点和日期。

(7) 交货地点。

(8) 如经双方明确协议,在交付地点交货的日期或期间。

(9) 表示该多式联运单据为可转让或不可转让的声明。

(10) 多式联运单据的签发地点和日期。

(11) 多式联运经营人或经其授权的人的签字。

(12) 如经双方明确协议,每种运输方式的运费;或者应由收货人支付的运费,包括用以支付的货币;或者关于运费由收货人支付的其他说明。

(13) 如在签发多式联运单据时已经确知,预期经过的路线、运输方式和转运地点。

(14) 如不违背签发多式联运单据所在国的法律,双方同意列入多式联运单据的任何其他事项。

但是以上一项或者多项内容的缺乏,不影响单据作为多式联运单据的性质。如果多式联运经营人知道或者有合理的根据怀疑多式联运单据所列的货物品类、标志、包数或者数量、重量等没有准确地表明实际接管货物的状况,或者无适当方法进行核对,多式联运经营人应在多式联运单据上做出保留,注明不符合之处及怀疑根据或无适当核对方法。如果不加批注,则应视为已在多式联运单据上注明货物外表状况良好。

(三) 多式联运单据的签发

(1) 多式联运经营人接管货物时,应签发一项多式联运单据。该单据应依发货人的选择,或为可转让单据,或为不可转让单据。

(2) 多式联运单据应由多式联运经营人或经他授权的人签字。

(3) 多式联运单据上的签字,如不违背签发多式联运单据所在国的法律,可以是手签、手签笔迹的复印、打透花字、盖章、符号或用任何其他机械或电子仪器打出。

(4) 经发货人同意,可以用任何机械或其他方式签发不可转让的多式联运单据,但应列明多式联运单据应列明的事项。

第四节　保险单据

一、保险单据的含义和作用

保险单据（Insurance Documents）既是保险公司对被保险人的承保证明，也是双方权利和义务的契约。在被保货物遭受损失时，保险单是被保险人索赔的主要依据，也是保险公司理赔的主要根据。

国际贸易货物的运输保险单，是指承保人向被保险人签发的，对保险标的物承担保险条款中规定的意外事故损失和负责赔偿的契约凭证。在国际贸易中，保险合同与可转让海运提单一样，也可由被保险人背书转让。在 CIF 价格术语下，保险合同是卖方必须提供的主要单据之一。

二、保险单据的基本内容

1. 保险公司名称（Name of Insurance Company）

应根据信用证和合同要求到相应的保险公司去办理保险单据，尤其是在信用证支付方式下，如来证规定"Insurance policy in duplicate by PICC"，PICC 即中国人民保险公司，即信用证要求出具由中国人民保险公司出具的保险单。

2. 保险单据名称（Name）

此栏按照信用证和合同填制，如来证规定"Insurance policy in duplicate"，即要求出具保险单而非保险凭证（Insurance Certificate）等。

3. 发票号码（Invoice No.）

此栏填写投保货物商业发票的号码。

4. 保险单号（No.）

此栏填写保险单号码。

5. 被保险人（Insured）

如信用证和合同无特别规定，此栏一般填信用证的受益人，即出口公司名称。

6. 标记（Marks and No.）

此栏填制装船唛头，与提单上同一栏目内容相同或填上"AS PER INVOICE NO. ×××"。

7. 包装及数量（Quantity）

此栏填制了大包装件数，与提单上同一栏目内容相同。

8. 保险货物项目（Description of Goods）

此栏填制货物的名称，一般使用统称即可，与提单上名称相同。

9. 保险金额（Amount Insured）

保险金额应严格按照信用证和合同上的要求填制，如信用证和合同无明确规定，一般以发票金额加一成（即110%的发票金额）填写。

10. 总保险金额（Amount Insured in Capital）

这一栏目只需将保险金额以大写的形式填入，计价货币也应以全称形式填入。注意：保险金额使用的货币单位应与信用证中的一致，如应填"SAY UNITED STATES DOLLARS (U.S. DOLLARS) ONE THOUSAND TWO HUNDRED AND FIFTY FIVE ONLY"。

11. 保费（Premium）

此栏一般由保险公司填制或已印好"AS ARRANGED"，除非信用证另有规定，如"Insurance policy endorsed in blank full invoice value plus 10% marked premium paid"时，此栏就填入"PAID"或把已印好的"AS ARRANGED"删去加盖校对章后打上"PAID"字样。

12. 费率（Rate）

此栏由保险公司填制或已印上"AS ARRANGED"字样。

13. 装载运输工具（Per Conveyance S.S）

此栏应按照实际情况填写，当运输由两段或两段以上运程完成时，应把各种运输的船只名填在上面。如提单上的一程船名是"EAST WIND"，二程船名为"RED STAR"，本栏应填"EAST WIND/RED STAR"，以此类推。

14. 开船日期（Sailing On or About）

此栏填制提单的签发日期或签发日期前5天内的任何一天，或可简单填上"AS PER B/L"。

15. 起讫地点（From…To…）

此栏填制货物实际装运的起运港口和目的港口名称，货物如转船，也应把转船地点填上，如"From NINGBO, CHINA to NEW YORK, USA via HONGKONG (or W/T HONGKONG)"。

要注意的是：有时信用证中未明确列明具体的起运港口和目的地港口，如"Any Chinese port"或"Any Japanese port"，填制时应根据货物实际装运选定一个具体的港口，如"SHANGHAI"或"OSAKA"等。

16. 承保险别（Conditions）

此栏应根据信用证或合同中的保险条款要求填制。

如来证要求"Insurance policy covering the following risks: all risks and war risk as per China Insurance Clause (C.I.C)"，制单时应打上"All risks and war risk as per China Insurance Clause (C.I.C)"。

17. 赔款偿付地点（Claim payable at…）

此栏应按照信用证或合同规定填制，如无具体规定，一般将目的地作为赔付地点，将目的地名称填入这一栏目，赔款货币为与投保险金额相同的货币。

如来证要求"Insurance claims payable at a third country Germany"，此时，应把第三国"GERMANY"填入此栏。

18. 日期（Date）

此栏填制保险单的签发日期。由于保险公司提供仓至仓服务，所以保险手续应在货物离开出口方仓库前办理，保险单的签发日期应为货物离开仓库的日期或至少填写早于提单签发的日期。

19. 投保地点（Place）

此栏一般填制装运港口名称。

20. 盖章和签字（Signature）

此栏盖与第一栏相同的保险公司印章及其负责人的签字。

21. 特殊条款（Special Conditions）

如信用证和合同中对保险单据有特殊要求就填在此栏中。如来证要求"L/C No. must be indicated in all documents"，即在此栏中填上"L/C NO. ×××"。

22. "ORIGINAL"字样

《跟单信用证统一惯例》规定，正本保险单上必须有"ORIGINAL"字样。

三、保险单据的类型

1. 保险单（Insurance Policy）

保险单俗称大保单，是一种正规的保险合同，除载明被保险人（投保人）的名称，被保险货物（标的物）的名称、数量或重量，唛头，运输工具，保险的起讫地点，承保险别，保险金额，出单日期等项目外，还在保险单的背面列有保险人的责任范围，以及保险人与被保险人各自的权利、义务等方面的详细条款，是最完整的保险单据。保险单可由被保险人背书，随物权的转移而转让，是一份独立的保险单据。

2. 保险凭证（Insurance Certificate）

保险凭证俗称小保单，有保险单正面的基本内容，但没有保险单反面的保险条款，是一种简化的保险合同。

3. 联合保险凭证（Combined Insurance Certificate）

联合保险凭证俗称承保证明（Risk Note），它是我国保险公司特别使用的一种更为简化的保险单据，由保险公司在出口公司提交的发票上加上保险编号、承保险别、保险金额、装载船只、开船日期等，并加盖保险公司印章即可。这种单据不能转让。

4. 预约保险单（Open Policy）

预约保险单是一种长期性的货物保险合同。预约保险单上载明保险货物的范围、险别、保险费率、每批运输货物的最高保险金额以及保险费的结付、赔款处理等项目，凡属于此保险单范围内的进出口货物，一经起运，即自动按保险单所列条件承保。但被保险人在获悉每批保险货物起运时，应立即将货物装船详细情况，包括货物名称、数量、保险金额、运输工具种类和名称、航程起讫地点、开船日期等情况通知保险公司和进口商。这种保险单据目前在我国一般适用于以FOB或CIF价格条件成交的进口货物以及出口展览品和小卖品。

第五节　其他单据

一、包装单据

出口单据中的包装单据是指一切记载或描述商品包装情况及数量等的单据。主要目的是补充商业发票的不足。通过单据内的包装件数、规格、唛头等项目的填制，明确商品的包装情况，便于买方了解和掌握进口商品包装及数量，也便于国外买方在货物到达目的港时，供海关检查和核对货物。

出口商品在运输途中，有的不需要包装，如谷物、矿砂、煤炭等，称为散装货物。绝大多数商品必须加以适当的包装后才能装运出口，以保护该商品在运输途中的安全，称为包装货物，如纺织品、轻工产品、机械、仪表等。

包装单据也是货运单据中的一项重要单据。除散装货物外，大多为不可缺少的文件。进口地海关验货、公证行检验、进口商核对货物时，都必须以包装单据为依据。有些货物按重量或按体积计价时，重量单则成为包装单据。

由于包装单据的大部分内容涉及运输单据的内容，因而实务中往往把包装单据作为运输单据的随附单据。

（一）常用的包装单据

出口业务中使用的包装单据有装箱单、包装说明、详细包装单、重量单、重量证书、磅码单、花色搭配单等。出口商应根据信用证的规定提供各种适当的包装单据，但从国外来证规定看，大多数要求卖方提供装箱单和重量单，或只提供其中的一种。

1. 装箱单

装箱单（Packing List）主要标明出口货物的包装形式、规格数量、毛重、净重、体积等有关事项。装箱单一式几份，由买方提出，卖方按要求填制。装箱单的内容一般包括合同号码、发票号码、唛头、货名及品质、容积及重量、进口商或收货人的名称和地址、船名、目的地等。

装箱单的内容应与实际货物包装一致，必须严格符合信用证的规定。虽然包装说明、详细包装单等与装箱单内容基本一致，但必须按信用证要求办理，不得擅自变动。而且，装箱单的内容还必须与商业发票、领事发票、运输单据等结汇单据所列内容绝对一致，否则会被视为"单单之间表面不符"而被银行拒收。

2. 重量单

重量单（Weight Certificate or List）一般列明每件货物的毛重、净重，是对按装货重量（Shipping Weight）成交的货物，在装运时由出口商向进口商提供的重量证明，它是出口方结汇、船公司计算运费，并证明出口商履约的依据。该单据一般由商检机构、公证行、重量鉴定人或丈量公司出具。其内容必须与信用证、发票、运输单据等一致。

3. 尺码单

尺码单（Measurement List）偏重于说明货物每件的尺码和总尺码，即在装箱单内容的基础上重点说明每件不同规格项目的尺码和总尺码。如果货物不是每件统一尺码，应逐件列明每件的尺码。

(二) 包装单据缮制应注意的事项

（1）包装单据名称与信用证内规定名称一致，因为包装单据的内容既包括包装的商品内容，也包括包装的种类和件数，每件毛重和毛、净总重量，每件尺码和总尺码（体积）。

（2）毛、净重应列明每件毛重和净重，总的毛重和净重数字必须与发票和运输单据、产地证、出口许可证的数字相符。

（3）如果信用证规定列明内包装情况（Inner Packing），必须在单据中充分表示出来，例如，信用证规定，每件装一胶袋，每打装一盒，每十打装一纸箱，则需要注明"Packing each piece in a poly bag, one dozen in a box and then 10 dozens in a carton."。

（4）重量单如冠以"Certificate of Weight"（重量证明），以加注"We certify that the weight is true and correct."的证明句为好。

（5）进口商把商品转售给第三方时一般只交付包装单和货物，不会透露自己的购买成本，因此，装箱单据一般不会显示货物的单价和总和。

（6）为了符合信用证不接受联合单据的要求，可以利用装箱单分别冠以重量单、尺码单的单据，一次缮制，按照信用证规定的份数分别提供给银行。

二、商检证书

商检证书（Commodity Inspection Certificate），又称商品检验证书、检验证书、公证鉴定证书等，是由官方或职业检验机构签发的，对被检验商品的品质、数量、卫生、尺码及其他需要检验的性质或状况进行检验后出具的检验报告书。此外，在交易中如果买卖双方约定由生产单位或使用单位出具检验证明，则该证明也可起到检验证书的作用。

在国际贸易中，应由国家设置的检验机构或由经政府注册的、独立的、第三者身份的鉴定机构，对进出口商品的质量、规格、卫生、安全、检疫、包装、数量、重量、残损以及装运条件、装运技术等进行检验、鉴定和监督管理工作。进出口商品检验是货物交接过程中不可缺少的一个环节。经检验合格的，发给检验证书，出口方即可报关出运；检验不合格的，可申请一次复验，复验仍不合格的，不得出口。

(一) 商检证书的作用

商检证书起着公正证明的作用，是买卖双方交接货物、结算货款和处理索赔、理赔的主要依据，也是通关纳税、结算运费的有效凭证。商检证书关系到有关各方的经济责任和权益，其作用包括以下几个方面。

（1）作为卖方所交付货物的品质、重量、数量、包装及卫生条件等是否符合合同规定的依据。

（2）作为买方对品质、数量、重量、包装等提出异议、拒收货物、要求赔偿的凭证。

（3）作为卖方向银行议付货款的单据之一。

（4）作为出口国和进口国海关验放的有效证件。

（5）作为证明货物在装卸和货运中的实际状况、明确责任归属的依据。

(二) 商检证书的种类

在我国，商检证书包括两类：第一类是我国商品检验证书，是我国国家出入境检验检疫局对进出口商品出具的检验证明,具体分为品质证书、重量或数量检验证书、兽医证书、卫生证书、消毒证书、货载衡量证书等。第二类是我国国家出入境检验检疫局检验证书以外的其他检验证书,包括生产厂或出口公司的检验证书、进口商驻出口地点代表或代理人在货物装运前的检验证书、棉花出口植物检疫证书、SGS 检验证书等。

1. 品质证书(Inspection Certificate of Quality)

品质证书是证明进口商品品质、规格、等级等实际情况的书面文件。出口商品品质证书是卖方履行合同条款的具体证明,它是进口国通关输入的证件和银行议付的重要单据。根据对外贸易关系的申请,商检机构出具的分析、规格等检验证书,也属于品质证书的范畴。

2. 重量或数量证书(Inspection Certificate of Weight or Measurement)

重量或数量证书是证明进出口商品的重量或数量的文件。

3. 兽医证书(Veterinary Inspection Certificate)

兽医证书是证明出口动物产品经过检验合格的证明文件。它适用于冻畜肉、冻禽、禽畜肉罐头、皮张、肠衣等出口商品,必须由主任兽医签署。兽医证书的内容通常按照贸易合同、信用证、国家间的协定、协议以及进口国的卫生检疫法令规定的要求处理。证书上一般要列明所采用的畜、禽等来自安全非疫区,经过宰前宰后检验,未发现检疫对象等内容,有时还加上卫生检疫内容。

4. 卫生证书(Sanitary Inspection Certificate or Inspection Certificate of Health)

卫生证书也称健康检验证书,是证明可供人类食用的出口动物产品、食品等经过卫生检疫或检验合格的证明文件。适用于肠衣、罐头、蛋品、乳制品、蜂蜜等产品,证书上要说明产品符合以上要求,适合人类食用或使用。

5. 消毒证书(Disinfection Inspection Certificate)

消毒证书是出口动物产品经过消毒处理、保证安全卫生的证明文件,适用于猪鬃、皮张、山羊毛、羽绒制品等商品。证书的内容是证明商品经过高压蒸汽消毒等方法进行消毒处理,有时这些也可以列入品质证书和卫生证书,不另发消毒证书。

6. 熏蒸证书(Inspection Certificate of Fumigation)

熏蒸证书是用于证明出口粮谷、油籽、豆类、皮张等商品以及包装用的木材与植物性填充物等已经过熏蒸灭虫的证书。它主要证明使用何种药物,经过多少时间熏蒸等具体情况。有些商品在品质证书中加列有关熏蒸的内容,不再单独签发熏蒸证书。

7. 货载衡量证书(Inspection Certificate on Cargo Weight & Measurement)

货载衡量证书是证明进出口商品的重量、体积、吨位的证书。

8. 测温证书(Inspection Certificate of Temperature)

测温证书是证明出口冷冻商品温度的证书。商检机构根据信用证要求,对出口冷冻商品在装运前进行测温,签发测温证书。测温结果一般列入品质证书,也可以按要求单独出具测温证书。

9. 生丝品级及公量检验证(Inspection Certificate for Raw Silk Classification & Condition Weight)

生丝品级及公量检验证是出口生丝的专用证书,其作用相当于品质证书和重量证书。

10. 包装证书（Inspection Certificate of Packing）

包装证书是用于证明进出口商品包装情况的证书。出口商品的包装检验，一般在品质证书或重量证书中加以证明；如进口商要求单独证明包装情况，商检机构也可以单独出具包装证书。

三、出口许可证

出口许可证（Export License）是指在国际贸易中，根据一国出口商品管制的法令规定，由有关当局签发的准许出口的证件。在我国，是指商务部授权发证机关依法对实行数量限制或其他限制的出口货物签发的准予出口的许可证件。

出口许可证制是一国对出口货物实行管制的措施。一般而言，某些国家对国内生产所需的原料、半成品以及国内供不应求的一些紧俏物资和商品实行出口许可证制。通过签发许可证进行控制，限制出口或禁止出口，以满足国内市场和消费者的需要，保护民族经济。此外，某些不能复制、再生的古董文物也是各国保护对象，严禁出口。根据国际通行准则，鸦片等毒品或各种淫秽品也禁止出口。

根据国家规定，凡是国家宣布实行出口许可证管理的商品，不管任何单位或个人，也不分任何贸易方式（对外加工装配方式，按有关规定办理），出口前均须申领出口许可证；非外贸经营单位或个人运往国外的货物，不论该商品是否实行出口许可证管理，价值在人民币1 000元以上的，一律须申领出口许可证；属于个人随身携带出境或邮寄出境的商品，除符合海关规定自用、合理数量范围外，也都应申领出口许可证。

我国商务部会同海关总署及国家质量监督检验检疫总局[①]制定、调整和发布年度《进口许可证管理货物目录》，商务部会同海关总署制定、调整和发布年度《出口许可证管理货物目录》。《进口许可证管理货物目录》《出口许可证管理货物目录》由商务部以公告的形式发布，列入目录内的进出口货物实行进出口许可证管理措施。

商务部是全国进出口许可证管理的归口单位，负责制定、调整和发布年度《进口许可证管理货物分级发证目录》《出口许可证管理货物分级发证目录》。商务部授权商务部配额许可证事务局统一管理全国各进出口许可证发证机构的进出口许可证签发工作；各省、自治区、直辖市的商务主管部门、计划单列市和经商务部授权的其他省会城市的商务主管部门、商务部驻各地特派员办事处及许可证局为许可证的发证机构。

进出口许可证一经签发，不得擅自更改证面内容。如需更改，经营者应当在许可证有效期内提出更改申请，并将原证交还原发证机构，由原发证机构重新换发新许可证。

四、装运通知

装运通知（Shipping Advice，Declaration of Shipment，Notice of Shipment），是出口商向进口商发出货物已于某月某日或将于某月某日装运某船的通知。

装运通知的作用在于方便买方购买保险或准备提货手续，其内容通常包括货名、装运数量、船名、装船日期、契约或信用证号码等。这项通知，大多以电报方式为之，也有用航邮方式的。装运通知的作用在于方便买方办理保险、准备提货手续或转售，出口商作此项通知

[①] 现为国家市场监督管理总局。

时，有时尚附上或另行寄上货运单据副本，以便进口商明了装货内容。若碰到货运单据正本迟到的情况，仍可及时办理担保提货。

在装运货物后，按照国际贸易的习惯做法，发货人应立即（一般在装船后3天内）发送装运通知给买方或其指定的人，从而方便买方办理保险和安排接货等事宜。如卖方未及时发送上述装船通知给买方而使其不能及时办理保险或接货，卖方应负责赔偿买方由此而引起的一切损害或损失。

五、船运公司证明

船运公司证明（Shipping Company's Certificate）是由船公司出具的单据，是进口商为了满足政府要求或了解运输情况等，要求出口商提交的单据。根据内容不同，常见的船运公司证明有以下几种。

1. 黑名单证明

阿拉伯国家将与以色列有往来的船舶列入黑名单，不允许这些船舶与阿拉伯国家发生业务联系，该证明是为了说明载货船舶未被列入黑名单。

2. 船籍证

船籍证主要说明载货船舶的国籍。

3. 船程证

船程证主要注明航程中停靠的港口。

4. 船龄证

船龄证主要说明船龄，开证申请人往往在信用证中规定必须说明运输船舶，包括工程船的船龄不得超过15年。

5. 船级证

船级证主要说明载货船舶符合一定船级标准，一般以劳氏船级为标准。

6. 班轮工会船只证明

班轮工会船只证明主要说明运输船舶为班轮工会船只。

7. 收单证明

在近洋运输中，为了使进口商及时凭单提货，信用证往往规定货物装船后，正本或副本提单交装货船只的船长转交收货人，出口商凭船长签发的收单证明结汇。

六、航行证

国际贸易中，船舶在营运和航行中所需要的证书很多，统称国际航运船舶证书。国际航运船舶证书是船舶非常重要的身份证明，也是船舶技术状况和船公司义务的证明，是根据联合国和其他国际组织的有关公约、规则、规定和协定来制定的，由船舶登记的国家当局或当局授权的机构签发，到期时要按规定进行检验后方可延期或更新。

船舶未获得必要的证书，或证书过期，或证书到期而未进行检验并延期，有关港口当局可以进行强制检验或将船舶滞留。

国际航运船舶证书种类很多，主要有国籍证书、登记证书、船籍港证书、船级证书、载重线证书、干舷证书、保险单、无疫证书、检疫证书、货船结构安全证书、货船无线电报安全证书、货船设备安全证书、客船安全证书、散货适载证书、吨位证书、适航证书、港口国检查报告等。

本章小结

在进出口业务中，单据指的是办理货物交付或货款支付的一种依据。进出口商可以通过单据表明是否履约及履约的程度。进口商将单据作为提取货物的凭证。单据包括金融单据和商业单据。金融单据指汇票、本票、支票或其他用于获得货币付款的相似票据；商业单据主要指非金融单据的其他所有单据，包括运输单据、物权单据或其他相似单据，等等。

商业发票在对外贸易中简称"发票"，是出口商向进口商开立的载有货物名称、规格、数量、单价、总金额等内容的清单，供进口商据以收货、支付货款和报关完税使用，是所装运货物的总说明。

运输单据通常是指代表运输中的货物或证明货物已经付运的单据。它们具体反映了同货物运输有关的当事人（如发货人、承运人、收货人等）的责任与权利，是货物运输业务中最重要的文件，也是结汇的主要单据。运输单据包括海洋运输使用的海运提单、铁路运输使用的铁路运单、航空运输使用的航空运单、邮包运输使用的邮包收据、多式联合运输使用的联合运输提单或联合运输单据。

海运提单简称"提单"，是指用以证明海上运输货物已经由承运人接受装船，并保证据以交付货物的单证。

保险单据既是保险公司对被保险人的承保证明，也是双方权利和义务的契约。在被保货物遭受损失时，保险单是被保险人索赔的主要依据，也是保险公司理赔的主要根据。

国际贸易货物的运输保险单是指承保人向被保险人签发的，对保险标的物承担保险条款中规定的意外事故损失和负责赔偿的契约凭证。在国际贸易中，保险合同与可转让海运提单一样，也可由被保险人背书转让。在CIF价格术语下，保险合同是卖方必须提供的主要单据之一。

关键名词解释

商业发票 海运提单 记名提单 不记名提单 指示提单 多式联运单据 保险单 商检证书

思考题

1. 国际结算中涉及的单据有哪些？它们有何重要作用？
2. 商业发票的含义和作用是什么？
3. 运输单据是什么？主要有那些常见种类？
4. 海运提单的定义和作用是什么？
5. 从提单抬头的不同来分，海运提单有哪几种？如何区分和运用？
6. 在海运提单的运用过程中，有哪些需要防范的问题？
7. 保险单据的含义和主要种类有哪些？

案例分析

案例一

案情：

我国某进出口公司A以CIF术语L/C支付方式向美国B公司出口一批货物，A公司按合同规定按时、按质、按量交货，随后将商业发票、提单、保险单和品质、数量证明书等单据通过中国银行提交美国公司的开证行C要求付款。此时，正值货价下跌，开证行又发现A公司提交的单据上货物名称使用了货物简称，因而拒绝支付货款。A公司认为，货物已按合同规定装运，检验证书所证明交货品质、数量与L/C规定一致，坚持要求付款。请问：开证行是否有权拒付货款？为什么？

分析：

开证行无权拒付货款。

根据UCP 600规定，商业发票中对货物的描述必须符合信用证中的描述，而在所有其他单据中，货物的描述可使用统称，但不得与信用证中的货物描述有抵触。

A公司在提交的提单上货物的名称使用的是货物简称，与信用证中对货物的描述不会有抵触。因此，开证行不应拒付货款。

案例二

案情：

我国A公司向加拿大B公司以CIF术语出口一批货物，合同规定2013年4月份装运。B公司于4月10日开来不可撤销信用证。此证按UCP 600规定办理。证内规定：装运期不得晚于4月15日。此时我方已来不及办理租船订舱，立即要求B公司将装期延至5月15日。随后B公司来电称：同意展延船期，有效期也顺延一个月。A公司于5月10日装船，提单签发日为5月10日，并于5月14日将全套符合信用证规定的单据交银行办理议付。请问：我国A公司能否顺利结汇？为什么？

分析：

A公司不能结汇。

第一，根据UCP 600规定，不可撤销信用证一经开出，在有效期内，未经受益人及有关当事人的同意，开证行不得片面修改和撤销，只要受益人提供的单据符合信用证规定，开证行必须履行付款义务。本案中A公司提出信用证装运期的展期要求仅得到B公司的允诺，并未由银行开出修改通知书，所以B公司同意修改是无效的。

第二，信用证上规定装运期"不晚于4月15日"，而A公司所交提单的签发日为5月10日，与信用证规定不符，即单证不符，银行可以拒付。

案例三

案情：

我某一外贸公司与荷兰一进口商签订一份皮手套合同，价格为CIF鹿特丹，向中国人民保险公司投保一切险。生产厂家在生产的最后一道工序将手套的湿度降到了最低程度，然后用牛皮纸包好装入双层瓦楞纸箱，再装入20英尺集装箱，货物到达鹿特丹后，检验结果表明，全部货物湿、霉、沾污、变色，损失价值达8万美元。据分析，该批货物的出口地无异常热，进口地鹿特丹无异常冷，运输途中无异常，运输完全属于正常运输。

(1) 保险公司对该批货损是否负责赔偿？为什么？
(2) 进口商对受损货物是否支付货款？为什么？
(3) 你认为出口商应如何处理此事？

分析：

(1) 这是商品本身的内在质量缺陷，属保险公司的除外责任。凡属除外责任的损失，保险公司不予赔偿。

(2) CIF 合同属象征性交货性质的合同，卖方凭单交货，买方凭单付款，卖方所提交的单据符合买卖合同，买方即应付款，实际交付的货物与合同不符，买方可凭货抵目的港后的检验证书向卖方索赔。

(3) 既然是商品本身的内在质量缺陷，卖方理应负责赔偿。

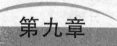

第九章 非贸易结算

学习目标

对非贸易结算的内容有一定的认识。了解信用卡、外汇兑换业务、非贸易汇款、光票信用证以及旅行支票的含义和作用,熟悉并掌握非贸易结算的方式。

第一节 非贸易结算的基本内容

一、非贸易结算的含义与特点

(一) 非贸易结算的含义

非贸易结算(Non-trade Settlement),是指由无形贸易引起的国际货币收支和国际债权债务的结算,包括贸易交往中的各项从属费用,以及其他与贸易无关的属于劳务性质的非实物收支,如出国旅游费用,侨民汇款,外币收兑,国外投资和贷款的利润、利息收益,驻外使领馆和其他机构企业的经费,专利权收入,馈赠等,又称无形贸易结算。非贸易结算是国际贸易结算的对称,是国际结算的重要组成部分。在我国,随着对外经济交往的增加、对外文化交流的日趋频繁,服务业的对外开放带来了大量的无形贸易。非贸易结算在国际结算业务中越来越重要,业务量呈现出较快的增长势头。

(二) 非贸易结算的特点

不同于国际贸易结算,非贸易结算有以下两个特点。

(1) 非贸易结算的范围更加广泛,内容比较庞杂,而且设计项目繁多,往往金额较低。

(2) 非贸易结算方式灵活多样,主要是通过非贸易汇款、外币兑换、旅行支票、旅游信用证、信用卡、光票托收等方式进行结算。

二、非贸易结算的范围

非贸易结算主要是由国际运输、金融、保险等劳务或服务引起的跨国收支,不涉及商品的进出口。因此,其范围比较广泛,设计项目较多。根据国际惯例和我国传统的分类方法,非贸易结算的范围包括以下各个项目。

(一) 个人海外汇款

1. 汇入汇款

汇入汇款是指港澳台地区的同胞、华侨、中国血统外籍人及外国人,汇入、携带或邮寄入境的外币与外币票据。

2. 汇出汇款

汇出汇款是指国家外汇管理局批给我国公民及外国侨民的旅杂费、退休金、赡家费、移居出境汇款,国外留学的教育费以及外商或侨商企业纯利及资产的汇出,各国驻华的领事馆在我国收入的签证费、认证费的汇出及其他一切私人外汇的支出。

(二) 运输收支

运输收支包括我国国际海运、民航、铁路的收入与支出。

1. 海运收支

海运收支是指:①我国自有船只,包括远洋轮船公司经营对外运输业务所收入的客货运费及出售物料等的外汇收入;②我国自有租赁的船只(不包括外运公司租轮)所支付的租金、修理费用,在外国港口的使用费和在港澳地区所支出的外汇费用,以及在国外向外轮供应公司和船舶燃料供应公司购买食品、物料、燃料所支出的外汇,还有与船舶有关的奖罚金、保证金、押金等。

2. 航空运输收支

航空运输收支是指我国民航的国际客货营业收支,包括运费、国外飞机在我国机场的使用费、我国飞机在国外机场的费用支出。

3. 铁路收支

铁路收支是指我国铁路运输(货运与客运)的国际营业收入以及我国列车在境外的开支。

(三) 邮电结算收支

邮电结算收支指我国邮电部门和外国邮电部门之间结算彼此邮电费用应收的外汇收入与应付的外汇支出。

(四) 银行收支

银行收支是指我国银行经营外汇业务的收支,包括手续费、邮电费、利息、驻港澳地区及国外的分支机构上缴的利润和经费等外汇收入,以及我国银行委托国外业务支付的手续费、邮电费和向国外借款应支付的利息等外汇支出。

(五) 保险收支

保险收支是指我国保险公司进行国际经营的外汇收支,包括保费、分保费、佣金、驻外(含港澳地区)保险分支机构上缴的利润和经费等外汇收入,以及我国向国外支付的分保费、应付的保险佣金和保险赔款等外汇支出。

（六）图书、影片、邮票收支

图书、影片、邮票收支是指我国图书进出口公司、影印公司、集邮公司等机构从事进出口图书、影片、邮票等所涉及的外汇收支，包括出口图书、影片和邮票等得到的外汇收入，以及进口图书、期刊、资料、影片等的外汇支出。

（七）外轮代理和服务收支

外轮代理和服务收支是指外国轮船在我国港口所支付的一切外汇费用收入，包括外轮停泊、装卸、港监等方面涉及的外汇收入，也包括我国外轮供应公司对远洋货轮、外国轮船及其海员供应物资和提供服务的外汇收入，以及国外海员在港口银行兑换的外币现钞收入。

（八）外币兑换收支

外汇收兑是指我国边境和内地银行收兑入境旅客，包括外宾、华侨、港澳台同胞、外籍华人、在华外国人等的外币、现钞、旅行支票、旅行信用证及汇票等汇兑收入。

（九）旅游业外汇收支

旅游业外汇收支是指我国依法从事国际旅游服务的各类旅行社和其他旅游经营部门服务业务的外汇收支。

（十）兑换国内居民外汇

兑换国内居民外汇是指国内居民委托银行在海外收取遗产、股票、股息、红利，出售房地产，调回国外存款以及利息等外汇收入。

（十一）企业、机关、团体外汇收支

企业、机关、团体外汇收支包括我国使领馆等机关、团体汇出的经费以及外国驻我国使领馆等团体汇入的经费，还包括驻外企业或与外国合资企业汇入国内的利润，以及外商独资企业和中外合资企业的外方汇出的利润。

第二节　信用卡

一、信用卡的含义和作用

广义上说，凡是能够为持卡人提供信用证明，持卡人可凭卡购物、消费或享受特定服务的特制卡片都可称为信用卡（Credit Card），包括贷记卡、准贷记卡、借记卡、储蓄卡、提款卡、支票卡及赊账卡等。狭义上说，国外的信用卡主要是指由银行或财务机构发行的贷记卡，即无须预先存款就可贷款消费的信用卡。总的来说，信用卡是由银行或专业机构向客户提供短期消费信贷而发放的一种信用凭证。持卡人可在指定的特约商户购买商品或享受服务，或凭卡向发卡单位及其附属机构存取款及转账。由于具有可直接购物及支取现金的功能，信用卡已成为盛行的一种消费信贷方式和支付手段。随着国际交往的日趋频繁和世界旅游经济的蓬勃发展，信用卡已成为世界范围内跨地区、跨国境使用的一种支付凭证。

信用卡的作用：有利于银行扩大客户群和增加收入；使用方便、安全；扩大特约商户的销售。

二、信用卡的种类

信用卡的种类很多,可以按照不同的标准将其分为不同的类型。

(1) 按发卡机构不同,信用卡可分为银行卡和非银行卡。

银行和其他金融机构发行的信用卡为金融卡,专营公司发行的为非金融卡。

(2) 按清偿方式不同,信用卡分为贷记卡和借记卡。

贷记卡的发卡金融机构允许持卡人在给予的信用额度内先使用,后还款;借记卡的持卡人只能先存款、后使用,没有信用额度。

(3) 按发卡对象不同,信用卡可分为公司卡和个人卡。

公司卡,亦称商务卡,可分为主卡和附属卡,是从某个单位的账户内付款的信用卡。个人卡是持卡者个人付账的信用卡。

(4) 按持卡人的信誉、地位等资信情况的不同,信用卡可分为普通卡、金卡和白金卡。

(5) 按使用范围不同,信用卡分为国际卡和国内卡。

我国各商业银行所发行的限于本国国内流通的信用卡均属国内卡。

阅读材料 9-1

信用卡发卡集团

目前国际上有五大信用卡品牌,分别是维萨国际组织(Visa International)、万事达卡国际组织(MasterCard International)两大组织,以及美国运通公司(American Express)、大莱信用卡有限公司(Diners Club)、JCB 日本国际信用卡公司(JCB)三家专业信用卡公司。

1. Visa International 简介

Visa International 是目前世界上最大的信用卡和旅行支票组织,拥有 Visa、ELECTRON、INTERLINK、PLUS 及 Visa CASH 等品牌商标。Visa International 是一个拥有 21 000 家金融机构会员的联盟组织,总部位于美国加利福尼亚州旧金山。其前身是美洲银行信用卡公司。1959 年,美洲银行开始在美国加利福尼亚州发行美洲银行卡,1977 年正式以"VISA"为该组织的标志,称为维萨国际组织。VISA 卡是维萨国际组织于 1982 年末开始发行的信用卡,可在世界各地 2 900 多万个商户交易点受理,并能够在 180 万台自动提款机提取现金,非常方便。全球流通的 Visa 卡超过 18.5 亿张,足以证明 Visa 是最受欢迎的支付品牌。全球最为普及的 VISA 卡,享有方便、安全、可靠的支付服务。

无论日常购物、预订酒店,还是网上书店购物,Visa 卡是商户最为认可和接纳的,在网上和现实世界同样受欢迎。

2. MasterCard International 简介

MasterCard International(万事达卡国际组织)是全球第二大信用卡国际组织。万事达卡国际组织是服务于金融机构的非营利性全球会员协会,公司的宗旨是为会员提供全球最佳支付系统和金融服务。万事达卡国际组织拥有 MasterCard、Maestro、Mondex、Cirrus 等品牌商标,已在全球发行标有 MasterCard acirc、Cirrus acirc 和 Maestro acirc 标志的各种信用卡、支付卡和借记卡 10 亿多张。万事达卡国际组织本身并不直接发卡,MasterCard 品牌的信用卡是由参加万事达卡国际组织的金融机构会员发行的。目前,其在全球拥有 24 000 个会员金融机构,并在 210 个国家和地区为各种不同规模的公司和个人提供支付服务,拥有超过2 100多万家商户及ATM机。

万事达国际组织于20世纪50年代末至60年代初期创立了一种国际通行的信用卡体系，旋即风行世界。1966年，组成了一个银行间卡片协会（Interbankcard Association）的组织。1967年，四家加州银行组成西部各州银行卡协会（Western States Bankcard Association, WSBA），并推出MasterCharge的信用卡计划。不久，西部各州银行卡协会加入银行间卡片协会，并将MasterCharge授与该协会使用。1969年，银行间卡片协会购下了MasterCharge的专利权，统一了各发卡行的信用卡名称和式样设计。1970年，银行间卡片协会取得MasterCharge的专利权。与美国商业银行一样，银行间卡片协会也积极拓展国际市场，如与欧洲信用卡国际组织联网，扩大在全球的接受程度。1978年，MasterCharge改名为MasterCard。万事达卡国际组织是一个包罗世界各地财经机构的非营利性协会组织，其会员包括商业银行、储蓄与贷款协会，以及信贷合作社。其基本目标始终未变：沟通国内及国外会员之间的银行卡资料交流，并方便发行机构，不论规模大小，也可进军银行卡及旅行支票市场，谋求发展。

作为高品质和革新精神的业内领先者，万事达卡国际组织在虚拟和现实两个世界里实现着全面的支付解决方案，拥有全球1 800万个接受点和商户，其1999年全球总交易额高达7 270亿美元。

万事达卡国际组织于1988年进入中国，中国主要商业银行都是其会员。万事达卡国际组织在帮助中国的银行卡业从起步到发展上都起到了不可磨灭的作用。大多数中国会员银行的信用卡使用万事达卡的品牌。万事达卡也是最先在中国实现全球联网业务的国际组织，为此给国家创造了大量的外汇收入，为会员银行和广大商户创造了各种商业机会和丰厚的利润。

Visa和MasterCard在全球范围构建了一个刷卡消费的联盟，国内银行与它们合作以后，国内银行发行的信用卡就能在其联盟范围内刷卡消费。可以在申请信用卡的时候选择申请Visa信用卡还是MasterCard信用卡。

3. American Express 简介

American Express（美国运通公司）是国际上最大的旅游服务及综合性财务、金融投资及信息处理的环球公司，在信用卡、旅行支票、旅游、财务计划及国际银行业占领先地位，是反映美国经济的道琼斯工业指数30家公司中唯一的服务性公司。美国运通公司凭借百余年的服务品质和不断创新的经营理念，保持着自己"富人卡"的形象。

美国运通公司创立于1850年纽约州布法罗（水牛城），总部设在美国纽约，最早是由三间不同的快递公司股份合并组成，分别由亨利·威尔士（Henry Wells & Company）、威廉·法格（William Fargo & Company）和约翰·巴特菲尔德（John Butterfield）所拥有。到了1957年12月，它才终于决定推出自己的银行卡，可以说是形势所迫。1958年10月1日推出了American Express Card——运通卡。运通公司享誉全球，特别是它的旅行支票，被公认为与美元一样可用，所以运通要发行银行卡的消息一传出，立刻得到了广泛响应，尤其是经常旅行的生意人，更是积极申请。1984年，运通公司在全球率先发行第一张白金卡，该卡只为获邀特选的会员而设，不接受外部申请。1999年，运通公司精选白金卡持卡人中的顶级客户，为他们发行了百夫长卡（Centurion Card）。白金卡和百夫长卡使运通公司成为尊贵卡的代言人。美国运通公司 1916 年就曾在上海、天津和香港开设办事处，1979 年重返中国，在北京等地开设了四个代表处，是最早进入中国的国际卡组织。过去运通公司一直走独立发卡之路，从 1996 年才开始向其他金融和发卡机构开放网络，1997 年成立环球网络服务部（GNS），允许合作伙伴发行美国运通卡，利用运通网络带动合作伙伴的业务增长，强化竞争优势，增加边际利润，提高业务整合管理能力。至今，GNS 在亚太区的 17 个国家和地区拥有 28 个合作伙伴，包括中国工商银行、中信银行、招商银行、中国台湾的台新银行、中国香港的大新银行、新加坡发展银行、新西兰银行、国立澳大利亚银行等。

现在美国运通公司在全球拥有数以千万计的会员，并在 200 多个国家或地区为商户所广泛接受。该卡赋予会员多项专有权益，包括全球补领失卡、购物保障、积分计划和旅游意外保障，在全球 50 多个国家以超过 45 种的货币发行，为会员的日常生活和旅游方面的消费及管理提供了方便。

4. Diners Club 简介

1950 年春天，麦克纳马拉与他的合伙人施奈德合伙投资，在纽约注册成立了第一家信用卡公司——大莱俱乐部，后改组为大莱信用卡有限公司。大莱俱乐部实行会员制，向会员提供一种能够证明身份和支付能力的卡片。最初其与纽约市的 14 家餐馆签订了受理协议，并向一批特定的人群发放了大莱卡。会员凭卡可以在餐馆实行记账消费，再由大莱公司做支付中介，延时为消费双方之间进行账务清算。信用卡的雏形由此诞生。可以说，全球第一张通用信用卡就是由大莱俱乐部发行的。

2013 年 8 月 20 日，工银大莱信用卡首发仪式在京举行，由此揭开了中国工商银行与中国银联、大莱国际信用卡业务合作的新篇章。工银大莱信用卡是我国境内首张大莱品牌信用卡，是人民币和美元双币信用卡。持卡人在境内外贴有银联标识的商户及自动取款机上交易时使用人民币结算，满足持卡人消费支付使用人民币的需求；在境外贴有大莱信用卡有限公司标识、Discovery 标识、Pulse 标识的网点、商户和自动取款机上交易时使用账户指定外币结算，为持卡人节省外币转换费用。

5. JCB 简介

JCB 是 Japan Credit Bureau，也就是"日本信用局"的缩写，是一家全球通用的发卡组织，类似于 VISA、万事达卡等。JCB 卡不仅仅是日本使用最普及的信用卡，JCB 在世界各国也积极地推进 JCB 卡的发行。目前，JCB 集团内有 70 多家信用卡发行公司、银行、证券公司和保险公司，信用卡业务已经扩展到世界 139 个国家和地区，会员人数也已达到 5 514 万人。JCB 特别重视韩国、泰国、新加坡等国家和中国香港、中国台湾等地区，因其与日本的经济、地理有着密不可分的关系，所以信用卡市场的发展前景也非常可观。

由我国银行和 JCB 国际发卡公司联合发行的 JCB 卡即为 JCB 信用卡，目前国内发行 JCB 信用卡的银行有中国银行、中国建设银行、民生银行、浦发银行、平安银行、招商银行、光大银行、上海银行等。

（资料来源：根据上述公司官方网站信息搜集整理）

三、信用卡的运作

（一）信用卡的申请与使用

1. 申请

单位或个人向银行申请办理信用卡时，应填写信用卡申请表交发卡行审核，发卡行要审查申请人的收入、信誉、担保等情况，对符合条件者批准开卡，并决定卡种、有效期及消费额度等，同时收取一定年费和手续费。领卡时，申领人应在信用卡背后预留签字，以便特约商户或代办行办理业务时核对。双方由此建立金融关系。

2. 使用

如已办理信用卡，要激活信用卡之后才可以使用。现在激活信用卡比较简便，可以在网上激活，即持卡人登录信用卡所属银行的官网自助激活；也可以拨打信用卡后面标注的客服电话激活；或者下载银行手机 APP 进行激活。

信用卡激活之后就能消费使用了，可以在支付宝、微信等软件上绑定进行消费支付，也可以在商家刷卡消费，还可以通过柜台或者 ATM 机取现金。

消费、取现后的信用卡欠款要如期归还，以免影响以后的消费和信用记录。

3. 挂失止付

持卡人对其信用卡提出挂失或止付要求时，应直接与发卡机构联系。信用卡丢失后要及时致电发卡银行客服，提供持卡人身份证号码及查询密码即可完成挂失；也可通过附近的营业网点，直接人工进行挂失服务。信用卡挂失一般需要提供身份证件。

在办理业务过程中，若发现有被注销或止付的信用卡要求兑付，应立即予以扣留收回，并寄往发卡机构。

（二）信用卡业务中的常用术语

（1）年费：发卡机构征收的对持卡人账户的管理维护成本。

（2）年利率：持卡人根据未结余金额所偿付的年利率。

（3）ATM 机：持卡人可在 ATM 机上使用借记卡、ATM 卡、信用卡。要注意使用其他银行的 ATM 机时需支付交易费用。

（4）结余转账：将信用卡的未结余额从一个发卡机构转账到另一个发卡机构。

（5）预借现金：信用卡的持卡人可在银行或 ATM 机上提取现金。预借的现金从账户的使用上限中扣除，其利率普遍高于购买利率。

（6）现金分期：一般是由信用卡持卡人申请或者发卡行主动邀请持卡人进行申请，将持卡人信用卡中额度转换为现金，转账入指定借记卡（本行或他行），并分成指定月份期数进行归还的一种分期方式。持卡人每月只需归还固定本金以及手续费即可提前使用该笔现金。一般现金分期的手续费率都会高于发卡行消费分期产品的手续费率。

（7）信用历史：关于持卡人过去的账务支付状况的记录。

（8）固定利率：不会随其他因素的变化而改变的利率。

（9）免息期：持卡人无须为卡上交易支付任何利息的期限，由发卡机构自行规定。

（10）特约商户：允许进行信用卡交易的商户。往往商户们会为特约发卡机构的持卡人提供一定优惠。

(11) 透支：支出或提款超过支票账户的结余上限。
(12) 个人身份号码：持卡人设定的信用卡密码。
(13) 奖励计划或者积分奖励：发卡机构根据持卡人购买或交易的状况为其累积分数，持卡人可在发卡机构提供的项目兑换持卡人的累积分数。

第三节　其他非贸易结算

一、外币兑换业务

（一）外币兑换的概念

外币兑换可以分为三种情况，即外币兑换成人民币、外币兑换成另一种外币、人民币兑换成外币。银行办理外币现钞的兑入和兑出业务，称为外币兑换业务（Exchange of Bank Notes）。依据外币兑换的实体，其概念有广义和狭义之分。狭义的外币兑换专指外币现钞的兑换业务。广义的外币兑换不仅包括外币现钞的兑换，还包括旅行支票、旅行信用证、信用卡以及外币票据买入等业务。

《中华人民共和国外汇管理条例》规定，在中国境内的一切中外机构或个人所持有的外国货币不得在我国境内自由流通使用，所有汇入或携入的外币或外币票据，除另有规定外，均须结售或存入经营外汇业务的银行。银行对凡属外汇收兑牌价表内的各种外国货币均予收兑。国家因公或因私对个人或单位批准供给的外汇，都应按外汇牌价持等值的人民币，交指定的外汇银行兑换成外汇。

外国人及华侨入境后凭护照或身份证将其外币兑成人民币以便在境内使用，离境时，未用完的人民币，同样凭护照或身份证及原外币兑换水单，交指定的外汇银行兑成外币携出境。非法换取外汇，攫取国家应收的外汇，都属非法的套汇行为。

国家确定某种外币能否收兑，主要考虑两个因素：一是货币发行国对本国货币出入境是否有限制；二是这种货币在国际金融市场上能否自由兑换。

（二）外币兑换种类及手续

外币兑换业务是经营外汇业务银行一项经常性业务。以中国银行为例，其收兑币种有英镑、美元、瑞士法郎、欧元、新加坡元、澳大利亚元、挪威克朗、日元、加拿大元、泰国币、港币、新台币等货币。

兑换手续如下：

（1）客户需持以下有效证件之一办理：本人身份证（中国公民）、户口簿（16岁以下中国公民）、军人身份证件（中国人民解放军）、武装警察身份证件（中国人民武装警察）、港澳居民往来内地通行证（港澳居民）、台湾居民往来大陆通行证（台湾居民）、护照（外国公民或有护照的中国公民）等有关法律、行政法规规定的有效证件。

（2）填写外汇兑换水单。

（3）退汇手续：外籍客户及港澳台同胞可凭原中国银行外汇兑换水单及护照在6个月内出境时办理退汇业务。

(三) 兑换外钞的基本程序

1. 鉴别外钞

先鉴别各国钞票票面的主要内容，从各国钞票的纸张特征、印刷方法和油墨质量等方面鉴别真伪，也可利用现代化设备和仪器鉴别伪钞。

2. 外币兑换操作

（1）兑入外币。

凡属国家外汇管理局"外币收兑牌价表"内所列的外币，经营外汇业务的外汇银行均可凭持兑人的身份证（以中国银行为例，除身份证以外，客户还可持户口簿、军人身份证件、武装警察身份证件、港澳居民往来内地通行证、台湾居民往来大陆通行证、护照等有关法律、行政法规规定的有效证件）办理收兑业务。收兑时，必须坚持"先收后付"的原则。银行将按当天外钞买入价折算成人民币，收点外钞和支付人民币。

兑入外币水单一式四联：第一联为兑入外币水单，由兑入行加盖业务公章交持兑人收执；第二联为外汇买卖科目外币贷方传票；第三联为外汇买卖科目外币借方传票；第四联为外汇买卖统计卡，留存作备查之用。

（2）兑出外币。

兑出外币一般是对入境后准备离境的外国人和批准出国的中国人办理。首先查验护照或身份证及原外币兑换水单，然后确定在有效期内（从兑入外币之日起6个月内），按不超过原兑换水单上的金额兑换。必须根据外汇管理部门在非贸易外汇申请书上批准的余额，根据当天外钞卖出价兑付。同时，收回的原兑换水单加盖"已退回"戳记，作为外汇买卖传票的附件。最后还要在顾客的海关申报单的外币登记栏中写明，以便海关检查放行。

兑出外币水单一式四联：第一联为兑出外币水单，由兑出行加盖业务公章后交申请人收执；第二联为外汇买卖科目人民币贷方传票；第三联为外汇买卖科目外币借方传票；第四联为外汇买卖统计卡，留存作备查之用。

二、非贸易汇款

非贸易汇款是国际汇款业务的一部分，是与贸易项下汇款相对而言的，也是债务人或付款人委托银行将款项汇交给境外债权人或收款人的一种委托银行付款结算方式，主要用于资本借贷、清偿债务、划拨资金、无偿赠送和私人汇款等。下面介绍非贸易汇款的主要汇款方式之一——侨汇。

（一）侨汇的概念

侨汇（Overseas Chinese Remittance）是华侨汇款的简称，是指国外侨胞、外籍华人和港澳台地区的同胞汇入国内的款项。按用途，侨汇可分为赡家侨汇、建筑侨汇、捐赠侨汇和投资侨汇。

（二）侨汇的解付程序

1. 侨汇的方式

侨汇主要方式有信汇、电汇、票汇和约期汇款等。

（1）信汇。

信汇指我国港澳地区或国外联行制妥一整套包括信汇委托书、正收条、副收条、汇款证明书及信汇通知书等的规范格式，邮寄给通汇行的侨汇。

（2）电汇。

电汇指港澳地区或国外联行以电报方式汇入的侨汇。这种汇款多数是急需款，应从速解付。

（3）票汇。

票汇指海外华侨、港澳台地区的同胞向国外或港澳联行购买汇票，自带或邮寄给他们国内指定的解付行兑付的汇款。

（4）约期汇款。

约期汇款指华侨和港澳台地区的同胞与汇出行约定，在一定时期（如每月一次或每两月一次）汇给国内侨眷一定金额的汇款。

2. 侨汇收条的处理

信汇、电汇全套汇款收条一般包括正收条、副收条、汇款证明书和汇款通知书一式四联。

正收条（Original Receipt）应在解讫侨汇后，及时寄还汇出行，等候汇款人领取，以清手续。正收条上要有收款人签章、现金付讫章和解付日期章。

副收条（Duplicate Receipt）是解付侨汇后，银行留存的主要凭证。副收条上同样要有收款人签章、现金付讫章和解付日期章，并要有收款人身份证件号码的详细记录。如果个别汇款须加盖公章，应盖在副收条上，以备日后查考。

汇款证明书是解付侨汇时，交给收款人持有的一联，据以查对收款金额。

汇款通知书有收款人的详细地址，以便通知收款人了款，是解付侨汇的依据。

3. 侨汇的转汇及解付的处理手续

（1）侨汇的转汇。

侨汇的转汇是指当汇入行收到侨汇后，收款人在外地需要办理转汇，可委托收款人所在地银行办理解付。

（2）解付时的处理手续。

解付行收到转汇行寄来的侨汇转汇委托书及附件，应先核对印鉴、密押，再根据转汇委托书逐笔与附件核对，按照规定手续办理解付。

（3）转汇行收到解付行报单的处理手续。

转汇行收到解付行的联行报单及所附的解讫侨汇正收条和通知书，经核对无误后，逐笔抽销信汇委托书办理转账。

4. 侨汇的查询

解付行在收到汇出行或转汇行寄来的侨汇总清单、侨汇转汇委托书及附件后，发现收款人姓名有误、地址不详、密押或报单签章不符时，应及时向汇出行或转汇行查询，查复后才能解付。

5. 侨汇的退汇

汇入的侨汇，一般不应随便退回，但在下列情况发生时，可以办理退汇。

(1) 收款人姓名有误、地址不详，查询后仍无法解付的，可以退汇。
(2) 收款人死亡且无合法继承人，经联系汇出行，在收到其退汇通知书时，可以退汇。
(3) 收款人拒收侨汇，要求退汇，解付行应与汇出行联系，在征得汇款人的同意后，再办理退汇。
(4) 汇款人主动要求退汇，汇出行应来电或寄来退汇通知书，通知解付行办理退汇。解付行查明该笔汇款确未解付，可予以退汇。

三、光票信用证

（一）光票信用证的概念

光票信用证，是凭不随附货运单据的光票付款的一种信用证。但是信用证都是银行凭一定的条件付款的承诺，光票信用证也不例外。银行凭光票信用证付款，也可要求受益人附交一些非货运单据，如发票、垫款清单等。当受益人在请求议付或者付款时，无须提交货运单据，而只需提交汇票或发票。

光票信用证主要特点是：限制在一个国家、一个城市、一家银行兑取证款；有效期一般为 1 年，期满可继续使用。

光票信用证下的单据没有货运单据，因此进口商无法通过各种单据对货物的交付、质量、数量等予以控制，风险比较大。进口商得依赖出口商的信用，否则会陷入货、款两空的境地。开证行也无法利用货运单据来防范风险，只能基于进口商的信用或进口商提供的其他担保，因此银行的风险也比较大。

对于出口商而言，光票信用证下的开证行仍然承担第一性的付款责任，且无须提供货运单据，因此应当是有利的。因为信用证下提交的单据越少，出现单证不符的可能性也就越低。并且，相对于买卖当事人的风险分配而言，进口商风险越大，作为相对人的出口商风险就越小。因此，光票信用证在国际贸易中运用得比较少，多用于支付货物从属费用、尾款、样品费等，以及其他非贸易性费用。在正常情形下，对出口商而言，光票信用证的风险小于跟单信用证。

（二）非贸易结算中的光票信用证

贸易结算中的预支信用证和非贸易结算中的旅行信用证都属光票信用证。

旅行信用证是银行为了便利旅客到境外支付旅行用款而开出的一种信用证。开立旅行信用证时一般要求开证申请人预留印鉴，以便取款时核对。

1. 旅行信用证的特点

(1) 旅行信用证的正本由开证申请人自己携带。
(2) 旅行信用证是一种光票信用证，只供旅游者使用，不附带任何单据，不能用于贸易结算。
(3) 旅行信用证的开证申请人和受益人是同一个人，即旅行者本人。因为其申请旅行信用证的目的是在国外旅行时能从当地银行支取所需款项，故又为受益人。
(4) 受益人按不超过旅行信用证总金额的限额，可以一次或多次向指定的议付行支款。
(5) 应在旅行信用证有效期内使用。
(6) 与其他信用证一样，旅行信用证也是基于银行信用。旅游者申请开证，开证行受托开证,但开证行一开出此种信用证,就确切地承担了付款责任。

(7) 旅行信用证不能转让,只能由受益人本人使用。

2. 旅行信用证的兑付手续

旅行信用证的受益人持证到该证指定的兑付行进行兑付时,兑付行应按如下程序操作。

(1) 审核。

审查旅行信用证的各项内容,如指定的兑付行是否为本行、有无涂改、信用证上的签字与签字样本是否相符、信用证是否过期、取款金额是否超过限额。

(2) 填单。

经审核确认可以兑付时,由受益人在柜台当面填写取款收据。取款收据一式两联:第一联是正收条,随报单寄开证行;第二联是副收条,由兑付行作借方传票附件备查。

(3) 兑付。

兑付行将支款日期、金额及本次支付后的金额、行名在信用证上背书并加盖兑付行行章,收取贴息7.5‰后,将信用证及应付外汇折成等值人民币一并交还持证人,同时将收据或汇票寄开证行索偿,由开证行偿还垫款。旅行信用证的支取金额一般不得超过信用证金额,如超过,将作为透支加收罚息。

(4) 注销。

如果信用证金额已全部用完,在最后一次付款后,在信用证上加盖"用完"或"注销"戳记,不再退回持证人,而将其连同取款收据或汇票一并寄开证行注销原证。

四、旅行支票

(一) 旅行支票的概念和特点

旅行支票(Traveller's Cheque)是银行或旅行社为便于旅游者安全携带和使用而发行的一种定额支票。因旅行支票的出票人(发行机构)与付款人(付款机构)是同一人,故旅行支票又具有本票的性质。

我国关于外币旅行支票的规定:外币旅行支票的代售对象是境内机构、驻华机构,以及境内的居民个人或非居民个人;银行代售的外币旅行支票原则上应限于境外旅游、朝觐、探亲会亲、境外就医、留学等非贸易项下的对外支付,不得用于贸易项下或资本项下的对外支付。

旅行支票具有以下特点:①兑取方便,形似现钞。旅行支票可以像钞票一样零星使用,可以在指定的地点或银行付款。发行机构为了扩大其流通范围,发挥旅行支票的支付手段职能,在世界各大城市和旅游地设立许多特约代兑机构,大大方便了旅游者的兑取。②使用期限长。旅行支票一般不规定流通的期限,可以长期使用,且具有"见票即付"的特点,即持票人可以在发行机构的国外代兑机构凭票立即取款。③相对于现金,旅行支票携带更安全、方便。客户购买旅行支票时,在支票上留有初签,使用时需有相同字迹的复签,还可以有效防止他人假冒。④发行机构获利颇丰。通常,旅游者从购票到国外旅游兑付票款需要较长时间,因此,发行机构不仅可以在发行时收取手续费,而且还可以无息占用这笔资金,获得较优厚的利润。⑤挂失补偿。发行机构规定,旅行支票不慎遗失或被盗,挂失人可提出挂失退款申请,只要符合发行机构的有关规定,挂失人就可得到退款或补发的新的旅行支票。

（二）旅行支票的当事人

（1）出票人：指发行旅行支票的银行或专业机构。由于旅行支票是以出票人为付款人的支付凭证，因此出票人即为付款人，它的签章预先印在票面上。

（2）发售人：指出售或代售旅行支票的银行或旅行社等代理机构。

（3）持票人：购买或持有旅行支票的人，并已在旅行支票上进行了初签。

（4）兑付人：指事先已与出票人签订代付协议的机构。

（5）受让人：接受旅行支票的服务部门。

（三）旅行支票的出售和代售

在总行与发行机构有业务协议的条件下，各分、支行如需开办旅行支票代售业务，须向总行申请，审批后由总行与发行机构联系，要求发行机构直接通知批准的各代办行将订购旅行支票的申请表、宣传品等送往各代办行，以后，就由代办行直接向发行机构订购旅行支票，并代理出售。代办行的经办人员在出售旅行支票时，应指导购买人按各个发行机构规定的格式填写购买合约。购买合约一式四联：第一联为合约正本，第二、三联由代售行留存，第四联交购票人保管留作挂失之用。

游客购买旅行支票时，填写的购买申请书上要写明购买哪家银行发行的旅行支票、购买者姓名和地址、购买张数、货币种类、面额及总金额、购买日期等。出售机构经审核无误、收妥款项后，按规定请其在每张旅行支票的"初签栏"签名，以便兑付时与"复签栏"的签名核对。若购买者用本国货币购买外币旅行支票，按当天外汇牌价的卖出价折算。

（四）旅行支票的兑付

以中国银行为例，可兑付的旅行支票有英国通济隆、巴克莱银行，美国运通、花旗银行，日本住友银行、三菱东京日联银行、富士银行等银行出售的旅行支票。

其兑付过程为：客户需持本人有效护照或港澳台通行证及购买协议兑付旅行支票；客户需当面即时复签旅行支票，复签与初签应一致；填写外汇兑换水单，填写内容与外币现钞兑换水单相同；当旅行支票兑付现金或存款时，扣除票面金额7.5‰的贴息，按支票面额货币支付。

兑付旅行支票属于银行垫款买入票据业务。兑付银行办理此项业务时，应注意以下问题。

1. 识别旅行支票的真伪

兑付行的经办人员要非常熟悉各种常见的旅行支票的票样，兑付时要认真审视旅行支票。对不熟悉或有疑问的，应查看原票样。对没有票样的旅行支票，原则上不买入。另外，要特别注意识别旅行支票中的挂失支票和伪造支票。一旦发现，应立即没收，并报告国外出票机构和有关部门。

2. 审核支付范围、有效期限

兑付银行应对发行机构名单内的旅行支票予以兑付，不在名单内的有疑点的，可用托收方式处理。对不同币种的旅行支票要检视其是否有地区限制，对于不允许在我国兑付者，不能受理。此外，对规定有效期的旅行支票，检视其是否逾期，逾期则不能接受。

3. 核对初签和复签

兑付时，持票人须在经办人员面前复签，以便确定持票人身份，完成安全兑付。若事先已复签,或复签走样,则可要求持票人在旅行支票背面当场再复签一次,相符后方可办理。如果票上没有初签,因无法核对复签的真实性、正确性,一般不予办理。兑付时,还要请持票人出示购买协议和护照,以验明持票人身份。

4. 审查转让

旅行支票分可转让（Negotiable）和不可转让（Non-negotiable）两种。不可转让旅行支票注有"不可流通转让"字样,或没有印上"Pay to the order of"或虽印上但没有写抬头人名称,这种旅行支票由持票人在兑付行当面复签,与初签相符,即予以兑付。可转让旅行支票上面印有"付给某人的指定人"的文句,通常把这类旅行支票转让给提供服务的单位或部门。持票人复签后,在指定人的空格内填写受让人的名称,再由受让人到兑付行进行票款兑现。由于银行没有见到持票人当面复签,对复签的真实性没有确切把握,因此,兑付行要区别对待。如果受让人为国内服务机构,则可在保留追索权的条件下融通兑付;如果受让人在国外,银行就不宜买入该种旅行支票,应按托收处理。

5. 收取贴息和收回垫款

兑付行填制兑换水单一式两联,抬头人姓名按护照上全名写清楚,留底一联要注明支票号码、护照号码,以便产生疑问时查验。另请持票人填写购买外钞申请书一式两份,注明旅行支票的行名、号码和面额。兑付时,兑付行自行垫付资金,按当日人民币对该货币的买入价折算,扣收票面额7.5‰的外币贴息后对外支付。

6. 索偿

兑付后的旅行支票应在票面上加盖兑付行名的特别画线章,并在背面作兑付行的背书,迅速寄往国外发行机构索偿票款以补回垫款。

（五）旅行支票的挂失与补偿

旅行支票遗失或被盗窃,持票人可向发行机构或其代办行申请挂失和补偿,说明丢失的时间、地点、面额、数量以及初签与复签等有关情况,各行可按协议要求办理挂失和补偿手续。

代办行等要按照发行机构的要求逐项审核所填写的内容。客户的旅行支票无初签或已复签,均不能办理挂失和补偿。对已初签而没有复签的已丢失旅行支票,应审核申请人原购买合约上的签字与补偿申请书上的签字是否一致,无误后将客户护照号码抄录在申请书上,并由有权签字人在申请表上签字,受理挂失和补偿。如果客户无法提供购买合同或客户有疑问,可先电询发行机构,获得授权后方可办理。

补偿时,应重新填写购买合约,并在合约上注明"补偿",将最后一联购买合约连同当面初签的支票交给客户,同时将新的购买合约,连同收回的客户原购买合约及补偿申请书一并寄发行机构。办理补偿是不收客户手续费的,由发行机构按协议规定付给补偿手续费。客户要求补领现金或补领的金额超过发行机构规定限额的,应电询发行机构,获得授权后方可办理。

本章小结

本章首先根据国际惯例和我国传统的分类方法,对非贸易结算的范围进行了概括,之后重点介绍了信用卡、外币兑换业务、非贸易汇款、光票信用证、旅行支票等几种主要的非贸易结算业务。

非贸易结算是指由无形贸易引起的国际货币收支和国际债权债务的结算，包括贸易交往中的各项从属费用，以及其他与贸易无关的属于劳务性质的非实物收支，如出国旅游费用、侨民汇款，外币收兑，国外投资和贷款的利润、利息收益，驻外使领馆和其他机构企业的经费，专利权收入，馈赠等，又称无形贸易结算。非贸易结算是国际贸易结算的对称，是国际结算的重要组成部分。非贸易结算具有与贸易结算不同的特点，其涉及范围广泛、内容繁杂、结算方式相对灵活多样。

广义上说，凡是能够为持卡人提供信用证明，持卡人可凭卡购物、消费或享受特定服务的特制卡片都可称为信用卡，包括贷记卡、准贷记卡、借记卡、储蓄卡、提款卡、支票卡及赊账卡等。狭义上说，国外的信用卡主要是指由银行或财务机构发行的贷记卡，即无须预先存款就可贷款消费的信用卡。总的来说，信用卡是由银行或专业机构向客户提供短期消费信贷而发放的一种信用凭证。依据外币兑换的实体，外币兑换业务概念有广义和狭义之分。狭义的外币兑换专指外币现钞的兑换业务。广义的外币兑换概念不仅包括外币现钞的兑换，还包括旅行支票、旅行信用证、信用卡以及外币票据买入等业务。非贸易汇款是国际汇款业务的一部分，是与贸易项下汇款相对而言的，也是债务人或付款人委托银行将款项汇交给境外债权人或收款人的一种委托银行付款结算方式，主要用于资本借贷、清偿债务、划拨资金、无偿赠送和私人汇款等。光票信用证是凭不随附货运单据的光票付款的一种信用证。旅行信用证是银行为了便利旅客到境外支付旅行用款而开出的一种信用证。旅行支票是银行或旅行社为便于旅游者安全携带和使用而发行的一种定额支票；因旅行支票的出票人（发行机构）与付款人（付款机构）是同一人，故旅行支票又具有本票的性质。

关键名词解释

非贸易结算　信用卡　外币兑换业务　旅行支票　旅行信用证　光票信用证　非贸易汇款

思考题

1. 非贸易结算的含义是什么？它与国际结算有什么不同？
2. 非贸易结算具有哪些特点？
3. 什么是光票信用证？其特点是什么？
4. 旅行支票的特点是什么？涉及的当事人有哪些？与旅行信用证的区别是什么？
5. 外币兑换业务的基本流程是什么？

案例分析

境外信用卡扣款纠纷案例

案情：

杨女士从希腊旅游回国，遇上一件烦心事：在核对信用卡对账单时，发现自己被境外租车公司额外扣收了 200 欧元。明明租车费用已经付清，怎么又被扣了笔钱呢？杨女士百思不得其解，只能拨通银行电话，要求查询扣款原因。

第九章 非贸易结算

几天后,杨女士收到银行回电,被告知在了解具体情况的同时,调单需等待一个月。不久,杨女士再次接到电话,根据商户提供的合同、签单等,发现扣款是因杨女士租借的红色丰田车第五扇门被损坏,杨女士租车时使用龙卡信用卡做担保,商户即从其卡里扣了修理费。

那么真的是杨女士损坏了租借的车辆吗?

杨女士向银行表示:根据协议,还车时把车辆停在了机场的停车场,车钥匙投到指定的信箱,车辆好好的,并没有损坏;由于归还车辆时,未经相关人员确认车辆情况,故无法举证还车时车子处于良好状态。

根据这一情况,银行建议杨女士:第一,尝试与商户联系沟通,说明情况;第二,提供租车所有相关凭证,书面说明交易前后经过。杨女士一一照办了。

而后她研究了国际规则发现,租车过程中发生的各类损坏,租车行应合理预估修车费用并得到持卡人同意确认后,才能向客户进行扣款。依据这一条件,银行为杨女士进行了退单,之后又经历了再请款、二次退单等多个阶段。历经周折,银行为杨女士挽回了这笔损失,杨女士表示非常感谢。

分析:

对于发生在酒店、租车等的相关交易,有时会发生商户的后续追款,即通常所说的 Late Charge。国际组织规定,商户向持卡人扣收这类款项,应该通知客户,并提供扣费说明;客户在进行这类交易时,应保留相关凭证,以备发生纠纷时作为交易证据之用。

第十章

互联网金融与国际结算

> **学习目标**
>
> 了解互联网金融的概念和基本特征,理解互联网金融的发展对国际结算的影响;理解电子银行业务的概念和优势;了解电子交单的主要模式,掌握电子交单的主要流程和特点;掌握银行付款责任的主要流程和特点;了解区块链技术在国际结算中的应用。

第一节 互联网金融概述

一、互联网金融的概念

关于互联网金融的概念,目前国内尚未有一致的表述。谢平、邹传伟(2012)认为,互联网金融是既不同于商业银行间接融资,也不同于资本市场直接融资的第三种金融融资模式。中国人民银行认为,互联网金融是借助互联网和移动通信技术实现资金融通、支付结算和信息中介功能的新兴金融模式。中国人民大学吴晓求教授认为,互联网金融是指具有互联网精神、以互联网为平台、以云数据整合为基础而构建的具有相应金融功能链的新金融业态,也称第三金融业态。从融资模式角度看,互联网金融本质上是一种直接融资模式。但与传统直接融资模式相比,互联网融资具有信息量大、交易成本低、效率高等特点。

从目前互联网金融的发展趋势来看,互联网金融不是互联网和金融业的简单结合,而是在实现安全、移动等网络技术水平上,被用户熟悉、接受后,自然而然为适应新的需求而产生的新模式及新业务。因此,从广义的角度来看,与金融业态有关的任何互联网技术和应用,都应当属于互联网金融的范畴,例如移动支付、网络小额借贷、金融中介、金融电子商务、在线金融理财,等等。具体来说,互联网金融是指通过现代信息科技,例如互联网、移动支付、大数据和云计算等,来实现资金融通、支付和信息中介等业务的新兴金融模式。在互联网金融模式下,金融业务结合了互联网"开放、平等、普惠、协作、分享"的特点,使得金融产品和服务参与度更广、操作更加便利、交易成本更低、规模效用更大。互联网金融在很大程度上解决了金融市场信息不对称问题,实现经济资源跨空间和跨时间的分配,从而达到社会效用最大化。交易双方在资金匹配、风险控制上的成本降低，信用度升高，金融产品的购买与销售，以及交易过程中所需的支付可以直接在网上通过程序进行，进而大幅降低市场交易的成本。

二、互联网金融的基本特征

互联网金融是传统金融行业与互联网技术和环境相结合的新兴领域。一方面，互联网金融采用了不同的服务形式，采用网络自动化处理取代了原来的人工服务方式，更多的是采用自助服务方式；另一方面，互联网金融的客户对互联网分享思想有充分的认识，通过互联网这一工具和平台，有效降低金融服务的成本，使操作更快捷，有利于节约客户的时间和精力。

（一）从参与者来说，互联网企业和金融机构相互融合

互联网金融是由不同的要素主体组成的，既包括银行、保险公司、证券公司等金融机构，又包括第三方支付平台、电子商务企业、搜索引擎企业等互联网企业。互联网企业和金融机构的各要素主体之间呈现相互竞争、彼此融合、共同发展的趋势。金融机构和互联网企业各具优势，通过共设子公司等形式，共享牌照、研究、平台、技术、数据积累方面的优势。

（二）互联网金融业务运行网络化，实现普惠金融

普惠金融是指能有效、全方位地为社会所有阶层和群体提供服务的金融体系。互联网金融是一种低成本、低门槛的普惠金融，其通过互联网、移动互联网、大数据等技术，降低了交易成本和信息不对称程度，让那些无法享受传统金融体系服务的人群获取金融服务，从而提高了金融的普惠程度。

互联网金融开展业务无须大量设立经营网点及配备大量人员，客户只需要一台电脑或者一个移动手机终端，就可以享受到便捷的金融服务。因此，互联网金融的经营成本要远低于传统的金融模式。在互联网金融下，交易双方通过互联网搜集信息，降低了信息不对称程度和交易成本，拓展了金融服务边界。

（三）互联网金融业务经营信息化，为客户提供个性化服务

互联网的一个主要功能是提供信息支持，信息支撑着强大的网络信用。互联网金融通过互联网及相关软件，将高度分散化的企业、个人信息进行系统集中处理，形成分门别类的信息数据资源，并以此为基础提供资金融通和交易服务。传统金融是产品中心主义，而互联网金融则是客户中心主义，始终将用户体验摆在第一位。互联网金融最主要的诉求，是当客户具有金融服务的需求时，能够快速准确地提供高质量的用户体验，而这种体验能够让复杂的理财过程简单化。

（四）互联网金融的模式多样化

从各个组成要素分析，互联网金融系统既包括金融机构互联网化，也包括互联网企业涉足金融领域，可以称为金融互联网子系统和互联网企业金融子系统。根据不同的结构和功能，互联网金融形成了各具特色的业务模式。

金融互联网子系统是互联网金融的基础子系统，具有实力雄厚、基础设施完善、风险控制机制健全等优势。业务模式包括以下几个方面：一是金融机构应用互联网技术，通过业务

创新与产品创新,将传统业务网络化、移动化,比如电子银行、电子保险、电子证券、电话银行、手机银行、移动支付等;二是电商模式,银行、券商等金融机构直接自己搭建电子商务平台,进入电商领域;三是结合互联网精神,建立直销银行;四是和网络公司合作,推出互联网金融产品,抢占市场,在网络公司的平台上销售产品,比如方正证券在天猫商城开设旗舰店。

互联网企业金融子系统,是互联网金融系统中最活跃的子系统,具有支付便捷、资金配置效率高、交易成本低等优势,已经形成多个业态模式。第一是第三方互联网支付企业,包括支付宝、财付通、银联在线、快钱、汇付天下、易宝支付、环迅支付等;第二是小额贷款模式,包括以阿里、苏宁为代表的独立放贷模式以及包括京东商城、敦煌网等在内的银行合作模式,这类模式的特点是拥有成熟的电商平台和庞大的客户基础;第三是第三方信息平台,包括众筹模式、融360等,纯粹作为合作平台提供服务,除了必要的手续费外,不接触任何交易双方的资金;第四是其他模式,包括信用支付业务、融资性担保业务、互联网保险业务、证券投资基金销售业务等。

(五) 互联网金融是金融创新性活动

互联网金融是在大数据、云计算、搜索引擎等技术进步的背景下,金融体系的不断创新、不断突破,是金融创新性活动。

从支付清算功能来看,互联网金融的创新至少体现在两个方面:一是随着互联网技术的普及,支付终端从最初的银行柜台分散到每个网络用户的电脑和手机上,这一创新降低了支付成本,刺激了实体经济交易的增加。二是推动了身份认证的数字化进程。互联网技术使企业和消费者的行为状态通过电脑或者手机记录和储存在云端,并通过对行为的分析实现网络身份识别。

从资源配置角度看,加速了"金融脱媒",提高了资源的配置效率。传统融资模式下,资金供求双方信息经常不匹配,在资金需求方无法及时得到资金支持的同时,资金供给方也不能找到好的投资项目。互联网金融模式下,资金供求双方不再需要银行或交易所等中介机构撮合,可以通过网络平台自行完成信息甄别、匹配、定价和交易,去中介化作用明显。互联网金融具有强大的信息处理能力,可以降低融资成本,提高资源配置效率。一是社交网络能够生成和传播信息;二是搜索引擎能够对信息排序、检索和管理,提高信息搜集效率;三是大数据、云计算等技术具备高速处理海量信息的能力。在这三个优势下,互联网金融能够快速获取供求双方的信息,降低交易成本,提高资源配置效率。

从风险管理的角度看,互联网时代的大数据积累和数据挖掘工具,可以通过互联网平台交易体系获取交易双方的信息,将交易主体的资金流动置于有效的监控下,降低信息处理和加工成本,提高资产定价的对称性、风险及信用违约管理的可靠性。互联网金融通过社交网络生成和传播信息,任何企业和个人的信息都会与其他主体发生联系,交易双方通过互联网搜集信息,能够较全面地了解一个企业或个人的财力和信用情况,降低信息不对称程度。

三、互联网金融的发展对国际结算的影响

(一) 互联网金融的发展降低了国际结算的交易成本

互联网经济环境下国际结算的创新方式是多种多样的,但总体表现在以下两个方面:一是创新企业和银行之间信息的传输方式,运用电子银行、第三方支付平台渠道实现企业和银

行之间信息传递的无纸化；二是创新跨境贸易信息的传输方式，通过信息流、单据流的匹配，提高单据流转速度，加快物流周转速度，创新进出口企业之间的支付结算方式，提高资金的支付速度。

网络金融机构通过电子化票据及电子现金的传递使"距离"不再是贸易往来的限制因素，也使贸易往来瞬间传递成为可能，因此在很大程度上降低了国际结算的交易成本，提高了交易速度。

（二）互联网金融下的国际结算方式存在一定的风险

首先，互联网金融作为一种创新的金融模式，法律法规、监管制度等的制定会有所滞后，相关的配套措施还没有明确制定，如行业内的规范标准、法律如何进行监管等问题都没有明确规定，使市场主体的潜在风险加大。以 BPO（Bank Payment Obligation，银行付款责任）为例，目前为止，用来规范 BPO 国际结算的相关法律法规，比较权威的只有国际商会颁布的 URBPO（*Uniform Rules for Bank Payment Obligations*，《银行付款责任统一规则》），但 URBPO 只能处理商业银行之间相互运用的一些规则，而在 BPO 结算方式下发生的各种法律上的纷争想要及时完美处理则是没有办法的。

其次，信息安全保障的技术难题还未从根本上得到解决，黑客、缺乏信用的网站及故意破坏的内部工作人员都威胁网上支付的安全。

第二节 互联网金融下国际结算的主要模式

一、电子银行业务

电子银行业务（E-Banking）是指银行通过面向社会公众开放的通信通道或开放型公众网络，以及为特定自助服务设施或客户建立的专用网络等方式，向客户提供的离柜金融服务，主要包括网上银行、电话银行、手机银行、自助银行以及其他离柜业务。

为了满足客户跨境交易的需求，目前，大多数商业银行可以借助电子银行为企业或个人办理外汇账户查询、外汇汇款业务、结售汇业务等。凭借着稳定高效的系统、发达的结算网络，银行为企业或个人提供 3A（Anytime、Anywhere、Anyhow）式的服务和优质的管理服务。客户可每天都享受 24 小时全天候不间断服务，无论地处何方、身处何境，只需接入互联网即可享受迅速优质的银行服务。

以中国银行为例，目前，中国银行可实现通过网上银行办理信用证、外币汇款、托收业务和结售汇等业务。其中，信用证业务包括进口信用证查询、进口信用证来单查询、出口信用证查询和出口信用证交单查询；外币汇款业务包括在线办理外币境内汇款、境外汇款、NRA 账户实时转账及待核查账户划转等业务；托收业务包括查询跟单进口代收业务、跟单出口托收业务、光票托收业务的多笔明细和单笔详细信息；结售汇业务向指定的国际业务处理行提交结汇和售汇申请、查看结售汇业务的交易状态和交易明细等。通过电子银行，客户免去了提交纸质申请书的烦琐手续，银行员工免去了录入业务要素的工作，提高了业务效率。

电子银行业务是银行业务与网络技术的结合，电子银行在国际结算业务方面的优势在于以下几方面。

（1）业务全面、综合和多样化。对于个人客户，大多数商业银行电子银行已经实现网上办理国际汇款、结售汇、外汇买卖等业务；对于企业客户，已经实现通过电子银行办理外汇汇款、账户查询、信用证、托收和涉外保函等业务功能，银行也在加紧电子银行方面的创新，积极研发集结算和贸易融资为一体的综合服务功能。

（2）客户服务超越时间和空间。为客户提供全天候的 3A 式服务，即在任何时候（Anytime）、任何地点（Anywhere），采用任何方式（Anyhow）为客户提供 365 天、24 小时的全天候服务。

（3）节约成本。通过电子银行，客户免去了去柜台办理业务的时间成本和财务成本，银行也减轻了柜面压力，节省了人力成本。

二、电子交单

电子交单（E-presentation）业务是指在国际贸易电子化和无纸化进程中，出口方将基础单据数据化，以数据电文形式，使用电子数据交换技术，通过电子交单平台完成从交单行到开证行（议付行）、进口方之间的流转。基于提单在国际贸易中的重要作用，单据电子化的核心是代表物权凭证的提单电子化，即货物发送后，船公司以签发的电子提单代替传统的代表货权的纸质提单，并通过指定的第三方操作平台将电子提单提交受益人，受益人将电子提单和其他单据的电子信息通过该平台提交议付行，议付行再将电子数据提交开证行，开证行凭收到的电子单据审单，在开证申请人承付后，释放全套电子单据，开证申请人凭电子提单提货。

（一）国外电子交单商业模式

目前，全球范围内的信用证电子交单业务几乎都是在几大第三方电子商务公司的网络平台上进行的，主要包括英国的 Bolero 系统、美国的 Trade Card 系统和加拿大的 CCEWeb 系统。

1. Bolero 系统

Bolero 全称为 Bill of Lading Electronic Registry Organization（电子提单注册组织），是以第三方电子商务 Bolero 为支持，以核心信息平台为主架构电子网络。使用者在经过审核和签署协议成为用户后，遵守 Bolero Rulebook 规定，通过第三方商务平台完成数据传输，完成贸易。

Bolero 电子交单具有以下特点。

（1）Bolero 平台系统使用会员制，用户与其签署协议成为会员后，通过互联网交换单据完成贸易过程，并可以通过权利注册申请，允许在线转让货物所有权。只有在贸易结算的各参与方（进口商、出口商、开证行、交单行）均为 Bolero 用户，与 Bolero 平台系统签有协议并加入 Bolero 系统获得用户名和密钥的前提下，才可办理 Bolero 电子交单业务。

（2）无纸化信息传递，结算速度加快。Bolero 模式完全遵从传统信用证业务流程，用电子复制每一个信用证业务环节及其要求的单据。信用证单据特别是提单全部通过 Bolero 系统提交，船公司、银行和企业通过专门的电脑与 Bolero 网络进行连接，船公司将提单通过 Bolero 系统交给出口商银行，出口商银行通过系统将单据传递给开证行，进口商承兑付款后，开证行在系统中放单给进口商，进口商凭单提货，节省寄单时间和成本。据 Bolero 统计，通常需要 21 天收汇的信用证，7 天即可完成，能节省出口商 3% ~ 7% 的成本。近洋运输方式下，还可解决货到单未到问题。

（3）风险控制更有力，交易更安全。按照 Bolero 的要求，凡使用 Bolero 模式交易的各参与方，包括进出口商、银行、保险公司、运输行和船公司等，都须是 Bolero 系统的签约用户。用户在经过审核与签约后，受 Bolero 规则手册的约束。用户在 Bolero 系统中所有与提单有关的操作，包括电子提单的创建、修改、流转、质押、交回等，均是通过向权利登记机构发出指令，系统自动创建、增加、修改记录来完成的。

（4）参与方多。目前，Bolero 的出口商客户包括必和必拓、ABB 集团、西门子等大型企业；国际大型跨国银行如汇丰银行、美国银行、澳新银行、法国兴业银行、巴克莱银行、ING 银行、瑞银集团、瑞信银行、渣打银行等均已加入该系统；一些大型船公司也加入了 Bolero，签发 BBL（Bolero Bill/Lading），实现了单据流与物流的整合，解决了进口商迫切关心的提货问题。

在现有的电子交单方式中，Bolero 凭借其对进出口商、银行、保险公司、运输行、承运人、港务机构、海关、检验机构等参与方的整合，在提高国际贸易时间效率的同时，对交易的安全性做出了有效保障，进而获得了各参与方的认同。因此，我国商业银行开展电子交单业务一般采用 Bolero 系统。

2. 美国的 Trade Card 系统

1999 年开始营运的 Trade Card 公司，核心业务是以全球国际贸易企业为主要服务对象，作为第三方电子商务平台提供者，为其平台上的各参与方提供信息流、资金流、物流的集成服务。Trade Card 系统作为一个 B2B 电子商务交易平台，为国际贸易相关业者提供跨国贸易网络，所有买卖交易及款项收付皆可通过该电子商务交易平台完成。Trade Card 系统的特点是买卖双方可直接通过 Trade Card 电子平台完成买卖交易及款项收付，操作简单且交易透明，通过网络交易，可降低银行手续费用并节省纸上作业时间成本。Trade Card 提供多重网络安全交易机制，让使用者安心进行电子交易，交易文件在 Trade Card 平台上完成上传后，系统将自动启动比对交易文件是否符合订单内容，并立刻确定付款日期，快速精确，卖方可通过 Trade Card 电子平台申请出口融资，系统接获融资讯息后将立即审核，并依核准条件快速拨款。Trade Card 系统的电子交单业务不依托于信用证，其所要求的单据具有特定的格式，与信用证电子交单相比，手续简便快捷，有利于交易双方达成交易、节约成本。

3. 加拿大的 CCEWeb 系统

加拿大电子商务软件公司开发的 CCEWeb 系统，是电子商务交易平台的一种，具有将信用证的功能和信用卡的功能相结合，即类似一个"单据清算中心"银行融资部的功能。该系统将贸易、运输、保险、融资等各类单据集中处理并传递，信用证项下的支付通过单据清算中心进行，中心运作模式与银行处理信用证一样，审核单据表面一致性后向受益人付款。但 CCEWeb 系统没有提供一个权利登记中心来实现交易双方物权的转让，而是用加入特殊条款的不可转让海运单代替提单，因而在单据的电子化过程中无须考虑提单的电子化。

（二）电子交单业务的主要流程

在上述三大系统中，仅有 Bolero 系统明确表示其遵循 eUCP，其余的电子商务平台系统均未明确表明其受何法律或惯例约束。所以下文以 Bolero 系统为例，介绍电子交单业务的流程。

Bolero 系统电子交单业务流程如图 10-1 所示。

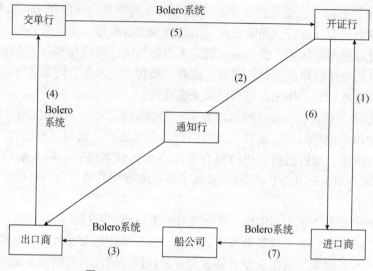

图 10-1 Bolero 系统电子交单业务流程

（1）开证申请人（进口商）向开证行提交开证申请，开证行依据开证申请开出信用证，并标明适用 eUCP 惯例，并在信用证的条款中注明关于电子交单的具体规定。

（2）通知行收到信用证后将其通知给受益人（出口商）。

（3）船公司在 Bolero 系统出具原始提单。

（4）出口商（受益人）按照信用证条款规定准备其他单据，并在 Bolero 系统上添加其他单据，通过 Bolero 平台传至交单行。

（5）交单行通过 Bolero 系统将电子单据传至开证行。

（6）开证行在 Bolero 系统中审核电子单据，并将审核结果告知申请人。申请人确认承付的，开证行在 Bolero 系统中修改电子提单的权属登记，通知申请人提货；若申请人决定拒付退单，开证行可将全套单据发回交单行，并在 Bolero 系统中通过权属登记将电子提单的质权人转回给交单行。

（7）进口商通过 Bolero 系统向船公司提示，凭电子单据通关提货。

（三）电子交单业务的特点

1. 电子交单业务的优势

（1）大大缩短贸易结算流程和时间。

这是电子交单最重要的一个优点。在传统的信用证纸质单据交单方式下，单据的流转时间较长，首先由受益人将单据交至交单行，再由交单行审单后寄单至开证行，开证行收到单据后再次审单，最后决定承付或拒付，整个流程短则耗时一周，长则耗时近一个月。在市场行情瞬息万变的国际经贸环境下，这样长的时间内很有可能产生各类变数和风险，造成贸易商的损失，甚至有可能因为实际贸易中的纠纷而把银行牵扯其中，导致银行利益受损。

电子交单方式省去了纸质单据邮递流转的时间，审单时间大大缩短，在顺利的情况下，一天之内双方就能完成审单意见的传递。此外，电子提单的使用既能避免一些近洋运输中货物比提单先抵达进口方的情况，从而省去了提货担保等烦琐业务的操作，又能杜绝可能无单放货的风险。与传统纸质单据处理模式相比，电子交单方式可以极大地提高国际贸易的便利性。

（2）降低进出口双方贸易商的成本。

在纸质单据交单方式下，缮制纸质单据要使用很多纸张，花销大且不环保，寄送单据的国际邮费也是一笔不小的开销。此外,由于邮递和审单耗时较长,货物先于单据到达进口国家或地区的港口并产生滞港费的情况也时有发生。

电子交单方式节省了缮制、邮递纸质单据的费用,同时有效避免了滞港费的产生,降低了进出口贸易商在单据流转环节的成本。对于出口商而言,制单过程通过电子系统完成,减少纸张使用,可节省单据处理成本和快递费用,并可以尽快得到付款,加速资金周转,提高资金使用效率;对于进口商而言,可以尽快收到电子提单,防止出现货物先于提单到港时须向银行申请提货担保的情况,避免产生滞港费,并可以早日收到货物用于组织生产或转卖,加速资金回笼,改善财务状况。

(3) 比纸质单据交单更加安全。

电子交单方式使单据审核更加简单化、标准化,因此也减少了单据不符点的产生,从而减少拒付的情况,对于受益人如期收回款项更有保障。电子单据的传输取代纸质单据的邮寄,也可减少单据在途中遗失的情况。以 Bolero 系统为例,Bolero 系统采用会员制,有严格的准入规则,防止了欺诈的发生,杜绝了单据遗失、贸易欺诈和无理拒付等情况,更有利于保障贸易双方的利益。

2. 电子交单业务的局限性

(1) 电子贸易环境不发达。

现阶段,由于 Bolero 平台系统采用的是会员制,进入门槛较高,暂时只有一些信誉较好、资金实力较雄厚的大型企业和银行加入,不利于其推广。许多保险公司、检验机构、商会等均不是 Bolero 操作平台的用户,通过系统提交的保险单、检验证等单据只是 PDF 副本;该平台承运人身份的用户较少,导致船期安排、运费和租船费用等缺乏选择空间;一些进口环节可能仍需要正本纸质单据,如某些海关需要正本提单才能报关等。可以预见,纸质单据交单的信用证在相当一部分发展中国家还将持续使用很长一段时间,所以目前电子交单业务的贸易对象只能限制在一些发达国家之中。

(2) 外部环境技术不够成熟。

一是电子交单业务的开展需要建立一个能够服务全球贸易与结算的计算机网络,而目前的电子贸易中普遍使用互不兼容的专有网络系统,影响不同地域间的电子数据传输,不利于全球电子贸易的开展。二是国际统一的 EDI 标准尚需进一步完善和普及。三是尚未针对国际贸易所涉及的不同行业、不同国家建立相对统一的市场规范。四是计算机网络安全隐患仍是一个切实存在的问题。

(3) 配套的法律制度不完善。

虽然有关电子单据的国际公约和国内立法相继问世,但是包括中国在内的许多国家还没有对电子提单等单据做出专门规定,对实践中电子交单的应用和发展有一定的负面影响。电子交单业务还处于起步阶段,历史积累的业务量还较少,eUCP 在实践中的问题也尚未充分暴露,没有太多的实践经验可供借鉴。尚无与之配套的法律,诸如电子提单是否可以作为物权凭证、电子签名的法律效力认定等问题还有待明确。在缺少法律支持、规范性较差的情况下,贸易双方在业务中出现问题时极易产生纠纷,这就对银行和客户之间签署协议及合同的水平提出了更高的要求,后续业务如有纠纷需通过合同条款来划分双方的权责。

(四) 我国电子交单业务的发展

2013 年以来,信用证电子交单业务在国内银行业中悄然兴起,并且受到了广泛的关注。

中国银行、中信银行、中国农业银行等多家银行率先通过 Bolero 系统办理了数笔信用证电子交单业务。中国农业银行苏州分行于 2013 年 7 月 22 日开出了国内首笔电子交单信用证，中国银行则于 2013 年 8 月 27 日与苏格兰皇家银行完成了国内首次电子交单业务。但是，目前国内的电子交单业务的发展规模还不大，并且多是国内的信用证申请人和开证行应国外的受益人要求被动办理的。我国的信用证电子交单业务还有很多等待研究探索的地方，还有很大的发展空间。

三、银行付款责任

长期以来，国际市场上的商品供应在总体上小于商品需求，卖方在国际贸易市场上长期占据主导地位，国际贸易市场长期处于卖方市场。在这样的背景下，在国际贸易结算方式的选择上，对卖方较为有利的信用证结算方式成为国际贸易结算的主流方式。随着生产力的发展和生产水平的提高，人类生产商品的能力不断提高，国际市场上的商品供给开始大于需求，国际贸易市场发生了深刻的变化，逐渐从卖方市场转化为买方市场。在买方市场背景下，买方在国际贸易市场上占据主导地位，把握着贸易主动权。在这一形势下，在贸易方式上，对买方最为有利而对卖方最为不利的赊销贸易方式（Open Account, O/A）逐渐成为国际贸易的主流贸易方式。据统计，当前赊销贸易额占到了全球贸易额的 80% 以上，我国 70% 以上的出口贸易也是采用赊销贸易的形式。赊销是指贸易双方签订贸易协议后，卖方在买方不付款的情形下先行向买方发货，买方日后付款的一种贸易方式。赊销是一种纯粹的商业信用，卖方的收汇风险极大，然而在买方市场的大背景下，卖方为了促成交易往往不得已而为之。此时，一种安全的能够满足赊销贸易需求的结算方式成了时代的需求。

在这一背景下，环球同业银行金融电讯协会和国际商会承担起了这一任务。早在 2003 年，环球同业银行金融电讯协会就成立了一个贸易服务咨询小组（Trade Service Advisory Group, TSAG），专门就赊销贸易的相关问题进行专题研究。经过数年的努力，2007 年 4 月，环球同业银行金融电讯协会利用其全球运行的金融电文网络开发完成了贸易服务设施平台（Trade Services Utility, TSU）。贸易服务设施系统平台在 2.0 版中嵌入了银行付款责任功能，银行付款责任（Bank Payment Obligation, BPO）作为一种新的国际贸易结算方式就此诞生。

（一）银行付款责任的概念

银行付款责任是国际商会银行委员会与环球同业银行金融电讯协会为应对大数据的挑战和适应全球贸易供应链发展的需求，共同合作创新的国际结算新渠道。为了规范银行付款责任的运作，环球同业银行金融电讯协会和国际商会银行委员会委员共同起草制定了《银行付款责任统一规则》（Uniform Rules for Bank Payment Obligations, URBPO）作为规范银行付款责任的统一国际规则。《银行付款责任统一规则》于 2013 年 4 月在国际商会银行委员会委员里斯本春季会议上获得表决通过，并于 2013 年 7 月 1 日起在全球范围内正式实施。

按照《银行付款责任统一规则》第三条对银行付款责任所作的定义，银行付款责任是指付款银行按照《银行付款责任统一规则》第十条 c 款的规定，在数据包被上传并且数据相匹配或者数据虽不匹配但买方接受的情形下，即期付款或承担延期付款责任的一项不可撤销的独立承诺。简而言之，银行付款责任是买方银行在贸易服务框架平台中的贸易数据相匹配（或虽不匹配但买方接受）的情况下，向卖方银行做出的付款承诺。

在银行付款责任结算方式下，买卖双方通过各自的银行向贸易服务设施系统平台提交贸易数据并达成共同的基础贸易数据（基线，Baseline）。之后，卖方发货并再次通过卖方银行向贸易服务设施系统平台发送货运贸易数据。只要这些货运贸易数据与之前达成的基础贸易数据相匹配，买方银行就自动向卖方承担付款责任。这样，银行付款责任就将卖方发货后买方向卖方付款的责任转化成了买方银行向卖方付款的责任，买卖双方之间的商业信用变成了卖方与银行之间的银行信用。由此，银行付款责任较好地解决了赊销贸易方式下卖方安全收汇的问题，满足了赊销贸易方式对与之相适应的结算方式的需求。

（二）银行付款责任的流程

银行付款责任是贸易服务设施系统平台的一项功能。TSU 系统下银行付款责任的操作流程分为合同签订后卖方发货前的合同数据匹配、卖方发货后的数据匹配以及资金划转三个阶段，如图 10-2 所示。

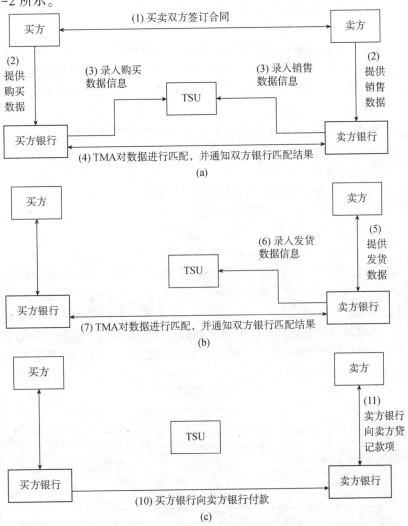

图 10-2 TSU 系统下 BPO 业务流程

(a) 合同签订后卖方发货前的合同数据匹配阶段；(b) 卖方发货后的数据匹配阶段；(c) 资金划转阶段

（1）买卖双方签订贸易合同，并在合同中约定使用 BPO 作为付款条件。

（2）买卖双方分别向双方银行提出使用 BPO 作为付款条件的请求，并从贸易合同中提取必要的贸易数据分别提交给双方银行。贸易数据通常包括合同号、货物品名及数量、约定的付款到期日、付款条件需满足的数据要求等。

（3）买方银行和卖方银行分别将上述贸易数据及 BPO 条件提交到贸易服务设施系统平台。

（4）贸易服务设施系统平台中的交易匹配应用平台（Transaction Matching Application，TMA）对双方银行提交的数据进行匹配。如果匹配成功，则达成基线。匹配成功后，基础信息创建成功，且未经 BPO 所有当事人同意不能修改和撤销。同时，贸易数据匹配成功的报告由 TSU 平台发送到双方银行并由双方银行通知买方和卖方。

（5）卖方按合同发货，卖方发货后将发票、货运单据等相关商品及货运等数据信息提供给卖方银行。

（6）卖方银行将卖方提供的数据再次录入贸易服务设施系统平台。

（7）贸易服务设施系统平台中的交易匹配应用平台将卖方银行提供的数据与先前成立的基线进行匹配。

（8）TMA 应用平台自动审核已装运贸易数据的匹配性后，向双方银行发送贸易数据匹配报告，并由双方银行通知买方和卖方。如果匹配成功，则付款条件被满足，买方银行需要在 BPO 条件中约定的付款到期日付款。如果匹配失败，买方银行将联系买方确认接受或拒绝接受不符点。接受不符点视为匹配成功，买方仍需要在 BPO 条件中约定的付款到期日付款。拒绝接受不符点则意味着 BPO 条件下买方银行的付款保证失效，买卖双方只能按照最初合同的约定解决货款的支付问题。

（9）如果匹配成功或在匹配不成功的情况下买方接受匹配不符点，卖方将发票、货运单据等单证直接发送给买方，买方收到后凭此提取货物。

（10）买方银行在规定的付款日期向卖方银行付款。

（11）卖方银行收到款项后将款项贷记到卖方账户。

至此，买方收到货物，卖方收到货款，贸易结算完成，交易结束。

在 BPO 运作的过程中，各参与方依托 TSU 系统进行操作，使用 ISO20022 报文，通过 TMA 进行数据匹配，完成从订单采购到款项收妥的流程，整个过程核心是将发运单据信息与订单信息进行匹配，匹配过程如图 10-3 所示。需要进一步说明的是，贸易服务便利平台由用户群构成，从贸易相关性数据中提取核心数据，这些数据的特点是标准化、计算机可读性和可重复利用。TSU 使用 XML 格式，因为其支持中文，所以在中国 TSU 具有自动化和综合化的独特优势。

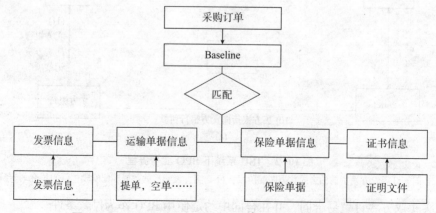

图 10-3　TSU 系统下发运单据信息与基本框架的匹配过程

(三) 银行付款责任的特点

银行付款责任作为赊销领域的一个新的国际结算方式，为银行和客户带来了新的机遇。对于买方来说，将商业信用转化为银行信用，给自身和卖方获得融资提供便利，可以帮助自身和卖方降低融资成本；相对于信用证和担保方式，省去开立信用证或保函的环节，可节约财务成本；还可以针对比较稳定的供应商开发供应链融资产品，延缓买方的支付时间。对于卖方来说，将买方的赊销（商业信用）转化为BPO（银行信用），大大降低了交易风险，提高了收款保障；在一定程度上，BPO可替代信用证功能，更有利于卖方获得融资，较早收回货款，减轻财务压力；相对于货到付款方式，收汇速度更快，相对于信用证方式，结算方式更便捷，操作更便利。对于银行来说，利用BPO产品有利于银行开拓新的客户，例如一些大型集团客户有固定的客户群、稳定的交易流，可根据集团客户的情况为其制定BPO产品方案，将更多的客户纳入服务群体；银行还可针对BPO结算方式创新融资产品，使客户在享受快捷支付的同时获得低成本的融资，增强客户黏性；BPO不仅可适用于国际结算，银行还可借鉴国际结算的操作模式，将BPO的结算方式利用到国内贸易中来。

1. 数据化处理，操作程序简单、结算过程快

BPO与其他结算方式的本质区别是它处理的是数据，数据化是BPO核心优势的基础。BPO业务中的数据传输主要体现在以下几个方面：在开立BPO结算之后，付款行向TMA系统提交建立基线的基础贸易数据；收款行提交确认基础交易信息的通知；收款行将货运及发票信息上传至TMA系统；TMA系统进行数据比对和确认并发送信息比对报告。

BPO的关键在于两次数据的匹配：一是卖方银行及买方银行录入的基础贸易信息数据相匹配，建立基线；二是卖方银行录入的船运发票信息与已建立的基线相匹配，或虽不匹配但买方银行接受。在整个过程中，银行仅根据买方或卖方提供的数据进行录入，不对买方或卖方提供数据的来源、真实性、准确性负责，也不需要审查或传递相关贸易单据。省去了信用证纸质单据审单的烦琐过程，只需贸易核心数据匹配成功即可获得付款承诺，大大减少了单据不符点造成的拒付，提升了国际贸易链条在银行结算环节的效率，提高了银行在国际贸易结算领域的数据化、电子化程度。

银行付款责任通过数据在SWIFT网络进行数据匹配来进行贸易结算，结算过程没有信用证结算方式下的纸质单证在银行间传递和信用证开立、出口方提交单据、银行审核单据等环节。银行付款责任结算实现了结算过程的电子化和无纸化，结算程序简单，结算速度快。据国际商会统计，信用证结算平均每单耗时将近11天，而银行付款责任则通常只需要3~5天，结算速度媲美电汇。

BPO数据化处理的另一大亮点是可以保存逐条数据，因此，当银行和企业完成首笔BPO业务后，下一次就可以省去重复的数据录入，逐渐形成一个企业核心信息数据库，这种优势在BPO大范围高频率的使用时会更加充分地体现出来。企业能够从银行共享的大数据中获得实实在在的便利，银行也能够更好地从数据汇总和分析中了解自己和客户。

案例 10-1

案情：

英国石油化工和巴西淡水河谷有一笔进出口贸易业务。出口商英国石油化工对结算工具的需求是能够尽快收回应收账款，尽早安排下一阶段生产计划。进口商巴西淡水河谷需要解

决的问题是能够在货物到港时尽快提货清关,并且在尽量延长支付期限的情况下锁定价格。

目前亚洲市场采用的主要结算工具为信用证,英国石油化工在采用信用证结算时,银行单据处理费用占到了每笔交易额的0.8%,结算成本较高。对于巴西淡水河谷来说,申请开立信用证费用较高,并且需要缴纳一定数额的保证金,占用企业资金;其次,采用信用证作为结算方式耗时较长,出口方银行通常需要用一天的时间来审核单据,单据经由出口方银行传递至进口方银行需要2~3天,开证行对单据的审核最长为5个银行工作日,在没有不符点争议的情况下,淡水河谷拿到单据至少需要5~7个银行工作日。在此期间,货物已经到港,巴西淡水河谷因为没有运输单据无法提取货物,导致其无法及时清关,由此产生额外的滞港费和仓储费。

在这种情况下,英国石油化工和巴西淡水河谷商定采用BPO作为结算方式,具体流程运作如下:巴西淡水河谷向英国石油化工发出采购订单;巴西淡水河谷从订单中提取相关数据,将数据提交至担保银行,如果巴西淡水河谷提交的数据在TMA中匹配,那么交易框架设立;巴西淡水河谷与英国石油化工分别从担保银行和接收银行得知匹配结果;英国石油化工将货物运至目的地;英国石油化工向接收银行提交运输单据、发票等,接收银行将单据信息录入系统,在TMA中进行匹配;巴西淡水河谷收到担保银行的匹配报告,若匹配不符,巴西淡水河谷应回复是否接受匹配不符;接收行通知英国石油化工匹配结果;英国石油化工直接将纸质单据发至巴西淡水河谷,以便其收取货物;到期日,担保银行从巴西淡水河谷账户扣取款项并直接付至接收银行,接收银行将款项贷记英国石油化工账户,整个贸易过程完成。

分析:

在贸易金融电子化变革的趋势下,企业对如何加快行业周期、提高结算效率、优化资金配置有了更高的要求。对于出口方而言,如何缩短销售变现天数、提升应收账款管理能力、减少不必要的银行费用支出是其考虑的主要内容。对于进口方而言,如何在竞争激烈的大宗商品市场在尽量延长支付货款期限的同时锁定商品价格,消除长期趋势对价格波动的干扰是其关心的问题。对于银行来说,如何提高交易信息的透明度,实施有效的风险防控,是否能够为企业根据不同贸易时点提供相应的融资产品,决定了其是否能够与客户维系长期的合作关系。通过案例可以看出,信用证在解决上述问题的过程中存在一定的短板,而BPO恰好重新构建了银行付款责任,在一定程度上满足了各贸易参与方的需求。

2. BPO结算属于银行信用

当收到来自TMA的货运及发票数据匹配成功报告时,买方银行对卖方银行的付款责任就形成了。在BPO结算方式下,银行信用的作用真正得到了充分的发挥:一方面买方银行做出的付款承诺背靠的是买方银行的信用;另一方面,由于BPO框架下直接的受益人是卖方银行,而非卖方,且国际上《银行付款责任统一规则》并未对卖方与卖方银行之间的权利义务加以规定,因而银行与买方、卖方的权责关系需要通过URBPO框架外的法律文本来规定。相比于信用证下卖方是不二的受益人,BPO中卖方能接受卖方银行代替自己成为直接受益人,在很大程度上依靠的是卖方银行的信用。

3. 结算成本低

在信用证结算方式下,卖方需要严格按照信用证的要求制备各种外贸单证,卖方制备完毕后需要将这些单证向卖方银行提交，卖方银行接到单证并进行审核后向买方银行提交，买方银行收到单证后再次对单证进行审核，可见，信用证结算方式下外贸单证传递环节多，审核环节也多。在银行付款责任结算方式下，卖方发货后直接将单据递交给买方，而且外贸单证制单的要求并不像信用证结算方式下那么严格，外贸单证的种类也少，更没有单证在银行间的传递过程和审核环节，大大降低了制单成本和银行费用，因此，银行付款责任结算方式成本更低。

4. 卖方收汇更安全

银行付款责任结算只是买卖双方通过 SWIFT 网络在贸易服务设施系统平台进行贸易数据匹配。在银行付款责任结算方式下，如果卖方发货后提交的数据能够与之前建立的基础贸易数据匹配，买方银行将自动承担付款责任。而在信用证结算方式下，卖方发货后要向银行提交各种单证，银行对这些单证进行严格的审核，单证一旦存在不符点卖方就有被拒付的风险。据有关报告，信用证结算方式下 90% 的初次交单中单证含有不符点，卖方因而遭到拒付的事例在现实业务中屡屡发生。而银行付款责任不存在单据审核的问题，卖方收汇更安全。

5. 卖方融资容易

在赊销贸易方式下，卖方承担着较大的资金压力，因而卖方往往存在从银行进行贸易融资的需求。在以银行付款责任为结算方式的贸易过程中，买卖双方分别向贸易服务设施系统平台提供各自的交易信息，卖方银行可以通过贸易服务设施系统平台查询这些信息，从而掌握贸易进展的具体情况，有利地改善了出口企业的授信条件。另外，在数据匹配一致，进口方银行承诺付款的情况下，出口方银行给予出口商的融资不占用或少占用出口商的授信额度，也有利于出口商的融资。因此，银行付款责任结算方式下卖方融资容易。

同时，BPO 代表的是银行信用，这一特点为 BPO 项下贸易融资产品的拓展提供了广阔的空间，使得贸易商通过使用 BPO 结算获得更低成本、更多形式的贸易融资服务成为可能。银行通过 BPO 业务也能够充分利用自身的信誉优势，将虚拟的信用转化为实际优势，并创造利润。

案例 10-2

案情：

中国银行首笔 BPO 业务

出口商为中国的 A 贸易公司，进口商为日本零售巨头 7-ELEVEN，进口商委托的付款行为三菱东京日联银行。

7-ELEVEN 是日本大型零售企业，旗下业务包括便利店、超市、百货、食品等，每年有大量的跨境采购业务。2011 年因消费者支出下降，销售额下降了 2.5%，迫切需要通过降低国际结算成本抵消销售额的下降。

作为零售企业，7-ELEVEN 的商品种类可以用海量来形容，如果采用信用证进行结算，上千种不同类别不同型号的商品需要冗长的信用证货描，或者开出多个信用证分别交单，不仅企业的银行费用会增加，银行在进行货物信息核对时也需要耗费大量的人力成本和时间成本。

而对于中国的贸易商 A 来说，自身相对规模较小，此前与 7-ELEVEN 的贸易合作都是以赊销的方式进行的，占用了大笔资金，回款慢、周期长、融资成本高。

针对 7-ELEVEN 这一特殊情况，中国银行与三菱东京日联银行分析了进出口商的特点后选择了 BPO 结算的方式。三菱东京日联银行对上千种商品信息进行梳理并导入 TSU 系统，当卖方银行提供的信息在 TSU 中匹配成功，三菱东京日联银行即承担付款责任。

在这个过程中，无须银行人员逐一核对商品品名、型号、单价、数量等信息，省去了繁杂的审单过程，提高了准确性。并且鉴于该企业是著名的零售企业，资信良好，是供应链中的核心企业，其上游供应商的银行为卖方提供了免担保融资。

由于 7-ELEVEN 是供应链核心企业，而中国的贸易商 A 只是供应链上游的小企业，7-ELEVEN 公司通过该业务将繁多的商品类目电子化，缩短了贸易时长；中国的贸易商 A 获得了快速的付款预期，并得到了中国银行的无担保融资。中国银行与三菱东京日联银行则整合了贸易双方的信息，实现了结算流程的电子化、数据化，为客户提供了更好的供应链金融服务。

分析：

根据 SWIFT 的统计，从贸易融资申请遭拒的客户群来看，中小企业的融资申请最易被银行拒绝，我国商业银行为了满足内部合规和反洗钱要求，对企业尤其是中小企业的融资申请审查严格，抵押担保要求较高，通过率低，企业融资成本较高。以商业信用为基础的赊销，因为采用了 BPO 业务，银行参与其中，使商业信用转变为银行信用。当数据包的数据与交易框架相匹配，担保银行就做出了一项不可撤销的独立付款承诺。如果进口方违约或者无力支付货款，担保银行就负有支付货款的责任。银行信用的引入使基于赊销的融资申请更易通过。

在 BPO 的模式下，采购订单、发票、证书以及运输单据被转化为电子数据，增加了交易细节的可见性，从而使银行能够更好地实施风险缓释和贸易融资。其次，因为企业的整个供应链操作在 TMA 中得到体现，银行能够跟踪整个供应链数据，可以根据不同节点提供融资服务，如根据进口方转授信向出口方提供装船前融资服务，根据订单信息提供订单融资服务，根据信息匹配中的发票、装船信息等提供发票融资、仓单融资、保理服务等，提供形式多样的融资产品，可以使银行获得稳定的服务费收入和较高的贸易融资收益。

（四）银行付款责任的发展情况

银行付款责任是继汇付、托收、信用证之后的第四种国际贸易结算方式，既能保证出口商的收汇安全，又具有操作程序简单、结算过程快、结算成本低、卖方收汇安全、卖方融资容易等众多优点，可以说集信用证和汇付两种传统结算方式的优势于一身。因此，银行付款责任拥有巨大的应用前景。

2012 年 5 月，渣打银行为英国石油巨头 BP 和 PET 巨头 OCTAL 完成了首笔 BPO 结算业务。2013 年 6 月，渣打银行为迪拜多种商品中心和泰国聚合物营销有限公司办理了 BPO 结算业务；韩国外换银行为 Automotive Industry 提供 BPO 服务；必和必拓和农业巨头嘉吉实现了 BPO 框架下的交易，等等。全球使用 BPO 结算的交易量呈现持续上升的趋势，尤其是发达经济体将 BPO 的发展一步步推向更加完善的阶段。

目前，BPO 广泛应用于大宗商品，如汽车业、化工业、采矿业、食品加工业和零售业，最先上线使用 BPO 的 7 家银行包括三菱东京日联银行、韩国外换银行、暹罗商业银行、渣打银行、泰国盘谷银行、华南银行和中国银行。目前，跨国性商业银行绝大多数已经上线注册了 TSU，如美洲地区的花旗银行、JP 摩根、美国银行等，亚太地区有中国的五大行（工、农、中、建、交）、澳新银行等，欧洲有巴克莱银行、渣打银行、汇丰银行等。国际商会和 SWIFT 认为，通过合作以及充分利用它们各自在贸易融资中的地位可以有效解决企业成本压力问题，BPO 将在 21 世纪的国际贸易中发挥关键作用。

中国银行在 2007 年加入了 TSU 平台。2010 年 4 月，中国银行成为我国国内第一家在国际领域上投入使用 BPO 结算方式的银行，和日本三菱东京日联银行在进出口货物特点的分析基础上，双方同时选择了以 BPO 的方式进行贸易结算。2014 年 7 月，中信银行成为继中国银行之后在国内第二家投入使用 BPO 结算业务的银行。2016 年，中国工商银行开始办理 BPO 业务，2016 年全年涉及三家分行 17 笔业务，交易总额约 124 万美元；2017 年工商银行全年处理 BPO 业务 49 笔，金额约为 173 万美元。

然而，银行付款责任毕竟是一个新鲜事物，从产生到被认知并被广泛接受还需要一个过程。BPO 在我国的发展现状表现为尽管有些银行在 TSU 进行了注册，但是并未实际进行过相关业务的开展。无论是从开展 BPO 业务的银行数量，还是从已开展业务取得的收入上，BPO 在我国的发展状况都低于世界平均水平。制约我国 BPO 业务发展的主要因素有法律法规不健全、数据无法有效对接、供应链贸易金融服务发展滞后、BPO 流程设计存在隐患等。

1. BPO 结算方式的相关法律法规不健全

完善的法律法规和规章制度是保障 BPO 相关业务发展的前提。目前 BPO 业务在我国拓展进程相对缓慢，整体业务量较小，实际业务操作进程中尚未暴露大量具有针对性的问题，难以进行全面归纳和经验总结，出台相关业务操作细则和贴近实务的操作规范难度较大。当前，用以规范 BPO 国际结算的较具权威性的法律仅有国际商会颁布的 URBPO 一种。然而，URBPO 属于银行间应用的规则，BPO 项下的法律纠纷不属于 URBPO 处理范围。例如，URBPO 第二条规定，URBPO 仅适用于每一家参与银行所涉及的在确定基线中所包含的付款责任片段。可见，URBPO 仅对银行间的权利义务关系进行了规定，对与贸易商之间，贸易商与银行的权利义务关系方面并未做出相关规范，也未给出争议的仲裁条款。同时，在实际贸易中，卖方作为商品的供货方具有最终向买方或其银行收款的权利，按照 URBPO 制定的相关规则，将向买方或其银行收款的权利赋予卖方银行，卖方银行与卖方之间需要通过 URBPO 框架之外的合同另行约定，这在一定程度限制了 BPO 的发展。因此，要想促进 BPO 国际结算的持续健康发展，必须建立并完善 URBPO 之外的相关法律法规，为 BPO 提供法律支撑。

2. 贸易数据平台无法有效对接

银行与企业的操作，只能通过 BPO 要求的 TSU 系统平台进行，虽然 TSU 能够实现 BPO 的运作，但我国大部分中资银行内部业务操作系统难以与 BPO 操作系统有效对接，从而无法实现银行内部自动联动记账，在一定程度上影响了银行对 BPO 业务的推广。同时，银行与 TSU 系统对接，虽然保障了贸易数据的安全，但是贸易数据源头则为实际贸易双方，企业需以电子方式向银行传输数据，然而这种数据传输方式在我国仍有待完善。例如，我国仍未实现通过昂贵的中间软件以 ISO20022 标准化格式生成数据，并将其与银行系统对接；缺乏完善的将非 ISO 数据转化成 ISO 标准化数据的技术，阻碍银行对非 ISO 数据进行标准化处理；企业通过邮件、传真等传统低效方式进行文件传输，银行须手工录入数据到 TSU 平台，降低了数据的准确性。

并且由于纸质单据的流转仍然独立于银行的付款承诺之外，在 TMA 的数据匹配报告生成，由卖方银行通知卖方之后，卖方即将纸质单据（包括船运单与发票）直接寄送给买方，以便买方提货，因此 BPO 没有做到物权转让的电子化。同时，TSU 平台缺乏物流及部分信息流的融入，BPO 项下可能存在卖方或者卖方银行伪造数据，使得提交的数据与单据、实际货物不一致的风险。因此，TSU 本身还需更加完善，或与目前已有的包含物流、商检、运输、保险信息的第三方数据平台相结合。

3. BPO 配套供应链贸易金融服务发展滞后

在 BPO 模式下，银行介入国际供应链各环节，从合同签订伊始至货物发运后付款结束，银行可掌握商品信息、物流信息，了解整个贸易周期全貌，借此采取灵活的风险控制手段，并根据供应链行进的每个关键节点为客户提供相应的贸易金融服务。我国的供应链贸易金融起步较晚，发展较为滞后，在一定程度上阻碍了 BPO 结算方式的应用。总体而言，当前中国贸易融资客户对结算类产品的需求仍然以跟单信用证为主，而对供应链服务类产品的需求远远低于参与国际商会调查的银行客户对供应链服务类产品的需求，由此可见中国供应链贸易金融服务发展的滞后性。BPO 供应链贸易金融在相关的配套服务上未能跟上形势，使得金融供应链的效率远远跟不上货物供应链的步伐，致使 BPO 结算方式在中国使用率偏低。

4. BPO 流程设计存在风险隐患

BPO 流程设计加大了欺诈的风险隐患。首先，银行对于买卖双方提供的业务数据缺乏可供审核的基础，即对于数据审核在很大程度上仅基于贸易双方信用，一旦数据提供方信誉不佳或有意欺诈，被动接受数据的银行只能风险自担。其次，买卖双方的欺诈成本较低。在信用证项下，双方合谋的欺诈需要考虑单据制作、寄送等成本，而在同等条件下，BPO 数据的提供几乎免费，大大缩短了数据传输流转周期，降低欺诈暴露机会的同时，欺诈行为会骤然上升。再次，银行预防欺诈的手段较少。因 BPO 操作简单，即使数据的初始匹配不成功，仍可通过对不匹配的接受来达到匹配目的。在匹配过程中，银行往往受制于申请人意愿或强势地位，且在辅佐审核单据较少的情况下，只要数据在科技条件下能够正常传递，欺诈的第一发现方就不会是银行，只能是持有正本单据的买卖双方，因而若发生欺诈，银行只能被动接受。最后，在 BPO 交易结算流程中，仅匹配电子交易数据，无法掌握货权单据，银行通常只能要求买方在收到正本提单后提交副本审核，不需要银行在正本提单上进行背书，这增加了银行在提单审核方面的难度，且银行对提单的来源、正本的表面状况等情况无法核实，增加了银行对贸易背景真实性的后顾之忧。

四、区块链技术在国际结算中的运用

（一）区块链的含义和特征

1. 区块链的含义

单单从字面意思上理解，将多条交易信息通过组合的方式进行储存并形成区块，再利用密码技术把区块连接起来就形成了区块链。区块链是分布式数据存储、加密算法、共识机制、点对点传输等计算机技术在互联网时代的创新应用模式，这是《中国区块链技术和应用发展白皮书》中对于区块链的官方解说。广义的区块链技术，必须包含点对点网络设计、加密技术应用、分布式算法的实现、数据存储技术的使用等四个方面，其他的可能涉及分布式存储、机器学习、虚拟现实技术、物联网、大数据等。狭义的区块链仅仅涉及数据存储技术、数据库或文件操作等。本书所涉的区块链，指的是广义的区块链。

区块链作为支撑比特币的底层框架，是伴随着比特币的存在而存在的。区块链从本质上来讲就是一种去中心化的记账系统，而相比之下，比特币正是这个系统上所承载的"以数字形式存在"的货币。换句话来讲，比特币和区块链之间的关系就如同凯恩斯所说的货币和记账货币之间的关系，其中，区块链就是由背后的一套信用记录和信用记录的清算所构成的体系。从这个角度来看，区块链就是一本全网记录着已经发生的所有比特币交易信息的公开账本，是一个共享的公共总账，任何人都能够对它进行核验查证，但是没有任何一个单一的用户能够对它实施控制。在此种技术方案中，参与在系统中的任意多个节点，将某一时间段内系统产生的所有信息交流的数据，借助密码学算法计算并且记录到一个数据块上，同时生成专属于该数据块的指纹以便用于连接下个数据块并进行校验，让系统中的所有参与节点共同来判定该记录是否真实。区块链系统中的每一个参与者都会共同维持、保障总账的更新，它只能够依照严格的共识和规则进行修改。

一般情况下，区块链的成长过程可以划分成三个层次：区块链1.0，主要应用目的是处理货币与支付方式的去中心化问题；区块链2.0，在区块链1.0的基础上加入"智能合约"的元素，扩展它的应用范围，从原来单一的数组货币领域扩展到其他的金融领域，能够用于股权、产权与债券的登记与转让，证券与金融合约的交易和执行等；区块链3.0，进一步扩大区块链的应用范围，超越了原本的货币、金融与市场的范围，主要应用于社会治理领域，渗入身份认证、审计、公证、仲裁、医疗、域名、防伪、物流、邮件、签证和投票等其他领域中，应用范围遍布整个社会。

2. 区块链的特征

区块链具有去中心化、去信任化、不可篡改和可追溯性、匿名化、安全可靠等特征。

（1）去中心化。

因为区块链是依靠各个节点来共同维护系统与保障信息传递的真实性的，依照分布式来存储数据，而不存在某个中心实行集中管理，所以若是其中某一个节点受到篡改与攻击，对整个网络的健康运作不会产生任何不良影响，这一点就是区块链的颠覆性特点。

（2）去信任化。

在任何两个节点之间建立连接，都不需要获取彼此身份的信任，进行数据交换的双方不需要相互信任作为基础。由于网络中的全部节点都能够充当监督者的身份，所以不需要担心会存在欺诈的问题。在传统的互联网模式中，互不信任的双方或者是陌生人可以借助可信任的第三方中介来建立信任与交易。区块链帮助构建了这样一种依靠协议与算法催生信任的全新模式，借助于算法来给参与者创造信用并达成共识。

（3）不可篡改和可追溯性。

一个完整的区块是由块头和块身两部分组成的，块身用于记录存储区块生成时间段内所发生的所有交易数据，块头则用于连接到前面的区块并且保证区块链数据库的完整性。区块与链相加就形成了时间戳，透过时间戳，就可以反映一个数据库完整的历史，使得区块链中全部交易活动都能够被查询与追踪。这样形成的数据信息记录具有不可篡改性和可追溯性。

(4) 匿名化。

进行数据交换的交易双方可以是匿名的，在网络中的任意节点都不需要知晓彼此的个人信息与身份就能够进行数据交换。

(5) 安全可靠。

因为网络中任意节点之间的活动都受到全网的检查监督，而且数据库采用的是分布式存储，所以任意一个参与节点都能够拷贝一份完整的数据库。对于黑客来讲，首先是没法进行伪装和采取欺诈活动，其次是想仅仅依靠攻克某一个节点就控制整个网络根本不可能实现，除非能够在整个系统中，同时控制超过51%的节点，否则仅仅是单个节点上做出的对数据库的修改是无效的，根本不会影响其他节点上所记录存储的数据内容。

(二) 区块链技术在国际结算中的运用案例——Ripple 跨境支付清算系统

在国际结算中的区块链平台以美国金融科技公司研发的 Ripple 为代表，Ripple 属于银行业这个行业范围里的带头人之一。

Ripple 搭建了一个基于区块链技术的不存在中心节点的分布式网络框架，搭建一个跨境转账平台，建立一个全球统一的用于网络金融传输的协议，期望能够替代原有的 SWIFT 网络。简单来讲，Ripple 是为全世界的支付与转账而构建的一种互联网协议，专门用于金融交易，此项协议能够实现实时免费地以任意币种向世界上任意方位转账。Ripple 的跨越账本的协议能够保证提供同样的账本给加入协议中的各个用户，利用该公司研发的网络，银行客户能够点对点进行实时跨国转账，不需要某一中心进行组织管理，而且适用范围涵盖各国的不同币种。假如在金融体系中把 Ripple 的协议发展成标准协议，那么网络内用户的转账就能像我们平时发送和接收电子邮件一样快捷方便。在 Ripple 中，金融机构设定为网关，并且接入 Ripple 网络给客户跨境转账支付提供便利的服务。

Ripple 的跨境运作模式是这样的，Ripple 网络采用做市商机制或者使用瑞波币（XRP）来完成多币种的跨境转账支付。做市商模式下，做市商利用在收款行和付款行开立的账户，提供货币兑换服务以用于跨境转账，Ripple 也能够在整个网络中自动智能选取抛出报价最低的那个做市商，从而最大限度地降低资金转换成本。除此之外，XRP 作为媒介货币，当收款方和付款方都未能选择合适的做市商完成交易时，可以把货币兑换成 XRP，等以后机会合适再选择进行交易，实现实时转账支付。Ripple 协议运作机制如图 10-4 所示。

图 10-4　Ripple 协议运作机制

将 Ripple 协议运用于跨境支付，其本身有着原 SWIFT 网络所不具有的一些优势与特性。

(1) 实时跨境转账支付。Ripple 来自比特币的底层基础技术区块链，比特币依托于工作量证明机制的共识算法每间隔 10 分钟才会确认一次交易，交易速度很慢而且耗能高。Ripple 则与之不同，采取的是一种按照拜占庭容错算法设计的共识机制，利用投票机制交易请求，在几秒钟内就可实现交易的确认，实现跨境实时清算。

(2) 削减费用成本，高度透明。Ripple 跨境支付的过程中，只需要在点对点交易中缴纳进行货币兑换所需要的成本以及网关的手续费，极大地削减了跨境支付环节需要的成本。而如果仅仅是兑换货币，在 Ripple 协议系统里面就可以完成，是按照随时更新的汇率智能自主处理的，不需要附加多余的保证金和手续费用。依托于区块链的新型 Ripple 网络协议，在跨境支付成本的削减上效果显著，在不远的将来可能会对现有网络 SWIFT 的地位造成冲击。与此同时，在交易的整个阶段里面，参与者要悉知和证实汇率以及网关手续费，大大提升了费用收集的透明性和可视化。

（3）接受多种货币。在 Ripple 里面，XRP 与做市商机制被设定成桥梁衔接型货币，跨境支付过程中既可以使用美元、人民币等法定货币，也可以使用比特币这样的虚拟货币，币种比较多元化。Ripple 能够实现跨币种瞬时转账支付，付款者用某种货币进行支付，收款者能够获得其他币种的货币。

（4）平台化。目前加入 Ripple 协议的大多是中小型银行，Ripple 是这部分中小型银行拓宽自身国际支付以及清算道路的最佳选择，这样它们就不需要借助于代理行，能够花费很低的成本加入 Ripple 网络。另外，Ripple 身为网络协议，在它的体系里不仅可以运作货币，还能够兑换积分，对各式各样的商业性能的积分进行运作，更甚者可以进行通兑并且对债券、股票等加以操作。即使目前的 Ripple 这些功能还未开发完全，但是已经走在了平台化的道路上。

（5）安全可靠。Ripple 协议自身的安全指数非常高，这是由于系统内任意一项交易业务的办理都是经过算法认证并且加密的，而且操作权只有账户的开创者才具有。Ripple 协议体系对内的全部数据信息都是经过处理与维护的，全部信息内容都可以公开，共享、可靠。

案例 10-3

案情：

2020 年，蚂蚁集团发布全新国际贸易和金融服务平台 Trusple。"与支付宝当年推出担保交易的初衷一样，Trusple 也是为了解决交易信任问题。所不同的是，区块链技术在解决复杂流程信任中的突出特性，使得 Trusple 更好地契合了解决国际贸易信任的需求。"蚂蚁集团副总裁、智能科技事业群总裁蒋国飞表示。

这个堪称 B2B 界支付宝的 Trusple 平台，当买家和卖家产生一笔贸易订单后自动上链并开始流转，银行会基于订单约定的付款条件自动进行支付，避免了传统模式下卖家需督促买家去线下操作转账的问题，同时也能防止屡有发生的恶意拖延付款时间现象。而买家也可以基于上链的真实订单获得账期等金融服务，大大提升了资金利用率和采购效率。而对买卖双方来说，在 Trusple 上的每一次成功交易都是一次"链上信用"的沉淀。当企业产生融资需求时，金融机构可以向 Trusple 平台提出验证请求，确定企业的贸易真实性。这一方面降低了银行等金融机构的金融服务风险，另一方面也盘活了中小企业的生存和营运能力，进一步实现"让天下没有难做的生意"，激活数字经济。法国巴黎银行、花旗银行、星展银行、德意志银行和渣打银行成为 Trusple 首批 5 家合作伙伴，标志这一全新贸易平台将逐步推向全球市场。

在浙江义乌经营外贸生意的袁女士，2020 年 9 月通过 Trusple 把公司主打的水晶饰品销往墨西哥，并在次日就收到货款，这在以前，仅交易的时间就需要一周。袁女士也是 Trusple 平台首笔交易商家，同时也是阿里巴巴国际站的用户。她说，有了 Trusple，2021 年生意至少能实现 30%的增长。

分析：

借助于区块链技术，对与境外银行间的原有的底层转账汇款协议进行替换，提高跨境汇兑的速度，降低成本；区块链技术能够及时核实所有信息，而且系统内人员会对信息进行核实，保证真实可信；多人作证不可篡改，从而能够大大降低人财两空的风险；而且系统参与人员才可见，尽量屏蔽掉外部风险。借助区块链技术能够减少跨境支付风险、削减成本、提升效率、减少差错、精简优化支付清算的流程，通过使用分布式核算，建立一个一体化的扁平化的支付清算体系，借此来打破原有的信任格局，构建一个依托于密码学的信任框架，能够提高银行内国际结算体系的效率。

本章小结

本章主要阐述互联网金融的发展下国际结算的新模式。

互联网金融是指借助现代信息科技，例如互联网、移动支付、大数据和云计算等，来实现资金融通、支付和信息中介等业务的新兴金融模式。互联网金融是传统金融行业和互联网技术和环境相结合的新兴领域。一方面，互联网金融采用了不同的服务形式，采用网络自动化处理取代了原来的人工服务方式，更多的是采用自助服务方式；另一方面，互联网金融的客户对互联网分享思想有充分的认识，通过互联网这一工具和平台，有效降低金融服务的成本，使操作更快捷，有利于节约客户时间和精力。

互联网金融的发展降低了国际结算的交易成本，但互联网金融下的国际结算方式存在一定的风险。

电子银行业务是指银行通过面向社会公众开放的通信通道或开放型公众网络，以及为特定自助服务设施或客户建立的专用网络等方式，向客户提供的离柜金融服务，主要包括网上银行、电话银行、手机银行、自助银行以及其他离柜业务。电子银行业务是银行业务与网络技术的结合，在国际结算业务方面具有业务全面、综合和多样化，客户服务超越时间和空间以及节约成本等优势。

电子交单业务是指在国际贸易电子化和无纸化进程中，出口方将基础单据数据化，以数据电文形式，使用电子数据交换技术，通过电子交单平台完成从交单行到开证行（议付行）、进口方之间的流转。目前，全球范围内的信用证电子交单业务几乎都是在几大第三方电子商务公司的网络平台上进行的，主要包括英国的 Bolero 系统、美国的 Trade Card 系统和加拿大的 CCEWeb 系统。

银行付款责任是买方银行在贸易服务框架平台中的贸易数据相匹配（或虽不匹配但买方接受）的情况下，向卖方银行做出的付款承诺。TSU 系统下银行付款责任的操作流程分为合同签订后卖方发货前的合同数据匹配、卖方发货后的数据匹配以及资金划转三个阶段。

将多条交易信息通过组合的方式进行储存并形成区块，再利用密码技术把区块连接起来，就形成了区块链。区块链是分布式数据存储、加密算法、共识机制、点对点传输等计算机技术在互联网时代的创新应用模式。区块链具有去中心化、去信任化、不可篡改和可追溯性、匿名化、安全可靠等特征。

第十章 互联网金融与国际结算

关键名词解释

互联网金融　电子银行　电子交单　银行付款责任　区块链

思考题

1. 什么是互联网金融？它具有哪些特征？
2. 互联网金融的发展对国际结算有什么影响？
3. 电子银行业务在国际结算业务方面有哪些优势？
4. 简述 Bolero 系统下电子交单业务的流程。
5. 简述电子交单业务的优势和局限性。
6. 简述银行付款责任的主要流程。
7. 银行付款责任和信用证结算方式有什么区别？

参 考 文 献

[1] 华坚,侯方淼. 国际结算[M]. 北京:电子工业出版社,2013.
[2] 叶波,刘颖. 国际贸易实务[M]. 北京:清华大学出版社,2012.
[3] 叶波,孙睦优. 国际贸易实训教程[M]. 北京:清华大学出版社,2011.
[4] 苏宗祥,徐捷. 国际结算[M]. 北京:中国金融出版社,2014.
[5] 顾明. UCP 600 详解[M]. 北京:对外经济贸易大学出版社,2009.
[6] 陶云,常艳. 国际结算[M]. 北京:化学工业出版社,2010.
[7] 孙淼,姜尧. 银行保函适用的国际惯例及适用时应注意的问题[J]. 经济研究导刊,2014 (5):125-126+176.
[8] 周学海. 国际商会见索即付保函统一规则[M]. 北京:中国民主法治出版社,2010.
[9] 国际商会. 国际商会见索即付保函统一规则(URDG 458)[M]. 国际商会中国国家委员会,译. 北京:中国民主法治出版社,2004.
[10] 肖健. 国际贸易结算风险与防范[D]. 长春:吉林财经大学,2014.
[11] 李金泽. UCP 600 适用与信用证法律风险防控[M]. 北京:法律出版社,2007.
[12] 高洁,罗立彬. 国际结算[M]. 北京:中国人民大学出版社,2008.
[13] 杨继玲. 国际金融与结算[M]. 北京:对外经济贸易大学出版社,2008.
[14] 于强. UCP 600 与信用证操作实务大全[M]. 北京:经济日报出版社,2007.
[15] 黎孝先. 国际贸易实务[M]. 北京:对外经济贸易大学出版社,2008.
[16] 应诚敏,刁德霖. 国际结算[M]. 北京:高等教育出版社,2005.
[17] 庞红. 国际结算[M]. 4 版. 北京:中国人民大学出版社,2012.
[18] 万晓兰. 国际结算与单证实验[M]. 北京:经济科学出版社,2008.
[19] 蒋琴儿. 国际结算:理论·实务·案例(双语教材)[M]. 2 版. 北京:清华大学出版社,2012.
[20] 王晓平. 国际结算[M]. 北京:中国金融出版社,2002.
[21] 张东祥,高小红. 国际结算[M]. 4 版. 武汉:武汉大学出版社,2011.
[22] 顾建清. 国际结算[M]. 2 版. 上海:复旦大学出版社,2008.
[23] 肖玉珍. 国际结算与外贸单证[M]. 长沙:国防科技大学出版社,2006.
[24] 叶陈云,叶陈刚. 国际结算[M]. 上海:复旦大学出版社,2007.
[25] 李华根. 国际结算与贸易融资实务[M]. 北京:中国海关出版社,2012.
[26] 姚新超. 国际结算[M]. 北京:对外经济贸易大学出版社,2006.
[27] 庄乐梅,李菁. 国际结算实务精讲[M]. 北京:中国海关出版社,2013.
[28] 谢平,邹传伟. 互联网金融模式研究[J]. 金融研究,2012 (12).